La segunda brecha digital

Cecilia Castaño (dir.)

La segunda brecha digital

Sara Añino, M.ª Angustias Bertomeu, Cecilia Castaño,
Ana González, Juan Martín, Milagros Sainz,
M.ª Ángeles Sallé, Susana Vázquez

EDICIONES CÁTEDRA
UNIVERSITAT DE VALÈNCIA
INSTITUTO DE LA MUJER

Feminismos

1.ª edición, 2008

Diseño de cubierta: aderal

N.I.P.O.: 207-08-044-7

Juan Ignacio Luca de Tena, 15. 28027 Madrid
Depósito legal: M. 25.105-2008
I.S.B.N.: 978-84-376-2475-4
Tirada: 1.500 ejemplares
Printed in Spain
Impreso en Anzos, S. L.
Fuenlabrada (Madrid)

Prólogo

CECILIA CASTAÑO

> Las revoluciones tecnológicas no crean nuevas sociedades, pero cambian los términos en los que se desenvuelven las relaciones sociales, políticas y económicas.
>
> JUDY WAJCMAN, *El tecnofeminismo* (Madrid, Cátedra, 2006)

El siglo XX ha sido el siglo de las mujeres en educación, salud, trabajo, autonomía emocional, pero el siglo XXI ha de serlo mucho más. Hasta ahora, el objetivo de las mujeres era hacerse visibles, conseguir cada vez más presencia en todos los espacios públicos. Ahora ya no es suficiente, porque los espacios públicos, el mercado de trabajo, la educación, la ciencia y la investigación, los medios de comunicación, están constituidos a la medida de los hombres y es necesario transformarlos aprovechando el nuevo contexto de la sociedad de la información (SI) en el que encontramos una abundancia de opciones tecnológicas, organizativas y de relación social sin precedentes que están disponibles para todas y todos. La tecnología es una fuente clave del poder masculino, pero es también parte del tejido social, una red que combina artefactos, gente, organizaciones, significados culturales y conocimientos. Las mujeres han de apropiarse de las herramientas tecnológicas y utilizarlas para transformar la sociedad de la información en igualdad y para la igualdad.

La cuestión de la posición de las mujeres en relación con la SI y la desigualdad de género no es reciente, pero el interés por esta problemática ha crecido considerablemente en los últimos años. Al principio se abordaba como un problema de equidad que preocupaba sólo a las feministas, que criticaban el sesgo masculino y sexista de las tecnologías de la información y la comunicación (TIC). Hoy se considera como un problema de eficiencia, de despilfarro de talento, y constituye una preocupación de los gobiernos porque la incorporación masiva de las mujeres al uso de Internet es clave para el crecimiento económico, la competitividad y el bienestar social.

Este libro ofrece una reflexión fundamentada en datos estadísticos, análisis cualitativos y análisis de políticas acerca de la posición de las mujeres en la sociedad de la información, las oportunidades y barreras que favorecen o dificultan la superación de las desigualdades de género en acceso, uso y habilidades y cómo pueden incorporarse a los ámbitos donde se genera la innovación tecnológica y se toman las decisiones que marcan el futuro de la humanidad.

El concepto clave en torno al cual se organiza el libro es el de *la segunda brecha digital*. La división digital o brecha digital *(digital divide* o *digital gap)* se definía inicialmente en relación con la existencia de colectivos de población *incluidos* y *excluidos* de la sociedad de la información en función de contar o no con acceso a ordenadores e Internet. Posteriormente, a medida que el número de usuarios aumenta sin cesar, la brecha digital se manifiesta como un fenómeno más complejo que el acceso a Internet y se aprecia que existen varias divisiones digitales. La primera es la del acceso al ordenador y a la conexión a Internet en relación con las características sociodemográficas de los individuos (edad, sexo, estudios, etc.). La segunda brecha digital es la que afecta a los usos (tanto a la intensidad como a la variedad de usos) y está, a su vez, determinada por las capacidades y habilidades de los individuos para utilizar ordenadores e Internet. La importancia de la segunda brecha digital reside en que la barrera más difícil de superar no es la del acceso (provisión de infraestructuras; difusión de los artefactos; programas de aprendizaje introductorio), sino la del uso y las habilidades. Más allá de la cantidad (el número de horas de uso del ordenador o Internet), es necesario explorar con detalle la *calidad* del uso.

La segunda brecha digital afecta especialmente a las mujeres. El número de usuarias de Internet aumenta constantemente y lo hace más deprisa que el de hombres usuarios, aunque se parte de niveles de acceso más bajos. En los Estados Unidos, así como en algunos países del norte de Europa, las mujeres igualan a los hombres en acceso a Internet, lo que parecería indicar que la primera brecha digital está en vías de superación. No ocurre lo mismo con la segunda brecha digital, la relativa a los usos (intensidad, variedad) y a las habilidades, donde las mujeres se sitúan en una posición de clara desventaja frente a los hombres, ya que realizan un uso más restringido de actividades que requieren, además, menos destreza tecnológica.

La segunda brecha digital de género puede convertirse en un factor significativo de ulterior marginalización, pues las TIC son la llave para participar en el mundo global del siglo XXI. Si no se consideran desde el principio las cuestiones de género (división sexual del trabajo, trabajo pagado y no pagado, multiplicidad de femeninos) la difusión de las TIC puede generar un retroceso en relación con otros avances que se han producido en el siglo XX. Por ello, es imprescindible promocionar acciones que permitan la e-inclusión de las mujeres a través del e-acceso (físico, económico y simbólico) y de las habilidades necesarias (info-habilidades y e-habilidades). El objetivo es generar un círculo virtuoso género-innovación. En otras palabras, aun cuando la tasa de acceso femenina se incremente hasta aproximarse a los niveles de acceso masculinos, persisten otro tipo de diferencias, derivadas de la intensidad y del tipo de uso que se hace de Internet.

La tesis de este libro es que el reto de la segunda brecha digital de género no es un problema de acceso y uso de Internet y tampoco de habilidades informáticas y navegadoras consideradas de forma aislada. La segunda brecha digital está relacionada con el dominio masculino de las áreas estratégicas de la educación, la investigación y el empleo relacionadas con las ciencias, las ingenierías y las TIC, así como con la escasa presencia de mujeres en los puestos de responsabilidad y toma de decisiones en dichas áreas. Para superar la segunda brecha digital es necesario desarrollar estrategias para atraer más mujeres a estos ámbitos, así como estrategias orientadas a retenerlas y a asegurar que desarrollan todo su potencial.

Para alcanzar nuestro objetivo, en este libro hacemos nuestra la afirmación de Nancy Hafkin en su obra *Cinderella or Cyberella* de que «sin datos no hay visibilidad; sin visibilidad no hay prioridad» (N. Hafkin y S. Huyer, 2006, pág. 50), lo convertimos en nuestro lema de trabajo y aportamos datos estadísticos, análisis cualitativos y análisis de políticas que nos permitan contar con información solvente sobre la problemática objeto de estudio. El objetivo de los ocho capítulos que se ofrecen a continuación es cubrir un hueco en la literatura sobre las divisiones digitales de género y, especialmente, la segunda brecha digital.

El primer capítulo se dedica a explicar la importancia de las divisiones digitales y la diferencias entre la primera y la segunda brecha digital para, a continuación, abordar el círculo vicioso de la discriminación de género en relación con la segunda brecha digital.

En el segundo capítulo se presentan los resultados del análisis de género de los microdatos de la *Encuesta TIC Hogares 2006,* que incluyen análisis transversales por edad, nivel de estudios y situación laboral acerca de las principales variables, como las características del acceso a Internet (e-acceso, e-experiencia, e-intesidad), los usos (e-comunicación, e-información/ocio, e-administración, e-formación, e-comercio y e-banca), así como las habilidades informáticas y navegadoras (info-habilidades y e-habilidades). Los análisis realizados permiten constatar las dimensiones de la primera y la segunda brecha digital de género y especificar en qué medida los factores sociodemográficos (edad, estudios, situación laboral) contribuyen a intensificarlas o a reducirlas.

En el tercer capítulo proponemos un indicador compuesto o sintético del grado de e-inclusión efectiva en la sociedad de la información, el Sistema de Indicadores de Género y TIC (SIGTIC), que permite ir más allá de la perspectiva cuantitativa en el análisis de los datos estadísticos e incorporar la dimensión cualitativa de las diferencias de género y de la segunda brecha digital.

El cuarto capítulo se dedica a mostrar la diversidad de las mujeres en su aproximación a la sociedad de la información, a través de técnicas cualitativas de análisis (grupos de discusión) con diferentes colectivos de mujeres que nos muestran las oportunidades que les ofrecen las TIC y las barreras culturales e institucionales que encuentran para la e-inclusión de género.

El quinto capítulo analiza la trayectoria y el discurso de las mujeres líderes, que ocupan puestos de responsabilidad y toma de decisiones en las empresas TIC y nos permite aproximarnos a las culturas empresariales, los prejuicios y los estereotipos que impiden el avance de las mujeres en estos ámbitos.

El sexto capítulo se dedica al análisis de la segunda brecha digital en el ámbito de la educación y la investigación, y específicamente a los procesos de construcción y transmisión de los prejuicios y estereotipos que desalientan a las mujeres para orientar sus estudios y carreras hacia las ingenierías y tecnologías de la información, así como a la necesidad de que las mujeres se apropien de la investigación y las tecnologías para enriquecerlas con sus aportaciones.

El capítulo séptimo analiza de nuevo los estereotipos sexistas, en este caso, en el ámbito de los juegos de ordenador, y los riesgos que se derivan de sus poderosos efectos sobre los niños y niñas y los adolescentes.

Por último, en el capítulo octavo se analiza la dimensión de género de las políticas de sociedad de la información, así como la dimensión de sociedad de la información en las políticas de igualdad de género, tanto de la Unión Europea como del conjunto de España y las Comunidades Autónomas.

Los trabajos que se presentan en los distintos capítulos que componen este libro son resultado de dos investigaciones financiadas y desarrolladas en convocatorias competitivas del Plan Avanza Género *(Proyecto e-igualdad,* PAV-010000-2006-0032, liderado por Fundación Directa y realizado en colaboración entre mi equipo de investigación de la Universidad Complutense de Madrid y la Asociación e-mujeres; *Proyecto Desajuste entre participación y posición de las mujeres en la investigación y el empleo TIC,* PAV-010000-2007-106, elaborado por el equipo del Programa de Investigación sobre Género y TIC que dirijo en el Internet Interdisciplinary Institute de la Universitat Oberta de Catalunya), así como de los trabajos de investigación que desarrollé como *Visiting Scholar* durante la primavera de 2007 en el Minda de Gunzburg Center for European Studies gracias a una beca del Real Colegio Complutense en Harvard University.

Este y otros trabajos no habrían sido posibles sin la financiación del Ministerio de Industria, Turismo y Comercio a través de las convocatorias del Plan Avanza Género. Agradecemos a la Dirección General para el Desarrollo de la Sociedad de la Información la sensibilidad hacia la problemática de la igualdad de género y su complicidad con las mujeres, que demuestra que comparten con tantas de nosotras la convicción de que la sociedad de la información es una sociedad de personas, no de tecnologías, de manera que si construimos la sociedad de la información sin las mujeres se construirá sin fundamentos reales.

Madrid, 31 de marzo de 2008

CAPÍTULO PRIMERO

La primera y la segunda brecha digital*

CECILIA CASTAÑO

The so-called digital divide is actually several gaps in one. There is a technological divide, great gaps in infrastructure. There is a content divide. There is a gender divide, with women and girls enjoying less access to information technology than do men and boys. This can be true of rich and poor countries alike.

KOFI ANNAN, Ex Secretario General de la Organización de las Naciones Unidas, *Declaración ante la Cumbre Mundial sobre la Sociedad de la Información,* Ginebra, 10 de diciembre de 2003.

* La investigación en la que se sustenta este capítulo la desarrollé en la primavera-verano de 2007 como *Visiting Scholar* en el Minda de Gunzburg Center for European Studies, gracias a una beca concedida por el Real Colegio Complutense de Harvard University. Agradezco a estas dos instituciones su apoyo intelectual, humano y financiero.

1. La importancia de la división digital

En las últimas décadas, la difusión de las tecnologías de la información y la comunicación (TIC) se ha convertido en un rasgo esencial de la actividad económica y social en los países de la OCDE. El uso de los ordenadores e Internet por parte de la población constituye una de las condiciones que se consideran indispensables para la adecuación del capital humano a los requerimientos de la economía del conocimiento y contribuye a reforzar las diferencias entre países en productividad, competitividad económica y bienestar social (OECD, 2003). Desde este punto de vista, la aparición, o la persistencia, de divisiones o brechas digitales constituye una preocupación creciente de los gobiernos y de la sociedad civil. Desde la Cumbre de Lisboa en el año 2000, los gobiernos de los países miembros de la Unión Europea (UE) persiguen el objetivo de la inclusión digital como uno de los factores clave para convertir a la UE en el área más competitiva del mundo.

La división digital, el hecho de que en los países industrializados todavía existan *incluidos* y *excluido*s de la sociedad de la información, parece un problema tecnológico porque se tiende a considerar la inclusión como un problema de difusión de las TIC, de aumentar el número de usuarios y los puntos de acceso. Desde esta perspectiva se piensa, además, que el problema se resolverá por sí solo: bastaría con poner ordenadores y conexiones a Internet por todas partes para que la población se incorpore. En el ámbito de las tecnologías de la información, sin embargo, la curva de aprendizaje es lenta al principio, porque sólo lo utilizan los pioneros; después sigue un periodo de expansión rápida y, finalmente, otro más lento. La difusión se alcanza cuando el producto es conocido y la capacidad para usarlo, generalizada. Ocurre, sin embargo, que en ese periodo de lenta expansión final,

Internet no llega por igual a toda la población, sino que se mantienen divisiones digitales relacionadas con la edad, el sexo, el nivel educativo y todas las líneas de exclusión social que persisten en nuestras prósperas y avanzadas sociedades. La cuestión es que las brechas digitales, aunque parecen tecnológicas, son más bien brechas sociales. La brecha digital se mezcla con otros factores de exclusión, como la capacidad económica, la disponibilidad de tiempo, los conocimientos, habilidades y experiencia, el bagaje cultural y lingüístico. La inclusión en la SI es mucho más complicada y va más allá de la difusión de la tecnología o de conseguir el acceso a un ordenador. Inclusión es interés por usar las TIC y habilidad para usarlas. Y esto tiene lugar a través de un proceso de aprendizaje social en una compleja interacción entre educación, trabajo, consumo y ocio. La pregunta es: ¿la brecha de uso se puede resolver sin resolver las desigualdades? ¿El uso puede contribuir a reducir las desigualdades?

Cuando observamos que las innovaciones tecnológicas se difunden primero entre las naciones y los ciudadanos más ricos tendemos a pensar que, con el tiempo, la mayoría las adoptará y este proceso de difusión eliminará las diferencias económicas y sociales. Éste parece ser el caso de la televisión, los teléfonos móviles y otros artefactos fáciles de utilizar. Pero no siempre es así ni ocurre con todas las innovaciones. Al igual que pasó respecto a la industrialización y el desarrollo económico, no todos los países ni todos los ciudadanos se incorporan a las novedades con el mismo ritmo e intensidad. Algunos, incluso, nunca llegan a incorporarse.

La realidad es que las innovaciones tecnológicas no se difunden de forma regular por el sistema. No todas las empresas, ni todos los individuos, se convierten en usuarios y, menos aún, en usuarios avanzados. Desde la perspectiva social, si una parte importante de la ciudadanía no adopta las innovaciones consideradas cruciales, ello puede generar desigualdades económicas y sociales o reforzar otras previamente existentes. Everett Rogers, en su libro *Diffusion of innovations* (2003), define la pauta de distribución de las innovaciones como una curva de Bell, en cuyo seno es posible diferenciar hasta cinco grupos de individuos, a partir de sus características socioeconómicas y demográficas, así como de sus actitudes:

— Un primer grupo, minoritario, al que se conoce como el grupo de los «innovadores», que engloba al conjunto de personas capaces de tomar iniciativas y correr riesgos.
— En un segundo grupo, se encuentran aquellos individuos conocidos como *Early Adopters,* usuarios tempranos o avanzados, normalmente líderes sociales con un alto nivel educativo.
— El tercer grupo, *Early majority* o mayoría avanzada, más numeroso y caracterizado por la prudencia de sus integrantes, así como por su amplia red de contactos sociales.
— Un cuarto grupo igualmente numeroso, *Late majority* o mayoría retardada, estaría formado por personas escépticas, tradicionales, con bajo estatus socioeconómico.
— Finalmente, en el grupo de los *retardados* se sitúan aquellas personas que, o bien se mantienen en un nivel muy tradicional, o bien están aisladas en su sistema social. Las primeras tienden a no confiar en las innovaciones. Las segundas, por el contrario, carecen de interacciones sociales que potencien la percepción de beneficios y estimule el uso de la innovación y, por lo tanto, se ven privadas de sus ventajas de forma permanente.

De la clasificación de Rogers anteriormente expuesta se deduce que para que el acceso a una innovación sea efectivo (y continuado), a la posibilidad de acceso debe sumarse el conocimiento, el interés, así como la aplicabilidad y la utilidad de dicha herramienta para el cumplimiento de objetivos personales. De este modo, el estudio de la brecha digital no puede limitarse al análisis del acceso a Internet (primera brecha digital), sino que debe dar un paso más e involucrase en el análisis y la determinación de los usos, su intensidad y las habilidades para ello (segunda brecha digital).

La literatura y la investigación empírica subrayan los efectos positivos de saber manejar ordenadores y acceder a Internet, ya que este hecho está relacionado positivamente con la capacidad de las personas para relacionarse socialmente, mejora los resultados escolares, las habilidades matemáticas y de lenguaje y favorece el éxito en la búsqueda de empleo, así como la obtención de salarios más altos (Korup y Szydlik, 2005; Rogers, 2001). Otros autores, junto a los efectos positivos, consideran, sin embargo, la tecnología como una ruta potencial de exclusión social —por ejemplo, de acceso al trabajo— y afirman que la ausencia de tecnología incrementará las desventajas de ciertos grupos sociales (Liff y Shepherd, 2004). Otros insisten, asimismo, en que la existencia de divisiones digitales constituye una barrera para el desarrollo de una sociedad de la información equitativa (Brynin, 2004). En definitiva, distintos autores coinciden en que si existen factores que retrasen la adopción de estas innovaciones por parte de los ciudadanos, la eficiencia económica y el bienestar social se verán afectados por esta falta de adecuación del capital humano.

Aunque la información estadística disponible tiende a ofrecer básicamente datos sobre el acceso al ordenador e Internet, distintos estudios analizan las diferencias sociales en el uso de estas tecnologías y las disparidades de género en las pautas de uso de Internet (Bimber, 2000; DiMaggio y Hargittai, 2001; DiMaggio *et al.,* 2004; Kennedy, Wellman y Klement, 2003; Wellman y Haythornwhite, 2002). Más allá del acceso, lo importante es qué hacemos cuando utilizamos el ordenador y accedemos a Internet. Aunque Internet es un espacio de apariencia casi infinita, que ofrece todo tipo de contenidos y servicios y lo que haga cada cual es su responsabilidad, es evidente que todos los usos no son iguales ni tienen los mismos efectos económicos y sociales. Hay usos de Internet que tienen una relación más intensa con actividades relevantes para el crecimiento económico y el bienestar social frente a otros caracterizados por el ocio y el consumo pasivo. Los gobiernos se esfuerzan por ofrecer cada vez más servicios por Internet como forma de mejorar la comunicación con los ciudadanos, a la vez que ahorran personal de atención presencial. Los padres y madres quieren que sus hijos sean usuarios del ordenador y de Internet, pero se preocupan de que puedan empeorar su resultado escolar por dedicar demasiado tiempo a videojuegos o a chatear con sus colegas de clase. Las mujeres con niños o personas dependientes a su cargo encuentran oportunidades para teletrabajar o mejorar su formación. La población inmigrante aprovecha los telecentros para mantener una comunicación fluida con la familia en sus países de origen. Las empresas fomentan el desarrollo de habilidades informáticas y navegadoras entre sus empleados, pero al mismo tiempo tratan de establecer barreras para que éstos no dediquen el tiempo de trabajo a jugar o a consultar la prensa deportiva.

Lo anterior induce a considerar que más allá de la cantidad (el número de horas de uso del ordenador o Internet) es necesario explorar con detalle la *calidad* del uso (Liff y Shepherd, 2004). Es asimismo importante considerar que hasta hace pocos años el crecimiento espectacular de Internet ha estado dominado por las fuerzas del mercado, más interesadas en ofrecer contenidos y servicios de consumo que en atender las necesidades reales y cotidianas de los usuarios (Rogers, 2001). Los avances en la e-administración y la oferta creciente de servicios públicos a los ciudadanos a través de Internet, incluyendo la relación entre administradores y administrados a través del correo electrónico, constituyen una inmensa fuente de nuevos usos y prácticas que irán progresivamente imponiéndose. La navegación irrelevante, el *vagabundeo* por la Web, al que muchas personas dedicaban la mayor parte de su tiempo en Internet, es progresivamente sustituido por hábitos más activos de creación de contenidos (crear redes de intereses y apoyo, llevar diarios o *blogs,* colgar vídeos, etc.). Aunque la utilización intensa de videojuegos contribuya a mejorar las habilidades manuales con los mandos de la consola e incluso algunas habilidades de percepción espacial, no es evidente que mejore las habilidades *digitales*. Frente a ello, la posibilidad de resolver necesidades y problemas de la vida cotidiana es mucho más interesante como perspectiva de desarrollo de los usos de Internet.

Las diferencias en los usos que realizan unos y otros individuos sin duda están relacionadas con factores como su edad, su nivel educativo o su situación laboral, entre otros. En el *Observatorio e-Igualdad*[1] (Castaño *et al.,* 2007) hemos comprobado que quienes tienen un nivel de estudios más bajo y están sin empleo son más proclives a consultar contenidos de ocio. Las mujeres, trabajadoras o no, tienden en general a los usos funcionales, a resolver problemas prácticos. Las diferencias de acceso y uso son particularmente marcadas entre mujeres y hombres.

Pero las diferencias de uso se ven reforzadas por el nivel de las habilidades informáticas y navegadoras de los individuos. El problema es que los ordenadores e Internet no sólo son medios de entretenimiento y consumo. Su utilización puede crear una ventaja relativa para las personas, las organizaciones y los países que los utilizan, pero esto requiere habilidades específicas. Lo que los hace radicalmente dife-

---

[1] El *Observatorio e-Igualdad* se ha elaborado en el Departamento de Economía Aplicada V de la Facultad de Ciencias Políticas y Sociología de la Universidad Complutense de Madrid en colaboración con la Fundación Directa y la Asociación E-mujeres, en el marco del *Proyecto E-igualdad* financiado con fondos del Plan Avanza Género en su convocatoria competitiva correspondiente al bienio 2006-2007.

rentes de otros medios de comunicación, ocio y consumo pasivo, como la televisión, es que son herramientas muy poderosas para trabajar y aprender, que requieren una cierta capacidad de memoria y pensamiento abstracto.

2. La primera y la segunda brecha digital

El uso de Internet es un factor de empoderamiento *(empowerment).* Confiere poder a las personas, a los grupos, a las empresas y emprendedores, a las organizaciones, porque ofrece una capacidad instantánea de acceder y compartir información, de organizar y movilizar recursos, tanto humanos como de otro tipo, de forma mucho más barata y rápida de lo hasta ahora conocido.

Los gobiernos, como se decía, toman medidas para estimular el uso de Internet por parte de los ciudadanos. Se ocupan de ofrecer programas de aprendizaje y puntos de acceso público y gratuito para el conjunto de la ciudadanía y, especialmente, para los colectivos en riesgo de exclusión de la sociedad de la información (mayores, personas con carencias educativas, habitantes de zonas despobladas) pero también para los que pueden mejorar de forma apreciable su vida cotidiana y sus posibilidades de inserción laboral (personas con discapacidad). Las mujeres constituyen cada vez más un objetivo prioritario de estas políticas, no como *colectivo,* ya que constituyen el 50 por 100 de la población, sino porque, como se apreciará en los capítulos siguientes, tanto los datos estadísticos como los análisis cualitativos nos muestran que la brecha digital de género existe y persiste y, por otra parte, las mujeres no son todas iguales ni tienen los mismos gustos, intereses y necesidades, sino que constituyen una realidad diversa.

Para comprender el problema de la división digital es esencial entender que la barrera más difícil de superar no es la del acceso (provisión de infraestructuras; difusión de los artefactos; programas de aprendizaje introductorio), sino la del uso. En otras palabras, las oportunidades que crean estas innovaciones tecnológicas dependen de la utilización que se haga de ellas y de la forma en que afecten al desarrollo profesional y a la vida de las personas. Desde esta perspectiva, el hecho crucial es la capacidad de cada individuo para utilizar las innovaciones en función de sus necesidades e intereses específicos.

La división digital *(digital divide)* constituye, por tanto, un problema social importante que acompaña al proceso de difusión de Internet. Rogers (2001) define la división digital como «la brecha que existe entre individuos que sacan provecho de Internet y aquellos otros que están en desventaja relativa respecto a Internet» y lo relaciona con la *hipótesis de la brecha del conocimiento (knowledge divide),* es decir, «a medida que aumenta la difusión de los medios de comunicación de masas en el sistema social, ciertos segmentos de la población con un nivel socioeconómico más elevado, tienden a apropiarse de la información a una velocidad más rápida que los del nivel más bajo y de esta manera la brecha entre estos segmentos tiende a aumentar en lugar de a reducirse» (Tichenor, Donohue y Olien, 1970, citado en Rogers, 2001, pág. 97).

La división digital, por tanto, es un problema todavía vivo, activo y cambiante. A pesar del aumento espectacular del número de ordenadores, de conexiones, de usuarios y usuarias, no parece que el tamaño de las brechas de edad, estudios o género, se haya reducido en los últimos años. De esta manera, se puede considerar que la brecha digital es un *moving target* (Kaplan, 2005) por la rapidez de la evolución tecnológica y la emergencia constante de nuevas habilidades *(skills)* y nuevas formas de conducta.

La brecha digital es más compleja que el acceso a Internet porque existen varias divisiones digitales. La primera es la del acceso, que hasta ahora se definía exclusivamente a partir de la carencia de ordenador y conexión a Internet para el conjunto de la población (porcentaje de usuarios en relación con la población total). En la actualidad se consideran también las disparidades de acceso en relación con características sociodemográficas de los individuos (edad, sexo, estudios, etc.). La segunda brecha es la que afecta a los usos (tanto a su intensidad como a su variedad) y está a su vez relacionada con la capacidad y las habilidades *(skills, abilites)* de los individuos para utilizar ordenadores e Internet. Lo importante es que el acceso no es sólo técnico, sino que es *conocimiento y habilidades (knowledge and skills)*.

Las divisiones digitales del futuro estarán relacionadas con las habilidades y la complejidad. Esta complejidad se manifiesta en varios sentidos:

— La disponibilidad técnica es imprescindible, pero no es suficiente, porque el acceso es un fenómeno social. Las características del acceso técnico, sin embargo, son importantes porque de ellas depende la *calidad* de la conexión. Ésta constituye otra fuente de brecha digital, la que se establece a partir del ancho de banda y la velocidad de las conexiones, entre quienes disfrutan de conexiones rápidas y capaces de transmitir grandes volúmenes de información y quienes, por el contrario, han de conformarse con sistemas más lentos y de menos capacidad.
— Las condiciones sociales de acceso son especialmente significativas: el lugar de acceso (hogar, puesto de trabajo, centro de estudios, puntos públicos de acceso), la intensidad de uso (frecuencia, número de horas) y la disposición de un entorno favorable, que estimule y ayude a aprender.
— El factor decisivo, sin embargo, son las habilidades de la persona para utilizar ordenadores e Internet, para realizar un uso acorde con sus necesidades y deseos de estudio, profesionales o privados.

Korup y Szydlik (2005) establecen tres tipos de factores que influyen en el uso de ordenadores personales e Internet en el hogar:

— Factores relacionados con el capital humano, como el nivel de estudios, la especialidad educativa y la utilización de ordenadores en el puesto de trabajo.
— Factores relacionados con el contexto familiar, como la renta disponible, la composición del hogar y, muy importante, la presencia de menores y adolescentes en él.
— Factores relacionados con el contexto social, entre ellos el género, la edad (o mejor, la generación a la que se pertenece), el bagaje cultural o étnico y el lugar de residencia, metropolitano o rural.

En relación con los primeros, es evidente que existe una relación positiva entre el capital humano de los individuos y su acceso y uso privado de Internet en el hogar. Distintas fuentes y autores coinciden en que el acceso a Internet aumenta con el nivel educativo, tanto para hombres como para mujeres (Van Welsum y Montaigner, 2007; Merit, 2008; Brynin, 2006b; Liff y Shepherd, 2004). La brecha de género se reduce, pero sigue siendo importante, incluso para los niveles educativos superiores, excepto en los países del norte de Europa. Otra cuestión importante es que el capital humano no sólo se genera en los estudios, sino que la experiencia en el empleo constituye una fuente importante de generación del mismo. El uso del ordenador y de Internet en el puesto de trabajo es clave como primera vía de acceso, pero también desde el punto de vista de la adquisición de habilidades informáticas y navegadoras. Las desigualdades de género en los mercados de trabajo son relevantes en este sentido, y las tasas de empleo femenino en los países de la OCDE son más bajas que las masculinas (entre diez y veinticinco puntos porcentuales, de nuevo con la excepción de los países nórdicos).

En cuanto al contexto familiar, no sólo es importante la renta del hogar, que sin duda afecta a las posibilidades de poseer un ordenador y una conexión a Internet en casa. También es decisiva la presencia de menores de edad, que actúa como un incentivo para disponer de estas herramientas y utilizarlas. Los resultados de la encuesta de Eurostat *(Eurostat Community Survey on ICT usage in households and by individuals)* y de otras encuestas como las del Oxford Internet Institute *(Oxford Internet Survey)* muestran que esto ocurre en casi el 75 por 100 de los hogares donde habitan menores, porque los padres desean que sus hijos aprendan, y quieren, además, compartir ese proceso con ellos y saber qué hacen en Internet (Brynin, Raban, y Soffer, 2004; Demunter, 2005). El hecho paradójico es que la presencia de menores en el hogar no incrementa el tiempo de uso de Internet por parte de las mujeres adultas, sino que lo reduce a causa de la falta de tiempo libre debido a las exigencias de las tareas domésticas y de cuidados (Liff y Shepherd, 2004).

En cuanto al contexto social, la generación tecnológica a la que se pertenece es tan relevante como la edad. El entorno tecnológico del hogar en el que se creció determina los hábitos y actitudes de las personas hacia las nuevas tecnologías. Korupp y Szydlik se refieren a cuatro tipos ideales: la generación pretecnológica (nacida antes de 1939), la de la revolución de los electrodomésticos, como el refrigerador (nacidos entre 1939 y 1948), la de las tecnologías avanzadas, como la lavadora automática y el lavavajillas (1949-1964), y la de los ordenadores (nacidos a partir de 1964), con tecnologías domésticas que incorporaban chips en lavadoras, neveras, teléfonos, etc. La conclusión es que el uso del ordenador (o cualquier otra tecnología) a edades tempranas ejerce una enorme influencia sobre las actitudes de los individuos ante las tecnologías, así como sobre sus habilidades tecnológicas.

El género es un factor clave tanto desde el punto de vista del acceso técnico como desde otras perspectivas relacionadas con los usos, las habilidades, así como con el impacto de la utilización de Internet sobre la vida de las y los usuarios.

Desde el punto de vista técnico la cuestión clave es dónde y por qué medios acceden a Internet las mujeres y los hombres, si disponen o no de banda ancha y, en definitiva, la calidad y velocidad de las conexiones.

Desde la perspectiva de los usos consideramos relevantes varias cuestiones que afectan a la segunda brecha digital en perspectiva de género:

— La experiencia (o *e-experiencia* en la terminología que hemos utilizado en el *Observatorio e-Igualdad)* medida por el tiempo transcurrido desde que se empezó a utilizar Internet.
— La intensidad de uso *(e-intensidad* en nuestra terminología) que incorpora, a su vez, varios componentes:
  • El momento de la última utilización de Internet.
  • La frecuencia de uso de Internet (diaria, semanal, mensual).
  • La duración de la conexión (número de horas cada vez).
— El tipo de actividades que se llevan a cabo, sean éstas de información *(e-información),* comunicación *(e-comunicación),* ocio *(e-ocio,* descargar *software,* música, películas) frente a usos más relacionados con la solución de problemas cotidianos, tanto de carácter profesional como privado *(e-administración, e-comercio, e-banca).*

Desde la perspectiva de las habilidades para utilizar ordenadores e Internet *(info-habilidades* y *e-habilidades,* respectivamente, en la terminología que hemos utilizado en el *Observatorio e-Igualdad)* merecen atención varias cuestiones en relación con la segunda brecha digital de género:

— En primer lugar, la diferencia entre las habilidades percibidas y las habilidades reales u objetivamente establecidas. Suele ocurrir que las mujeres, que reconocen poseer un menor número de habilidades que los hombres, tienden a infravalorar sus habilidades tecnológicas, mientras que los hombres reconocen un mayor número de habilidades, pero tienden a sobrevalorarlas.

— En segundo lugar, la importancia del entorno, de las actitudes de los *otros*. Es esencial disponer de un ambiente que apoye la adquisición de *info-habilidades* y *e-habilidades* por parte de las niñas y las mujeres. En este aspecto influye considerablemente la actitud positiva de familiares, profesores o amistades, que ayuden en el proceso de aprendizaje y no se dejen llevar por los prejuicios imperantes acerca de la supuesta *tecnofobia* femenina.

— Por último, la actitud de las protagonistas, la sensación de comodidad o incomodidad con los ordenadores e Internet, desempeña también un papel importante. Estas actitudes abarcan una gama que puede ir desde la fascinación y la dependencia de los ordenadores e Internet, más frecuente entre hombres y adolescentes varones, hasta la inseguridad y el rechazo, que se da con más frecuencia entre las mujeres.

Una dimensión esencial es el impacto del uso de Internet sobre la vida de los y las usuarias, en qué medida han cambiado sus costumbres y, especialmente, si esos cambios ponen en cuestión o, por el contrario, refuerzan los estereotipos de género. En la encuesta[2] que realizamos a mujeres usua-

[2] Encuesta *Mujeres y Sociedad de la Información,* Instituto de Desarrollo Regional-Instituto Andaluz de la Mujer. En esta investigación se realizaron entrevistas personales con cuestionario cerrado a doscientas mujeres entre un total de más de mil mujeres usuarias de Internet residentes en Andalucía, con más de dos años de experiencia y pertenecientes a las ca-

rias intensivas de Internet, éstas manifestaban que su utilización cotidiana tiene una enorme incidencia en las tareas profesionales (el 58 por 100 de las usuarias encuestadas habían cambiado la organización de éstas tareas y el 87 por 100 ahorraban tiempo en ellas), mientras que su efecto sobre el ámbito doméstico se reducía considerablemente (23 por 100 y 39 por 100, respectivamente) y predominaba la percepción de que no cambian la organización ni ahorran tiempo (Castaño *et al.*, 2007).

3. La magnitud de las diferencias de género en relación con la división digital

La situación de las mujeres en relación con las TIC y su posición en la sociedad de la información ofrecen una cara positiva y otra negativa. La cara positiva de la moneda es que el número de mujeres usuarias de Internet aumenta sin cesar en todo el mundo, porque los ordenadores y el acceso a Internet han adquirido categoría de herramientas domésticas para la comunicación y la vida cotidiana, junto con los teléfonos móviles. El uso de las TIC puede contribuir a mejorar la posición de las mujeres en el mercado de trabajo porque, unido a las habilidades femeninas para la comunicación, así como a sus niveles de educación formal crecientes (más elevados en muchos casos que los de los hombres) son valores que el mercado de trabajo demanda y esto contribuye a aumentar la contratación de mujeres. El teletrabajo y la teleoperación parecen alternativas apropiadas para mujeres que necesitan combinar el empleo con las responsabilidades familiares.

---

tegorías de empresarias, profesionales y profesoras. Asimismo, se llevaron a cabo entrevistas en profundidad, grupos de discusión y estudios de caso de otros colectivos como teleoperadoras, teletrabajadoras, emprendedoras y empresarias, estudiantes universitarias, ingenieras e informáticas, secretarias de dirección y amas de casa, entre otras.

La otra cara, negativa, de la moneda es que, a pesar del aumento del número de usuarias, la brecha digital de género en acceso es todavía amplia (en torno a diez puntos porcentuales en la mayoría de los países de la UE, como veremos en el capítulo siguiente, y proporciones similares en la OCDE, con la excepción de los Estados Unidos y los países del norte de Europa). Más preocupante resulta el hecho de que las mujeres continúen relegadas a determinadas actividades económicas y ocupaciones, mientras que los hombres dominan las áreas estratégicas de la educación, la investigación y el empleo relacionadas con las tecnologías de la información.

Las diferencias de género son también importantes desde el punto de vista de los usos. Por ejemplo, referida a la intensidad de uso (a la que se hará amplia referencia en el capítulo próximo en relación con el caso español) para el conjunto de la UE, la proporción de usuarios que acceden a Internet diariamente es del 38 por 100 en el caso de los hombres, frente al 28 por 100 en el de las mujeres (una brecha de diez puntos), aunque en el tramo de edad entre dieciséis y veinticuatro años el porcentaje masculino asciende al 53 por 100 y el femenino al 48 por 100 (la brecha se reduce a cinco puntos) (Seybert, 2007).

En cuanto a la gama de usos, tanto los datos de la OCDE (Van Welsum y Montaigner, 2007) como los que se desprenden de la *Eurostat Comunity Survey* muestran que en todos los países las mujeres puntúan prácticamente igual que los hombres en los usos relacionados con la comunicación (enviar y recibir correos electrónicos), mientras que los hombres superan ampliamente a las mujeres en usos más propiamente tecnológicos (en descargas de *software* las diferencias entre uno y otro sexo se sitúan entre veinte y treinta puntos porcentuales, incluso en los países del norte de Europa) y las mujeres superan a los hombres en actividades de búsqueda de información sobre familia, educación y cuidados (en salud, enfermedades y nutrición las diferencias alcanzan entre cinco y veinte puntos porcentuales).

De nuevo se ha de insistir en que no hay que confundir el incremento del número de usuarias con la excelencia en el uso, porque no todos los usuarios son iguales. La OCDE (2006) distingue entre usuarios y especialistas en TIC, y establece tres categorías distintas:

1. *Especialistas TIC,* que tienen la capacidad de crear y mantener sistemas, por lo cual las TIC constituyen la parte fundamental de su trabajo.
2. *Usuarios avanzados* de herramientas de *software* específicas de sectores concretos, aunque las TIC no constituyen la tarea esencial de su puesto de trabajo, sino sólo una herramienta.
3. *Usuarios básicos,* que utilizan de forma competente las herramientas genéricas necesarias para la sociedad de la información, la administración electrónica o e-gobierno y la actividad laboral (Word, Excel, Outlook, Power Point). De nuevo en este caso las TIC constituyen sólo una herramienta, pero no la tarea esencial del puesto de trabajo.

Van Welsum y Montaigner (2007) resumen la posición de las mujeres en relación con estas categorías para el área de la OCDE:

— El número de mujeres que pueden ser consideradas como *usuarias básicas* está aumentando, y lo hace especialmente en las profesiones que utilizan las TIC y, particularmente, en las ocupaciones administrativas, en las que para los países de la OCDE las mujeres representan porcentajes entre el 60 y el 95 por 100, mientras que su presencia en otras ocupaciones más intensamente relacionadas con las TIC es mucho menor.
— Entre los especialistas TIC, las mujeres no superan el 25 por 100 en los Estados Unidos, el 20 por 100 en

los países del norte de Europa y en la mayoría de los países restantes se sitúa en torno al 10-15 por 100.

— Para el caso de los *especialistas TIC,* en los Estados Unidos el porcentaje de mujeres varía entre el 7 por 100 en las categorías más avanzadas (ingenieros informáticos y electrónicos) y el 50 por 100 en las menos relevantes (como analistas de operaciones, operadores y administradores de bases de datos).

Entre los profesionales de la informática, el porcentaje de mujeres se estanca o decrece, como se comprobará en el apartado siguiente de este mismo capítulo a partir de datos de Eurostat.

Estos datos, que sugieren que el de la tecnología es un mundo masculino, mientras que las mujeres parecen afectadas por cierta *tecnofobia,* se ven confirmados por otro aspecto fundamental de la segunda brecha digital, relativo a la disparidad entre la participación creciente de las mujeres en los estudios universitarios, la investigación y el empleo y su presencia estancada o decreciente en estos mismos ámbitos cuando se trata de informática e ingenierías relacionadas con las TIC, que se tratarán en un apartado posterior de este mismo capítulo.

4. Las diferencias de género y la «digital literacy»

Una de las características de las innovaciones que nos traen los ordenadores e Internet es que requieren habilidades específicas. El acceso no es suficiente. Esto no es muy diferente a lo que ocurrió en el siglo XV. La imprenta hizo posible la difusión del saber, permitió almacenar los conocimientos de manera eficiente y facilitó la comunicación entre los científicos. Pero el acceso al material impreso no era suficiente. Para beneficiarse de todo lo anterior, era necesario poseer determinadas habilidades (leer, escribir).

Korupp y Szydlik consideran, respecto a la diferencia entre los teléfonos móviles y los ordenadores que «más que como una herramienta doméstica ordinaria, un ordenador se debe considerar como un complejo artefacto multitarea. Comparado con los teléfonos móviles, por ejemplo, manejar un ordenador e Internet requiere habilidades específicas que van más allá de las aplicaciones en las que basta con apretar el botón» (Korupp y Szydlik, 2005, pág. 410).

Rogers subraya que Internet es «una innovación caracterizada por un elevado grado de ventaja relativa (definida como el grado en que una innovación proporciona beneficios mayores que aquella a la que sustituye). Comparada con el correo postal, el correo electrónico es más rápido, barato e instantáneo. Comparada con los libros, u otras fuentes de información, la Web es un medio más a mano para buscar información» (Rogers, 2001, pág. 97).

La clave es que los ordenadores e Internet requieren habilidades específicas si se quieren utilizar como herramientas que generen una ventaja relativa para las personas y las organizaciones que las utilicen. Pueden ser medios de entretenimiento y consumo, pero lo que las hace radicalmente diferentes, sin embargo, es que son herramientas muy poderosas para trabajar y aprender, que requieren ciertas capacidades de memoria y pensamiento abstracto las cuales constituyen la base de las habilidades de aprendizaje.

Por todo lo anterior, aunque a veces pensemos que Internet está al alcance de cualquiera, la realidad es que, además de habilidades para leer y escribir (en muchos casos, en inglés), requiere cierta capacidad para buscar información, procesarla y utilizarla para alcanzar determinados objetivos. En caso contrario, se convierte en ocio o consumo pasivo de música, películas o series de televisión de forma gratuita. Todos estos usos son importantes, pero no es evidente que contribuyan sustancialmente a la generación de capital humano y social o a la competitividad.

En todo caso, recordemos que, como señalan Korupp y Szydlik en su análisis empírico de las causas y tendencias de la división digital, los beneficios de la *digital literacy* son evidentes, ya que está relacionada positivamente con las habilidades matemáticas y de lenguaje, mejora los resultados escolares, estimula la capacidad para relacionarse socialmente y favorece el éxito en la búsqueda de empleo, así como la obtención de salarios más altos (Korupp y Szydlik, 2005, página 409).

El elemento clave de la segunda brecha digital está relacionado, por tanto, con la brecha del conocimiento y, más específicamente, con las *info-habilidades* y *e-habilidades (digital skills* o *e-skills)* necesarias para vivir y trabajar en sociedades caracterizadas por la importancia creciente de la información y el conocimiento, lo que se denomina *digital literacy.*

El término *digital literacy* (en términos literales, *alfabetización digital)* fue acuñado por Gilster (1997) para definir la capacidad de las personas para adaptarse a las nuevas tecnologías de la información y la comunicación y especialmente a Internet. Desde entonces se ha utilizado para definir todo el conjunto de habilidades técnicas, cognitivas y sociales necesarias para desempeñar tareas en entornos digitales.

Otras definiciones más amplias hablan de *soltura (fluency),* y se refieren a las capacidades para la adquisición de las destrezas prácticas en las tecnologías de la información necesarias para el trabajo y la vida cotidiana (American Association of University Women, 2000). El concepto de *fluency* implica un cierto conocimiento del *hardware* y el *software* para manejar los equipos y los programas correctamente. Nos sorprenderemos más adelante de que un porcentaje importante de usuarios y usuarias no posee estos conocimientos, incluidos jóvenes y licenciados universitarios. La alfabetización digital desde la perspectiva de la *fluency* implica también habilidades de búsqueda, clasificación, evaluación y presentación de la información, que están más relacionadas con el bagaje educativo y cultural de cada persona que con los conocimientos de informática o de Internet. Nadie debería abandonar su centro educativo sin saber buscar, clasificar, evaluar y presentar en soporte digital la información relativa a su especialidad de estudio o profesional.

El género es una de las variables más relevantes a la hora de explicar los retrasos en la incorporación al mundo de las nuevas tecnologías, e indudablemente, al uso de Internet. Las diferencias de acceso entre hombres y mujeres se dan en todas las sociedades actuales, tanto en contextos de economías avanzadas como de economías en desarrollo. La preocupación por las diferencias de género en el uso de ordenadores e Internet es creciente. Aunque el uso de las tecnologías de la información y la comunicación se ha convertido en un rasgo esencial de la actividad social en toda Europa, los hombres son usuarios más regulares de Internet que las mujeres en todos los países y grupos de edad. Asimismo, muchos más hombres que mujeres ocupan empleos de informática en la UE. Los resultados de la explotación de la *Encuesta comunitaria sobre uso de las TIC en los hogares y por los individuos* (Eurostat, 2006) son preocupantes:

1. Entre los jóvenes (entre dieciséis y veinticuatro años) es mayor el porcentaje de hombres (67 por 100) que de mujeres (62 por 100) que usan un ordenador diariamente. La diferencia es también significativa entre los chicos (53 por 100) y las chicas (48 por 100) que usan Internet cada día.

En España esas mismas proporciones son del 58 por 100 para hombres y el 56 por 100 para mujeres, respectivamente, en cuanto al acceso al ordenador y el 44 por 100 y el 41 por 100 respecto al uso de Internet diariamente.

2. Si consideramos las habilidades informáticas como aproximación a la *digital literacy* o *digital fluency,* la situación es aún más grave. La encuesta considera seis tipos de habilidades a partir de la autoevaluación de las personas usuarias que han respondido afirmativamente en el cuestionario acerca de las siguientes tareas: copiar o mover un fi-

GRÁFICO 1

Mujeres y hombres (%) que han utilizado diariamente el ordenador en los últimos tres meses (Eurostat, UE-25, 2006)

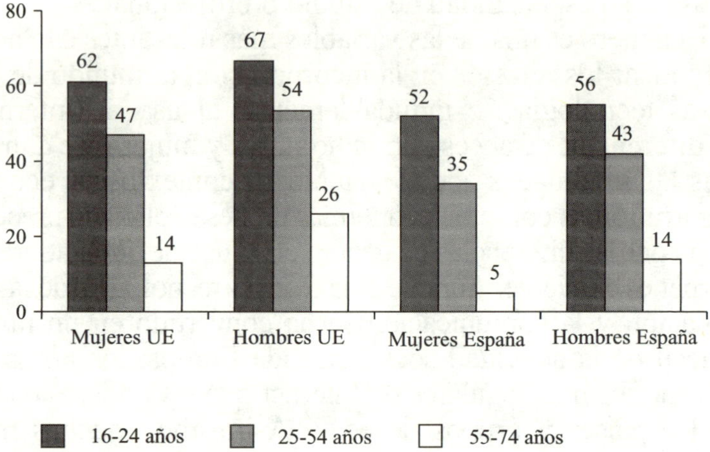

Fuente: Elaboración propia a partir de datos de Eurostat.

chero; cortar y pegar en un documento; utilizar fórmulas aritméticas básicas (suma, resta, etc.) en una hoja de cálculo; comprimir ficheros; conectar e instalar nuevos aparatos, como una impresora, y escribir un programa utilizando un lenguaje de programación. Se considera que tienen un nivel de habilidades alto aquellas personas que han mencionado las seis tareas, frente a las que sólo marcan cuatro (nivel de habilidades medio) o sólo dos (nivel de habilidades bajo).

Pues bien, en todos los grupos de edad, la proporción de mujeres con niveles altos de habilidades informáticas y navegadoras es más pequeña que la de hombres. Destaca de nuevo que entre los más jóvenes (entre dieciséis y veinticuatro años) las diferencias de género se mantienen: sólo el 30 por 100 de las mujeres usuarias tienen un nivel de habilidades alto frente al 48 por 100 de los hombres, lo que marca

GRÁFICO 2

Mujeres y hombres (%) que han utilizado diariamente Internet en los últimos tres meses (Eurostat, UE-25, 2006)

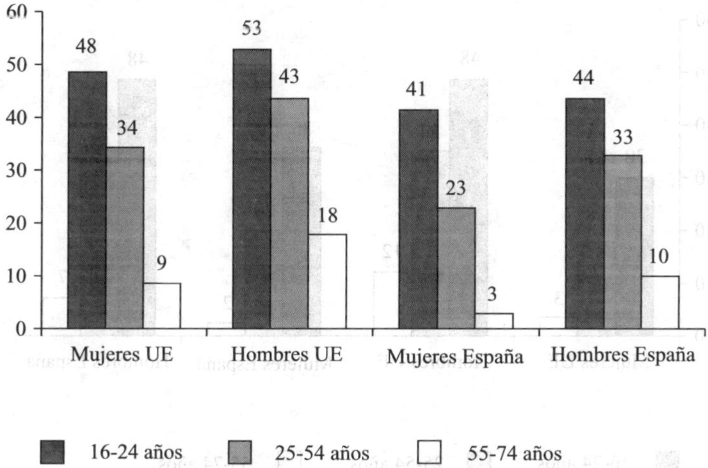

Fuente: Elaboración propia a partir de datos de Eurostat.

una brecha de dieciocho puntos porcentuales en relación con dichas habilidades.

En el caso de España, la situación es relativamente mejor desde el punto de vista del género, aunque la diferencia es todavía de trece puntos entre uno y otro sexo: el 48 por 100 de los hombres, frente a sólo el 35 por 100 de las mujeres, ha marcado este nivel alto de habilidades informáticas.

3. Finalmente, la proporción de mujeres que trabajan como profesionales de la informática[3] en la UE es muy pe-

[3] Se considera como profesionales de la informática a las siguientes categorías de la International Standard Classification of Occupations (ISCO) equivalentes a las de la Clasificación Nacional de Ocupaciones (CNO): 213 —Profesionales de la Informática de nivel superior y 312— Profesionales técnicos de la Informática.

GRÁFICO 3

Mujeres y hombres usuarios (%) con habilidades informáticas y navegadoras básicas de alto nivel (Eurostat, UE-25, 2006)

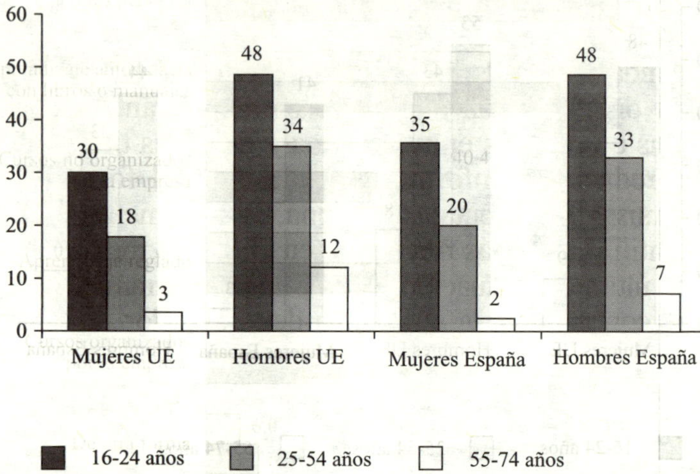

Fuente: Elaboración propia a partir de datos de Eurostat.

queña (0,7 por 100) y no ha mejorado entre 2001 y 2006, mientras que la proporción de hombres aumentó ligeramente desde el 2,3 al 2,6 por 100.

En el caso de España, esas proporciones son del 0,6 por 100 en el caso de las mujeres y el 2 por 100 en el de los hombres. Desde 2001 la situación de las mujeres no ha mejorado, mientras que la de los hombres ha pasado del 1,4 al 2 por 100.

Lo más grave es que no parece que estas diferencias de género en las profesiones informáticas tiendan a reducirse en el futuro, ya que son más agudas entre los más jóvenes (menos de cuarenta años) que entre los más maduros. Para el conjunto de la UE, las diferencias en el porcentaje de profesionales de la informática de uno y otro sexo de más de cuarenta años se establece entre el 1,8 por 100 del empleo masculino total y el 0,5 por 100 del femenino total (1,3 puntos porcentuales de diferencia). Para los menores de cuarenta años, las diferencias son mucho más amplias: los informáticos representan el 3,5 por 100 del empleo masculino frente a sólo el 0,8 por 100 del femenino, es decir, 2,7 puntos de diferencia.

GRÁFICO 4
Empleos informáticos por sexo y edad
(% del empleo total, Eurostat, UE-25, 2006)

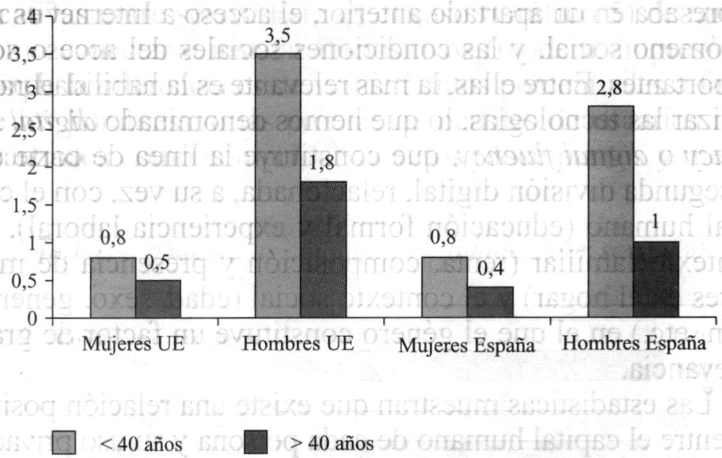

Fuente: Elaboración propia a partir de datos de Eurostat.

En el caso de España las diferencias son también preocupantes entre los más jóvenes, pero más pequeñas. Ello se debe a que el empleo informático representa porcentajes similares a los europeos tanto entre las mujeres jóvenes como entre las maduras, mientras que es bastante más bajo entre los hombres para ambos grupos de edad (2,8 por 100 entre los más jóvenes y 1 por 100 entre los más maduros).

5. El círculo vicioso de la discriminación de género y la segunda brecha digital

La relevancia de la *primera división* o *brecha digital* está relacionada sobre todo con la calidad del acceso a Internet, pero la disponibilidad técnica y la calidad del acceso son condición necesaria, aunque no suficiente, para él. Como se expresaba en un apartado anterior, el acceso a Internet es un fenómeno social, y las condiciones sociales del acceso son importantes. Entre ellas, la más relevante es la habilidad para utilizar las tecnologías, lo que hemos denominado *digital literacy* o *digital fluency,* que constituye la línea de corte de la segunda división digital, relacionada, a su vez, con el capital humano (educación formal y experiencia laboral), el contexto familiar (renta, composición y presencia de menores en el hogar) y el contexto social (edad, sexo, generación, etc.) en el que el género constituye un factor de gran relevancia.

Las estadísticas muestran que existe una relación positiva entre el capital humano de cada persona y su uso privado del ordenador e Internet. La brecha de género persiste, sin embargo, más allá de los niveles educativos. Hemos visto anteriormente cómo entre los jóvenes la brecha de género sólo se atenúa parcialmente. En el capítulo siguiente de este mismo libro comprobaremos que el efecto del nivel de estudios tampoco reduce la brecha de género. En España, por ejemplo, entre la población usuaria con estudios superiores (universitarios y de formación profesional de segundo grado) la brecha de género entre las personas que utilizan Internet diariamente es de veinte puntos.

El capital humano, se decía más arriba, incorpora también la experiencia en el uso de ordenadores e Internet en el puesto de trabajo, que es un elemento clave como vía de acceso inicial y determina también en gran medida las pautas de uso y las habilidades en relación con estas tecnologías. Las desigualdades de género en el mercado de trabajo son relevantes desde este punto de vista y se manifiestan de varias formas:

— Por una parte, la tasa de empleo femenina es considerablemente más baja que la masculina. Para el conjunto de la OCDE, por ejemplo, la tasa de empleo masculina está por encima del 70 por 100 y la femenina por debajo del 60 por 100 (en España, la tasa de empleo femenina se sitúa en torno al 50 por 100 y la masculina supera el 70 por 100).
— Por otra, el empleo femenino se concentra en actividades menos relevantes desde el punto de vista de la informatización o el acceso a Internet. En las ocupaciones más relacionadas con la informática, las mujeres representan porcentajes elevados (por encima del 50 por 100) en las menos cualificadas (operadores, administradores de bases de datos) y por debajo del 10 por 100 en las más cualificadas (ingenieros informáticos y de telecomunicaciones) (Van Welsum y Montaigner, 2007).
— Los datos anteriores confirman que las mujeres con estudios universitarios se adaptan muy bien a una economía de servicios a través de Internet, pero encuentran empleos subordinados. Las mujeres se concentran en empleos de educación y otros intensivos en conocimiento, pero su presencia es mayoritaria en los puestos de oficina y muy escasa en las profesiones de alta tecnología y de Internet. El 77 por 100 de las tituladas superiores de la UE se emplea en dichos sectores, frente a sólo el 61 por 100 de los titulados (Wilén, 2006). En general, su presencia es mayoritaria en los puestos de oficina y muy escasa en las profesiones de alta tecnología y de Internet.

Esta problemática preocupa a la literatura y la investigación, y se relaciona con otros hechos importantes como el estancamiento, incluso la reducción, del porcentaje de mujeres que estudian carreras tecnológicas (informática e ingenierías). Parece que la tecnología fuera un mundo de hombres, mientras que las mujeres estarían prisioneras de una cierta *tecnofobia*. Lo que nos muestra la investigación (Spertus, 1991; AAUW, 2000; Artal *et al.*, 2000; Margolis y Fisher, 2002; Millar y Jagger, 2001) es que una parte importante del problema es cultural e institucional, es decir, está relacionado con los hábitos patriarcales que todavía persisten en la familia y en la escuela, alimentados por los estereotipos que diariamente muestran los medios de comunicación, que tienden a identificar feminidad y masculinidad con determinados atributos.

Se educa a los niños para explorar y conquistar el mundo, mientras que a las niñas, a pesar de los avances que han experimentado las sociedades democráticas, se las sigue educando para cuidar de los demás. Las familias tienen expectativas distintas en relación con los hijos y las hijas, y no estimulan a las niñas a seguir las carreras de ciencias e ingeniería. Las propias chicas perciben, por otra parte, las trampas laborales que las mujeres encuentran en esos empleos y tampoco les gusta el estereotipo de empollona rara y poco femenina. En el aula, las expectativas de los profesores también son distintas en relación con uno y otro sexo. La educación científica se considera más necesaria para los niños y ello crea barreras para las niñas: en clase se les pregunta menos, se espera menos tiempo a que respondan y se las interrumpe más. Desde el jardín de infancia, el éxito se considera masculino y, en el caso de que triunfe una niña, no se la considera campeona o brillante, sino que su buen resultado se achaca a que ha desempeñado un trabajo muy duro.

Si los niños se sienten más cómodos con los ordenadores y los videojuegos (y los prefieren a la televisión) esto no es algo natural, sino que se les ha ido inculcando desde pequeños. En cambio, a las niñas se las educa en la responsabilidad, el cuidado de los demás, una visión más sufrida que tiende a utilizar las herramientas (en este caso el ordenador o Internet) para resolver problemas más que para jugar o para descubrir. Todo esto ocurre en la familia y en la escuela a edades tempranas. A pesar de las diferencias en la socialización, la escuela o el hogar, las chicas no necesariamente son poco habilidosas con los ordenadores. La diferencia más importante es que los chicos se sienten más cómodos con la tecnología en general, porque tienen más experiencia, mientras que ellas sienten más ansiedad y miedo al fracaso. También hay casos de chicos que realizan un uso excesivo, muchas veces por timidez o falta de capacidad para la comunicación, lo que les lleva a refugiarse en el ordenador o en Internet, lo que puede derivar en aislamiento.

Las escuelas de informática e ingeniería hacen esfuerzos por atraer a más mujeres a sus aulas, pero no llevan a cabo el cambio cultural necesario para que las chicas se sientan cómodas en un ambiente tradicionalmente masculino. La cuestión clave es ¿cuál es el objetivo de los programas dedicados a atraer mujeres? ¿Incorporar a las chicas o aumentar el número de estudiantes? El cambio cultural que se propone ¿significa que las mujeres han de adaptarse a la cultura predominante en las escuelas de informática o, por el contrario, las escuelas están dispuestas a incorporar valores femeninos (y cada vez asumidos por más hombres) como, por ejemplo, mayor preocupación por problemas personales, familiares, sociales y medioambientales?

Las mujeres que se deciden por la carrera científica se enfrentan al reto de optar entre la identidad femenina (que la sociedad interpreta como tener una familia y atenderla) o la identidad científica (el papel social del científico dedicado totalmente a su carrera) y, en cualquier caso, han de emplear enormes cantidades de tiempo y dedicación en su actividad investigadora. Tampoco les sirve de mucho, porque las carreras científicas son *carreras tijeras* en las que, a pesar de la abundancia de mujeres en los niveles iniciales, las diferencias entre hombres y mujeres aumentan a medida que se asciende en la jerarquía. Al llegar a la cúpula, las mujeres sólo constituyen una minoría: la proporción de mujeres en consejos científicos se sitúa en el 20 por 100 excepto en los países nórdicos de Europa, donde supera el 40 por 100 (European Commission, 2006).

Todo lo anterior es resultado, en gran medida, de la escasez de modelos de mujeres triunfadoras en las tecnologías de la información y del desconocimiento de la magnitud de esta problemática, que alimenta ese círculo vicioso de discriminación y segunda brecha digital:

— Como hay pocas mujeres, las que hay no se sienten cómodas y abandonan los estudios, la investigación y el empleo TIC en proporciones más elevadas que sus colegas varones.
— Como hay pocas mujeres, hay pocas candidatas a ocupar los puestos de responsabilidad, y las que lo consiguen se ven obligadas a moverse en una cultura masculina que las rechaza, y están sometidas a un escrutinio tan intenso que puede desalentar a otras mujeres.
— Como hay pocas mujeres en los puestos de responsabilidad y en los escalones inmediatamente anteriores, la cultura no cambia y las condiciones de trabajo hacen muy difícil la combinación entre vida profesional y vida privada.
— Las chicas jóvenes perciben esos problemas y no se atreven a incorporarse a carreras por las que, en otras condiciones, se sentirían atraídas.

La conciencia acerca de esta realidad es nueva, y a ella ha contribuido sin duda la ausencia de datos hasta fechas recientes. Sólo en los últimos años de la década de 1990 la UE reconoció la prioridad de desagregar por sexo las estadísticas relativas al empleo de científicos, investigadores, ingenieros, tecnólogos y especialistas en tecnologías de la información. Desde entonces, la investigación y los datos de las instituciones europeas han proporcionado una abundante evidencia acerca de la disparidad entre la participación y la posición de las mujeres en la mayoría de los países en las siguientes áreas:

— La brecha de género en los estudios de matemáticas y ciencias, informática e ingeniería, tanto entre los licenciados como en los doctorados.
— La brecha de género en las áreas de investigación relacionadas con la ciencia, las matemáticas y la ingeniería, particularmente relacionadas con las TIC y la sociedad de la información.
— La brecha de género en los empleos TIC, que es especialmente relevante. A pesar de la participación creciente de las mujeres en las ramas de actividad industriales y de servicios relacionadas con las TIC, se encuentran concentradas en tareas subordinadas, mientras que su presencia es escasa en las áreas más técnicas de diseño de productos y desarrollo de *software*.

Hoy disponemos de más datos, aunque no siempre suficientemente desagregados, que nos permiten en la tabla 1 apreciar la situación y las principales tendencias con respecto al periodo comprendido entre 1998 y 2005:

— Las mujeres son mayoría (casi 60 por 100) entre los titulados universitarios (licenciatura y doctorado) y entre 1998 y 2005 el porcentaje de mujeres creció en los Estados Unidos y en la UE (en España sólo creció muy ligeramente, ya que se partía de porcentajes de presencia muy elevados).
— Por el contrario, la presencia femenina se reduce a menos de la mitad (21-25 por 100) en las especiali-

dades de informática y a la tercera parte en ingeniería (17-20 por 100) en los tres ámbitos geográficos mencionados.

— Lo más grave es que a lo largo del periodo considerado, la presencia femenina en informática se reduce. En ingeniería, aunque aumentó en la media de la UE y en Estados Unidos, sigue situada en porcentajes muy bajos (17 por 100).

TABLA 1

Porcentaje de mujeres entre los titulados universitarios 1998-2005

	Todos los estudios		Informática		Ingeniería	
	1998	2005	1998	2005	1998	2005
España	57,6	58,0	26,5	21,4	19,2	19,9
UE-25	54,7	58,8	25,5	21,1	13,4	17,0
USA	55,9	58,0	31,8	25,6	15,1	17,5

Nota: Datos homogeneizados de acuerdo con la CINE (Clasificación Internacional de Educación, o ISCED, según las siglas en inglés) e incluye licenciatura y doctorado.
Fuente: Elaboración propia a partir de datos de Eurostat.

En cuanto a la presencia femenina en la investigación TIC, con datos de Eurostat correspondientes a 2003, si el porcentaje de mujeres entre el total de investigadores en el ámbito público representa el 35 por 100 en los institutos de investigación y el 34 por 100 en las universidades (en España son 44 por 100 y 38 por 100, respectivamente), en las especialidades de ingeniería y tecnología se reduce al 22 por 100 y el 21 por 100, respectivamente (en España son 39 y 33 por 100) (European Commission, 2006).

En cuanto al empleo TIC, ya se han comentado en el apartado anterior los datos que muestran que, aunque las mujeres de hoy son universitarias en mayor proporción que los hombres y utilizan Internet, encuentran empleos subordinados y se concentran en actividades de educación e intensivas en conocimiento, pero poco intensivas en TIC. En estos sectores persisten barreras culturales e institucionales a la entrada y permanencia de las mujeres, y esas barreras se han transferido a las profesiones de Internet.

En los sectores de la investigación y los empleos TIC, la división sexual tradicional del trabajo se ve reforzada por un mecanismo de flexibilidad perverso. Los horarios son mucho más complejos que en otras actividades porque se trabaja por proyectos y objetivos y se pasa por fases continuadas de exceso (casi atiborramiento) de trabajo. Anteriormente, estas condiciones sólo afectaban a directivos y ejecutivos, pero en la actualidad afectan a una gran mayoría de profesionales y otros empleados de niveles medios. Con la reducción de las jerarquías, o *downsizing,* propia de los sectores TIC, las responsabilidades se reparten en dirección descendente de la línea jerárquica, y se generalizan y extienden a los puestos intermedios y de profesionales universitarios. Esto empeora las condiciones para las mujeres que tienen responsabilidades familiares o que simplemente aspiran a tener una vida privada razonable, ya que han de optar entre trabajar a tiempo parcial, renunciar a puestos creativos y de responsabilidad o abandonar el mercado de trabajo del sector.

La paradoja es que el enorme potencial de las mujeres como fuente de talento para las TIC no puede hacerse efectivo por las razones expuestas en el párrafo anterior y por otras tanto o más preocupantes. El elevado porcentaje de mujeres con niveles educativos de profesionales y técnicos podría indicar que, comparadas con sus colegas masculinos, las mujeres con estudios universitarios pueden estar ocupando puestos que minusvaloran sus cualificaciones (European Commission, 2004). Esta apreciación se sustenta en que se observan tendencias contrapuestas respecto al nivel educativo de los profesionales varones y mujeres. Es decir, los hombres son a menudo capaces de alcanzar puestos profesionales sin necesidad de poseer las credenciales educativas requeridas. Las mujeres, por el contrario, aunque dispongan de las credenciales educativas, no ocupan puestos adecuados a su nivel de formación. Los ejemplos típicos son el experto en informática que no tiene educación universitaria o superior, frente a la secretaria que es licenciada en ciencias sociales.

Estas mismas tendencias contrapuestas se comprobaron para el caso español al analizar los perfiles masculinos y femeninos de entrada al empleo. Con datos de la *Encuesta de población activa* para al año 2001, dos tercios de las mujeres que encontraron un empleo en dicho año (procedentes de situaciones tanto de inactividad como de desempleo o de otros empleos un año antes) tenían estudios secundarios o superiores, pero fueron contratadas en empleos de cualificación y responsabilidad media-baja. Por el contrario, sólo un tercio de los hombres que encontraron un empleo tenía estudios secundarios o superiores, pero fueron contratados en puestos de responsabilidad y calificación media-alta en una proporción muy superior a sus credenciales educativas. Esto ocurría tanto en el conjunto del empleo como en cada una de las regiones españolas, a pesar de las diferencias en las especializaciones productivas y en las características de sus respectivos mercados de trabajo (Castaño *et al.,* 2002).

La conclusión que se extrae de los datos anteriores es preocupante: la estrategia femenina de adquirir credenciales educativas obtiene resultados decepcionantes. Los ingenieros informáticos y los consultores de alto nivel, los creadores de *software* y muchos otros trabajadores del conocimiento relacionados con las TIC, son mayoritariamente hombres. Los trabajadores de proceso de datos y de servicios masivos ofrecidos a través de las TIC, como la teleoperación, los de administración y secretaría, son mujeres.

Desde la Comisión Europea se insiste en que las mujeres son la principal fuente para incrementar el número de científicos, investigadores y especialistas en estas áreas (Merit, 2008), así como en la necesidad de desarrollar políticas orientadas a atraer y retener el talento femenino hacia los estudios, la investigación y el empleo relacionados con las TIC. Para que ello sea posible es imprescindible superar las distintas brechas digitales en acceso, en usos, en habilidades, y cambiar la cultura imperante en los estudios, la investigación, los sectores, empresas y empleo TIC, para hacerla más favorable a la inclusión de las mujeres, con el fin de romper con el círculo vicioso de la segunda brecha digital que se alimenta de la escasa presencia y participación de las mujeres en dichos ámbitos

6. Conclusiones

Vivimos en sociedades caracterizadas por la difusión masiva de las tecnologías de la información y la comunicación, en sociedades de la información. En este contexto, el acceso y uso de ordenadores e Internet y especialmente las *e-habilidades (e-skills, digital literacy)* se convierten en estratégicas para los ciudadanos y para el conjunto del sistema, ya que contribuyen a mejorar el bienestar social y la competitividad.

El debate sobre las barreras de acceso a la sociedad de la información y la existencia de brechas digitales de género ocupa un lugar relevante en la literatura académica. Muchas de las cuestiones planteadas están por resolver, tanto desde el punto de vista práctico (los niveles efectivos de brecha digital continúan siendo preocupantes) como teórico (los motivos por los cuales las mujeres se sitúan en posiciones de clara desventaja tecnológica), y requieren de análisis más profundos.

La primera brecha digital, que se refiere a las diferencias de acceso de hombres y mujeres a Internet, tiene un claro componente generacional y educativo. Cabría, por tanto, esperar que la diferencia en los niveles de acceso a Internet entre hombres y mujeres desaparezca con el tiempo. El panorama no es tan optimista, sin embargo, cuando hombres y mujeres se convierten en usuarios de la red. Observamos que la brecha de usos no se resuelve sin resolver otras desigualdades, porque las diferencias vuelven a aparecer en términos del uso que se hace de esta herramienta. Las mujeres, de nuevo, se encuentran situadas en una posición de clara desventaja frente a los hombres, y realizan un uso restringido de actividades que requieren, además, poca destreza tecnológica. Los hombres, por el contrario, realizan una gama de actividades variada, que requiere un nivel medio de habilidades tanto para el ocio como para los usos más tecnológicos.

Con frecuencia se piensa que la solución es estimular a las mujeres a que aumenten sus credenciales educativas, como si la acumulación de títulos fuera la llave para la igualdad. Pero la estrategia de adquirir más educación formal tiene resultados decepcionantes. Los ingenieros y consultores de alto nivel en el campo de la informática, los creadores de *software,* son mayoritariamente hombres. Los trabajadores manuales y los que prestan los servicios masivos son mujeres. En la Unión Europea, las mujeres representan dos tercios del empleo intensivo en educación, pero sólo una cuarta parte de los empleos de alta tecnología. El uso de Internet no contribuye a reducir las diferencias de género. A pesar de los avances en el número de usuarias, los prejuicios patriarcales se transfieren a los nuevos entornos de educación y trabajo.

El reto al que nos enfrentamos no consiste en que las mujeres empiecen a comportarse como los hombres. El reto de la segunda brecha digital no es un reto de acceso y uso de Internet y tampoco es un reto de habilidades consideradas de forma aislada. El objetivo es hacer posible que las mujeres utilicen las tecnologías al mismo nivel y con la misma destreza que los hombres, que ocupen puestos similares a ellos como diseñadoras de sistemas, gestoras de redes o consultoras informáticas. Para ello, es necesario desarrollar un estrategia doble, dirigida, por una parte, a aumentar el flujo de mujeres a los estudios, investigación y empleos TIC, y, por otra, a reducir el flujo de salida de mujeres de esos mismos ámbitos. La cuestión es cómo atraer más mujeres a estas actividades y cómo retenerlas y asegurar que alcanzan todo su potencial. Los obstáculos son importantes porque, aunque se comprueba que las mujeres avanzan como usuarias de TIC, no están en la generación de estas tecnologías e incluso hemos confirmado que retroceden como profesionales y estudiantes. Los hombres dominan las áreas estratégicas relacionadas con la ciencia, la ingeniería y las TIC porque persisten distintas formas de discriminación en el acceso a los estudios, la investigación, los empleos y las empresas TIC.

Bibliografía

AAUW (American Association of University Women), *Tech-Savvy: educating girls in the new computer age,* Washington, American Association of University Women Educational Foundation, 2000.

Artal, M. *et al., Dones i carreres tècniques,* I: *Perfil de les estudiants a la UPC 1998/1999,* Barcelona, Universitat Politècnica de Catalunya, Programa Dona, 2000.

Bimber, B., «Measuring the gender gap on the Internet», *Social Science Quarterly*, 81 (3), 2000, págs. 868-876.

Brynin, M., «Gender equality through computerisation», *European Sociological Review,* 22, 2, 2006a, págs. 111-123.

— «Gender, technology and jobs», *The British Journal of Sociology,* 57 (3), 2006b, págs. 437-453.

Brynin, M.; Raban, Y. y Soffer, T., «The new ITCs: age, gender and the family», *e-Living: Life in a Digital Europe,* 2004, disponible en http://www.eurescom.de/e-living/ [fecha de consulta: mayo de 2008].

Caprile, M. (ed.), «Measuring progress towards the knowledge-based society. Quality of working life and gender equality», en *From welfare to knowfare: a European approach to employment and gender mainstreaming in the Knowledge Based*

Society, informe núm. 3, diciembre de 2004, http://www.bifrost.is/wellknow/Files/Skra_0006771.pdf [fecha de consulta: mayo de 2008].

CASTAÑO, C., *Las mujeres y las tecnologías de la información: Internet y la trama de nuestra vida,* Madrid, Alianza, 2005.

CASTAÑO, C. *et al., Observatorio del empleo femenino por Comunidades Autónomas,* Madrid, Instituto de la Mujer, 2002.

— *Las mujeres andaluzas y la sociedad de la información,* Sevilla, Instituto Andaluz de la Mujer, 2003.

— *Observatorio e-igualdad. Informe final,* 2007, disponible en http://www.e-igualdad.net [fecha de consulta: mayo de 2008].

COMISIÓN EUROPEA, *Third European report on science and technology indicators 2003: towards a knowledge-based economy,* Luxemburgo, Office for Official Publications of the European Communities, 2004, disponible en http://cordis.europa.eu/indicators/publications.htm [fecha de consulta: mayo de 2008].

— *She figures 2006: women and science statistics and indicators,* Luxemburgo, Office for Official Publications of the European Commission, 2006.

— *IT girls: great careers for great women,* Europena Commission, Information Society and Media, 2008, http://ec.europa.eu/information_society/activities/itgirls/index_en.htm [fecha de consulta: mayo de 2008].

— *Women in ICT: status and the way ahead,* European Commission, Information Society and Media, 2008.

DEMUNTER, C., «The digital divide in Europe», *Eurostat. Statistics in Focus,* 38, 2005.

DIMAGGIO, P. y HARGITAI, E., *From the «digital divide» to «digital inequality»: studying Internet use as penetration increases,* Princeton, Center for Arts and Cultural Policy Studies, 2001.

DIMAGGIO, P. *et al.,* «Digital inequality: from unequal access to differentiated use», en K. Neckerman (ed.), *Social inequality,* Nueva York, Russell Sage Foundation, 2004, págs. 355-400.

EUROSTAT, «ICT skills measurement in Eurostat's Information Society Statistics», ponencia presentada en el congreso *Knowledge economy: challenges for measurement,* Luxemburgo, 8-9 de diciembre de 2005.

— Community Survey on ICT usage in households and by individuals, 2007.

GILSTER, P., *Digital literacy,* Nueva York, Wiley, 1997.

HAFKIN, N. y HUYER, S. (eds.), *Cinderella or Cyberella?: empowering women in the knowledge society,* Bloomfield (CT), Kumarian Press, 2006.

HARGITAI, E. y SHAFER, S., «Differences in actual and perceived online skills: the role of gender», *Social Science Quarterly,* 87 (2), 2006, págs. 432-448.

INTERNATIONAL TELECOMMUNICATION UNION, *World information society report* 2006, Ginebra, ITU, 2006.

KAPLAN, D. (coord.), *E-inclusion: new challenges and policy recommendations,* 2005, http://ec.europa.eu/information_society/eeurope/2005/doc/all_about/kaplan_report_einclusion_final_version.pdf [fecha de consulta: mayo de 2008].

KAPLAN, D. y LIBEROS, E., «Understanding and measuring e-inclusion: initial synthesis», 2004, disponible en http://www.fing.org [fecha de consulta: mayo de 2008].

KENNEDY, T., WELLMAN, B. y KLEMENT, K., «Gendering the digital divide», *IT & Society,* 1 (5), 2003, págs. 72-96.

KORUPP, S. y SZYDLIK, M., «Causes and trends of the digital divide», *European Sociological Review,* 21 (4), 2005, páginas 409-422.

LIFF, S. y SHEPHERD, A., «An evolving gender digital divide?», Oxford Internet Institute, Internet Issue Brief, 2, julio de 2004, http://www.oii.ox.ac.uk/resources/publications/IB2all.pdf [fecha de consulta: mayo de 2008].

MARGOLIS, J. y FISHER, A., *Unlocking the clubhouse: women in computing,* Cambridge (Mass.), The MIT Press, 2002.

MERIT, T., «Employees with third level education but not working in an S&T occupation», *Eurostat. Statistics in Focus,* 13, 2008.

MILLAR, J. y JAGGER, N., *Women in ITEC courses and career: final report,* Birmingham, University of Sussex, 2001.

OCDE, *Understanding the digital divide,* París, OCDE, 2001.

— *ICTs and economic growth,* París, OCDE, 2003.

— *Information technology outlook 2006,* París, OCDE, 2006.

— *ICTs and gender,* DSTI/ICCP/IE(2006) 9/Final, París, OCDE, 2007, http://www.oecd.org/dataoecd/16/33/38332121.pdf [fecha de consulta: mayo de 2008].

OXFORD INTERNET INSTITUTE, Oxford Internet Survey, http://www.oii.ox.ac.uk/microsites/oxis [fecha de consulta: mayo de 2008].

ROGERS, E. M., «The digital divide», *Convergence,* 7 (4), 2001, págs. 96-111.

— *Diffusion of innovations,* Nueva York, The Free Press, 2003.

SCIADAS, G., GUIGUIÈRE, P. y ADARN, L. (eds.), *From the digital divide to digital opportunities: measuring infostates for development,* Quebec, Orbicom International Secretariat, 2005.

SEYBERT, H., «Gender differences in the use of computers and the Internet», *Eurostat. Statistics in Focus,* 119, 2007.

SIBIS CONSORTIUM, *New eEurope Indicator Handbook,* Statistical Indicators Benchmarking the Information Society, WP 6, noviembre de 2003, http://www.sibis-eu.org/files/SIBIS_Indicator_Handbook.pdf [fecha de consulta: mayo de 2008].

SPERTUS, E., Why *there are so few female computer scientist?,* MIT Artificial Intelligence Laboratory Technical Report, 1315, Cambridge (Mass.), The MIT Press, 1991.

STATISTICS CANADA y OCDE, *Learning a living: first results of the adult literacy and life skills survey,* Ottawa, Statistics Canada/París, OECD, 2005.

VAN WELSUM, D. y MONTAIGNER, P., *ICTs and gender: working party on the information economy,* París, OECD, 2007.

WELLMAN, B. y HAYTHORNWHITE, C. (eds.), *The Internet in every day life,* Oxford, Blackwell, 2002.

WILÉN, H., «Measuring gender differences among Europe's knowledge workers», *Eurostat. Statistics in Focus,* 12, 2006.

Capítulo 2

La brecha digital de género: acceso, uso y habilidades*

Cecilia Castaño,
Juan Martín
y Susana Vázquez

1. Introducción: la sociedad de la información y la brecha digital de género en perspectiva europea

Desde la Cumbre de Lisboa en el año 2000, la Unión Europea (UE) se propuso poner en marcha una «Sociedad de la Información para todos» y desarrollar estrategias de lucha contra la «exclusión digital». Los gobiernos europeos, conscientes de la necesidad de que el conjunto de la población se incorpo-

* Cecilia Castaño es Catedrática de Economía Aplicada de la Universidad Complutense de Madrid (UCM); Juan Martín es Profesor Ayudante Doctor del Departamento de Economía Aplicada V de la UCM; Susana Vázquez es Investigadora Doctora en el Departamento de Economía Aplicada V de la UCM.

re al uso de Internet, se preocupan porque muchas personas mayores no se incorporen y queden excluidas. Se realizan esfuerzos, asimismo, orientados a las personas con discapacidad, que, efectivamente, pueden resolver muchos de sus problemas cotidianos gracias a las TIC y mejorar sus posibilidades de inserción laboral. La atención a estos colectivos es sin duda importante. Pero mucho más lo es que en España, y en el conjunto de la UE, las mujeres, que constituyen la mitad de la población (y, por tanto, no son un «colectivo en riesgo de exclusión») utilicen Internet en proporciones que todavía se sitúan en torno a 10 puntos por detrás de los hombres. La brecha digital de género existe en la UE y en España, y para abordarla es importante medirla, ya que, como se insistía en el capítulo anterior, haciendo nuestra y ampliando la afirmación de Nancy Hafkin, sin datos no hay visibilidad, sin visibilidad no hay credibilidad y sin credibilidad no hay prioridad.

Sabemos que la brecha digital de género existe y es importante medirla; además, podemos hacerlo. El Instituto Nacional de Estadística publica anualmente desde 2002 una *Encuesta sobre equipamiento y uso de tecnologías de la información y la comunicación en los hogares españoles* (TIC-H), con metodología Eurostat, en la que los datos relativos a acceso, frecuencia, tiempo de uso, tareas realizadas, compra por Internet, etc., se pueden desagregar por sexo.

¿Qué tamaño tiene la brecha digital de género? Tomando como indicador el número de usuarios de Internet en Europa, se constata que a pesar de la tendencia general hacia el progresivo incremento del número de personas usuarias, las mujeres europeas se encuentran diez puntos por debajo de la media masculina. Más aún, esa brecha digital de género no sólo no disminuye, sino que, en los últimos años, continúa ampliándose (un punto porcentual entre 2003 y 2007 en la UE de quince Estados miembros o UE-15) como consecuencia de la combinación de la inicial posición de desventaja femenina, con un crecimiento más intensivo del número de usuarios varones (Tabla 1).

Tabla 1

Personas que usan de forma regular Internet por países, periodo y sexo (1)

	2003			2007			2007-2003 (*)		
	Hom.	Muj.	M-H	Hom.	Muj.	M-H	Hom.	Muj.	M H
Finlandia	60	56	–4	77	73	–4	17	17	0
Suecia	74	64	–10	79	72	–7	5	8	3
Dinamarca	68	60	–8	79	74	–5	11	14	3
Noruega	73	59	–14	83	78	–5	10	19	9
Alemania	..	..		70	58	–12	15	14	–1
Reino Unido	50	43	–7	70	61	–9	20	18	–2
Eurozona	39	29	–10	57	46	–11	18	17	–1
UE-15 (15 países)	42	33	–9	60	50	–10	18	17	–1
UE-27 (27 países)	..	..		55	47	–8	15	16	1
Irlanda	26	23	–3	54	47	–7	28	24	–4
España	33	26	–7	49	40	–9	16	14	–2
Portugal	..	..		39	30	–9	12	7	–5
Italia	30	20	–10	39	28	–11	9	8	–1

Notas: (1) Porcentaje de individuos de dieciséis a setenta y cuatro años que acceden a Internet al menos una vez a la semana (en los últimos tres meses); (*) Para Alemania, UE-27 y Portugal: 2007-2004.
Fuente: Observatorio e-igualdad (Universidad Complutense), explotación propia a partir de datos de Eurostat.

Sobre esa tendencia general de conjunto, es posible distinguir la situación de los países del norte de Europa de los más meridionales. En los primeros, la proporción de personas usuarias de Internet es muy superior a las medias europeas. Las tasas de desventaja femenina son menores, así mismo, en el caso de los países escandinavos (estos países son los únicos que registran un mayor crecimiento relativo de e-usuarias que de e-usuarios entre 2003 y 2007) aunque no en Alemania y en el Reino Unido. Por su parte, los países del sur —más Irlanda— tienden a presentar unos índices de uso de Internet inferiores a la media europea, a la vez que mayores —y crecientes— niveles de desigualdad entre mujeres y hombres.

España no es una excepción dentro de estos patrones generales. Junto con el menor uso de Internet por parte de la población española (49 por 100 de los hombres y 40 por 100 de las mujeres en 2007), tanto en comparación con la media de la UE-15 (con 60 por 100 de los hombres y 50 por 100 de las mujeres), como con la de la UE-27 (55 por 100 y 47 por 100, respectivamente), en España la brecha digital de género se ha incrementado en dos puntos entre 2003 y 2007, y oscila entre los siete puntos porcentuales de desventaja femenina en 2003 y los nueve puntos de 2007.

De acuerdo con los datos de la *Encuesta TIC-H 2007* (INE), el 60,5 por 100 de los hombres españoles afirma haber utilizado Internet en alguna ocasión, mientras que en el caso de las mujeres, la proporción se reduce en seis puntos porcentuales (hasta el 54,1 por 100). Esta situación se repite en el caso de otras tecnologías como el ordenador, el teléfono móvil o el comercio electrónico. La diferencia más significativa a favor de los hombres se encuentra en el uso del comercio electrónico y la menor en el uso del teléfono móvil, la tecnología más utilizada y difundida entre toda la población y, especialmente, entre las mujeres (Gráfico 1).

Los datos del Eurobarómetro de 2001 ya eran significativos de cómo las mujeres europeas utilizan las tecnologías de la información (excepto el teléfono móvil) en menor medida que los hombres desde cualquiera de los parámetros que se observen, tanto el ordenador en el hogar o el trabajo como Internet en uno u otro lugar y, aunque aumenta el porcentaje de usuarios de uno y otro sexo, las diferencias se mantienen.

La literatura sobre la brecha digital de género (Bonder, 2002; Castaño y Torre, 2007; Castaño, 2005; Hafkin y Taggart, 2001; Margolis y Fisher, 2002; Millar y Jagger, 2001) atribuye su existencia a dos tipos de causas: por una parte, las relacionadas con la posición de las mujeres en el mercado de trabajo; por otra, problemas culturales e institucionales.

GRÁFICO 1

Porcentaje de personas que utilizan teléfono móvil, ordenador, Internet y comercio electrónico

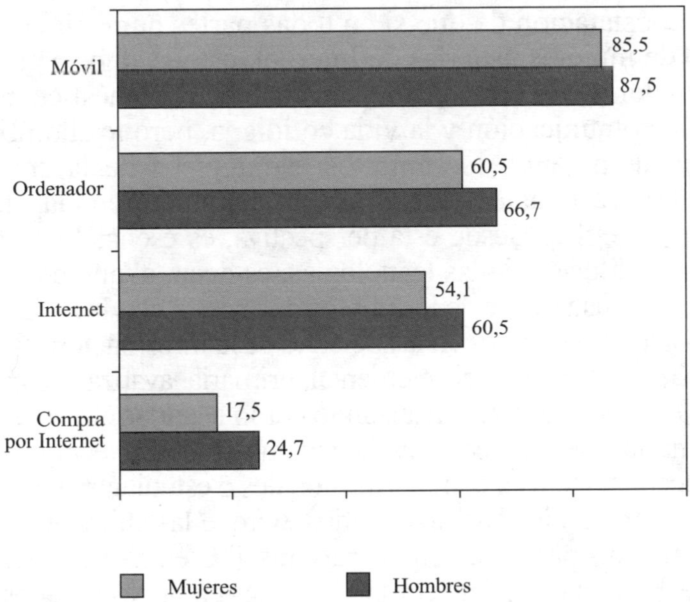

Fuente: Encuesta TIC-H 2007, primer semestre (INE).

Desde el punto de vista de la posición laboral y social de las mujeres, se aportan argumentos de relevancia. Por una parte, las mujeres están menos incorporadas al empleo que los hombres, y este hecho tiene gran incidencia porque todavía hoy el lugar donde más personas se inician en la utilización de Internet es el puesto de trabajo o de estudio, aunque cada vez se use más en el hogar. Cuentan, asimismo, con menos medios económicos que los hombres, porque sus salarios son más bajos y ocupan empleos peores. Las mujeres tienen menos tiempo para dedicarse a navegar por Internet, debido a la doble jornada, profesional y de tareas domésticas y de cuidados, que la sociedad les asigna.

En cuanto a los problemas culturales e institucionales, se hacen visibles al comprobar que, tal vez por las razones referidas en el párrafo anterior, las mujeres perciben una menor utilidad de Internet que los hombres. La preocupación surge de la constatación de que si en todas partes aumenta el número de mujeres usuarias de Internet, esto se debe a que el ordenador se ha convertido en un electrodoméstico más para la comunicación y la vida cotidiana, pero los hombres siguen dominando los ámbitos estratégicos de la educación, la investigación y el empleo relacionados con las nuevas tecnologías. Desde esta perspectiva, es esencial no confundir la difusión de las tecnologías, es decir, el aumento del número de usuarias y de los puntos de acceso, con la inclusión efectiva de las mujeres en la sociedad de la información. No es lo mismo ser una usuaria elemental, primaria, avanzada o creadora. Las mujeres están avanzando como usuarias elementales y primarias, pero no están en la generación de las tecnologías. Retroceden, incluso, como profesionales o estudiantes tanto en la UE como en los Estados Unidos, porque las chicas jóvenes y las mujeres participan en las carreras TIC en número decreciente. En España, como comprobaremos en otros capítulos de este libro, su participación es muy baja y tiende a estancarse o a aumentar demasiado lentamente. Esto se atribuye a que persisten formas de discriminación relacionadas tanto con la capacidad y competencia necesaria para las TIC como con el acceso a los estudios, la industria y las empresas relacionadas con la generación de tecnologías. En consecuencia, parece que la brecha de género también se manifiesta en otros ámbitos relacionados con las tecnologías de la información.

2. Breves precisiones metodológicas

Como ya se ha dicho, la herramienta estadística para estimar el tamaño y las características de la brecha digital de género en España la constituye, por el momento, la *Encues-*

ta sobre equipamiento y uso de tecnologías de información y comunicación en los hogares (TIC-H), elaborada por el INE con metodología Eurostat. En este capítulo se analizan los datos referidos al primer semestre del año 2006, y se recogen y sintetizan las explotaciones de esta misma fuente realizadas por los autores desde el *Observatorio e-igualdad* de la Universidad Complutense (Departamento de Economía Aplicada V, Facultad de Ciencias Políticas y Sociología).

El empleo de esta fuente ha revelado, junto con su alta potencialidad para aportar información estadística de utilidad, la existencia de algunos problemas que suponen una limitación en el acceso a una mejor información y, sobre todo, impiden describir y explicar determinados aspectos esenciales de la situación de la sociedad de la información (SI) en nuestro país y su impacto sobre mujeres y hombres. Así, por ejemplo, no se ofrecen datos suficientes sobre el contexto de las personas y de los hogares que permitan explicar el porqué de las diferencias y desigualdades de género, más allá de constatarlas. Se ofrece más información a este respecto en el Anexo Metodológico de este capítulo.

La explotación exhaustiva de los microdatos de la encuesta ha permitido llevar a cabo un análisis con un nivel de desagregación máximo y un nivel de confianza suficiente, gracias al cual se han alcanzado resultados que permiten establecer explicaciones novedosas y, a la vez, rigurosas sobre el fenómeno de las TIC, la situación de la SI en España y su impacto sobre mujeres y hombres. Resultados y explicaciones que se ofrecen en las páginas que siguen.

A lo largo de este capítulo se emplean algunos conceptos y categorías que se explicarán en cada caso —si bien ya han sido definidas en el capítulo anterior—, pero conviene presentarlos aquí de manera agrupada y previa a su aparición en el texto. En la Tabla 2 se sintetizan dichas categorías, que constituyen los epígrafes y la columna vertebral del análisis de la brecha digital de género, tanto desde una perspectiva cuantitativa como cualitativa, que se lleva a cabo en estas páginas.

TABLA 2

Definición de conceptos[1]

Concepto	Definición
Info-habilidades	Habilidades informáticas
E-acceso	Acceso a Internet
E-experiencia	Experiencia en el uso de Internet
E-habilidades	Habilidades relativas a Internet
E-intensidad	Intensidad de uso de Internet
E-comunicación	Servicios on line con fines de comunicación
E-información/ocio	Servicios de información u ocio on line
E-administración	Servicios de las Administraciones Públicas on line
E-formación	Servicios de formación on line
E-comercio	Compraventa de bienes y servicios on line
E-banca	Servicios financieros on line

3. LA SI EN ESPAÑA: RADIOGRAFÍA DESDE LA PERSPECTIVA DE GÉNERO

El análisis de las diferencias de género en la sociedad de la información en España lo hemos centrado en el acceso a y el uso de Internet, atendiendo a condicionantes individuales como son, además del sexo, la edad, el nivel de estudios o la situación laboral (empleado/no empleado). Para ello, hemos distinguido cuatro bloques temáticos. En primer lugar, se consideran dos elementos previos y, en gran medida, condicionantes para la utilización de Internet —aunque ya no imprescindibles, dado que la tecnología móvil ha roto esas limitaciones—, como son la dotación tecnológica de los hogares (noción de infraestructura tecnológica) y la utilización del ordenador (como herramienta fuertemente asociada a Internet). El bloque o apartado segundo incluye una primera descripción cuantitativa de la difusión de Internet entre la pobla-

[1] Salvo referencia expresa, la fuente de las tablas y los gráficos de este capítulo es C. Castaño *et al.* (2007).

ción, así como de los elementos que caracterizan el acceso a ella, mientras que el tercero, de carácter más cualitativo, se centra en los distintos usos de Internet que hacen usuarias y usuarios. El capítulo se cierra con una aproximación específica al caso de las personas de nacionalidad no española en su relación con las TIC.

3.1. *Elementos «previos»: infraestructura tecnológica y utilización del ordenador*

3.1.1. La intensidad tecnológica de los hogares españoles

Para analizar el grado de intensidad tecnológica (IT) de los hogares españoles de manera sintética, se han construido cuatro nuevas variables representativas del grado de intensidad TIC de los hogares en los que residen los encuestados, de las cuales, la que corresponde al número 1 es la de menor intensidad y, al número 4, la de mayor, y son indicativas de una posición TIC más tradicional hasta una más avanzada, en función de la siguiente dotación tecnológica:

- Hogares tipo 1, de baja intensidad tecnológica o tradicionales: los que disponen de un equipamiento mínimo, con al menos uno de los siguientes aparatos: televisión, radio, vídeo, equipo hi-fi o teléfono fijo.
- Hogares tipo 2 o de intensidad tecnológica media: aquellos hogares que, además de la dotación del tipo 1, cuentan con teléfono móvil o reproductor de DVD.
- Hogares tipo 3 o de intensidad tecnológica alta: aquellos hogares que, además de la dotación del tipo 2, disponen de alguno de los siguientes elementos: servicios avanzados de televisión (antena parabólica, televisión por cable, televisión digital terrestre), ordenador de sobremesa o conexión a Internet convencional.

— Hogares tipo 4, de intensidad tecnológica muy alta o avanzados: aquellos hogares que, además de la dotación del tipo 3, cuentan con algún otro tipo de ordenador (portátil, PDA) o con conexión a Internet de alta velocidad.

Los resultados obtenidos ponen de manifiesto la existencia de dos líneas de fractura (Gráfico 2). La primera fractura tecnológica es la que separa a los hogares tipo 1 y 2, de los tipo 3 y 4, y viene a revelar que, si bien más del 90 por 100 de las viviendas españolas cuenta con alguna o varias de las tecnologías más tradicionales arriba mencionadas, su número desciende significativamente (62,3 por 100) al considerar también la posesión de ordenador y/o la posibilidad de acceder a Internet.

La segunda fractura —la más importante de cara a la potencialidad de la incorporación y desarrollo de las TIC en

GRÁFICO 2

Clasificación de los hogares españoles según su intensidad TIC

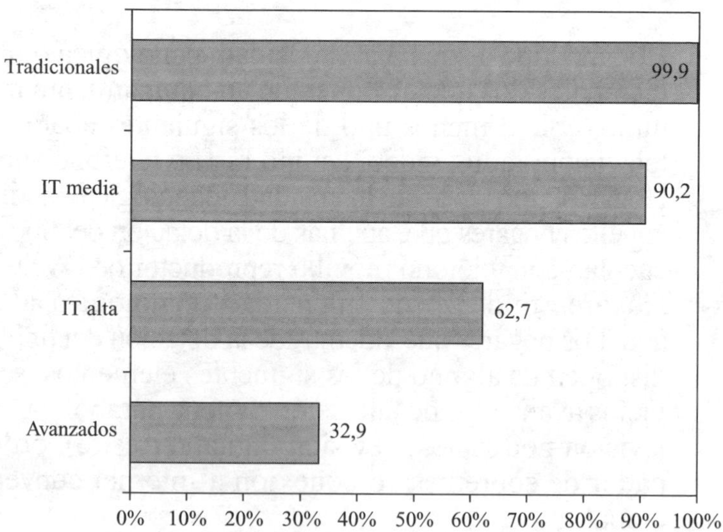

España— se observa entre los hogares de intensidad tecnológica más avanzada (tipo 4, que disponen de ordenador portátil o PDA y/o conexión a Internet de alta velocidad) que sólo representan el 32,9 por 100.

Como cabría esperar, y muestran los datos de la Tabla 3, si bien más de la mitad de la población que vive en hogares tipo 1 y tipo 2 ha utilizado el ordenador en alguna ocasión, entre los residentes en hogares más tecnológicos, la proporción es muy superior, y llega en el caso de los hogares tipo 4 hasta más del 80 por 100 de las mujeres y prácticamente el 90 por 100 de los varones.

El lugar y el modo de acceso a Internet también difiere significativamente entre los ocupantes de uno u otro tipo de viviendas. Los usuarios y usuarias que se conectan desde el domicilio y desde el centro de trabajo viven en los hogares más tecnológicos (tipo 4), mientras que la población más proclive a recurrir a cibercafés y centros públicos vive en hogares tipo 1, tipo 2 y tipo 3.

Al analizar cómo se sitúan en este escenario mujeres y hombres se observa que, como era de esperar, cuanto más tecnológico es el hogar mayor es la proporción de internautas. Pero también tienden a aumentar las diferencias entre hombres y mujeres. Así, por ejemplo, entre las mujeres residentes en hogares tecnológicamente tradicionales (tipo 1), la proporción de quienes han hecho uso de Internet en alguna ocasión apenas supera el 45 por 100 del total. Esta situación se presenta además asociada con otros factores socioeconómicos, como la situación laboral. Mientras que el 77,9 por 100 de los hombres y el 58,6 por 100 de las mujeres que viven en hogares con un nivel tecnológico avanzado (tipo 4) tienen empleo, en los hogares menos tecnológicos (tipo 1) encontramos mayores porcentajes de personas sin empleo.

Si se atiende a otros factores del contexto (hábitat, tipo de hogar y presencia de menores en la vivienda), los datos muestran, en primer lugar, una dicotomía entre el hábitat (definido en función de la densidad de población) y el tipo

TABLA 3

Intensidad TIC de los hogares españoles: principales resultados

	Tradicionales		IT Media			IT alta		Avanzados	
	Muj.	Hom.	Muj.	Hom.		Muj.	Hom.	Muj.	Hom.
Ha utilizado el ordenador alguna vez (%)	54	62	60	66		70	77	82	89
Ha utilizado Internet alguna vez (%)	46	54	50	58		61	70	76	86
Lugar de acceso a Internet	Mayor uso de cibercafés y centros públicos				↔	Mayor uso de vivienda y/o centro de trabajo			
Empleo	Menor nivel de empleo				↔	Mayor nivel de empleo			
Tipo de hábitat	Menor densidad de población				↔	Mayor densidad de población			
Tipo de hogar	Mayor presencia de hogares unipersonales				↔	Mayor presencia de hogares multipersonales			
Menores de edad	Hogares sin menores				↔	Presencia de menores en el hogar			

de hogar. En las áreas con una alta densidad de población hay una mayor concentración de hogares tecnológicamente avanzados: más de la mitad de la población que vive en ese tipo de áreas lo hace en hogares tipo 4, es decir, en hogares tecnológicamente avanzados. Por el contrario, entre la población que vive en áreas escasamente pobladas hay una mayor presencia de hogares de carácter tradicional o de intensidad tecnológica media.

Vemos, por otra parte, que los hogares en los que convive un mayor número de personas suelen ser más avanzados tecnológicamente. De hecho, el 76,7 por 100 de las mujeres y el 76,8 por 100 de los hombres que vive en hogares avanzados desde el punto de vista tecnológico (tipo 4) lo hace en hogares de tipo multipersonal. Este patrón podría estar a su vez relacionado con el número de menores que viven en el hogar, ya que en aquellos hogares en los que hay menores es más probable que se cuente con equipamientos tecnológicos. Así, el 76,7 por 100 de las mujeres que viven en hogares con cuatro y más menores de dieciséis años lo hacen en hogares tecnológicamente avanzados, probablemente debido a las demandas asociadas a la presencia de niños y adolescentes, que actúan como «disparadores de necesidad».

3.1.2. La utilización del ordenador

Si consideramos que el uso del ordenador supone una condición para el acceso a Internet, se comprueba que las mujeres presentan cinco puntos de desventaja en relación con los hombres a ese respecto: el ordenador personal ha sido utilizado al menos en una ocasión por el 63 por 100 de los hombres y el 58 por 100 de las mujeres residentes en España (Gráfico 3).

La presencia masculina es siete puntos superior entre los usuarios habituales (el 88,5 por 100 de ellos lo ha utilizado en el último mes, frente al 81,6 por 100 de las mujeres), frente a la mayor presencia femenina en las categorías de menor frecuencia de uso, propias de usuarias esporádicas. Más aún, entre las usuarias habituales, las mujeres también utilizan el ordenador un menor número de veces por semana, y llega a ser su desventaja de ocho puntos respecto a los hombres en el caso de quienes lo usan cinco o más días por semana.

Para explicar esta situación comprobamos la influencia de los factores sociodemográficos de los individuos, como son la edad, el nivel de estudios y la situación laboral.

En primer lugar, constatamos que la edad es un factor determinante para la utilización del ordenador, en general y también desde una perspectiva de género. La pertenencia a

GRÁFICO 3

Porcentaje de personas que han utilizado el ordenador alguna vez (a), última utilización (b) y frecuencia de uso en el último trimestre (c)

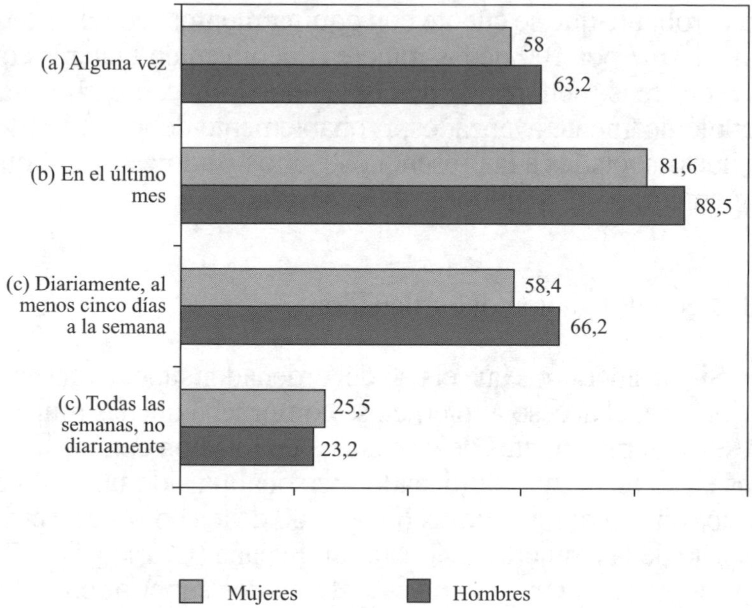

una u otra generación tecnológica marca claras diferencias. El ordenador es una herramienta utilizada por la casi totalidad de las personas más jóvenes (en torno al 85 por 100 entre los dieciséis y los treinta y cuatro años), mientras que la proporción de usuarios va decreciendo conforme se incrementa su edad. Por el contrario, las diferencias por sexo crecen con el paso de los años, desde una situación inicial de práctica igualdad en la proporción de chicas y chicos usuarios de ordenador (incluso con ligeras ventajas a favor de las mujeres más jóvenes), a la aparición de diferencias notables a partir de los cuarenta y cinco años de edad. El patrón descrito se reproduce, aunque de manera aún más acentuada, al considerar la frecuencia de utilización del ordenador: a mayor edad, menor frecuencia de uso y mayores diferencias entre mujeres y hombres, en detrimento de aquéllas.

En sentido contrario a la edad opera el nivel de estudios. Como es lógico, conforme éste aumenta, también tiende a hacerlo la proporción de personas que usan el ordenador y la frecuencia con la que lo hacen. A partir de la segunda etapa de secundaria, casi todos —mujeres y hombres— han utilizado el ordenador en alguna ocasión y durante el último mes. Las diferencias entre mujeres y hombres tienden también a reducirse conforme aumenta el nivel formativo, si bien persiste la desventaja femenina, especialmente en el tramo de utilización más frecuente (en el último mes).

Por último, la situación laboral influye claramente. Tener empleo contribuye a la utilización del ordenador, si bien esta circunstancia afecta más a las mujeres que a los hombres: la proporción de quienes han usado alguna vez el ordenador es treinta y cinco puntos superior entre las mujeres que tienen un empleo que entre las que no lo tienen (la diferencia es de veinticuatro puntos en el caso de los hombres). La importancia de la situación laboral en este contexto se corrobora al observar que entre la población empleada, el porcentaje de mujeres usuarias de ordenador es superior al de los hombres (77 por 100 y 70 por 100, respectivamente; frente a un 42 por 100 de usuarias y un 46 por 100 de usuarios entre la población no ocupada). La tendencia se repite respecto a la frecuencia de uso del ordenador.

En cuanto a la adquisición de conocimientos relacionados con la utilización del ordenador (que denominamos info-habilidades) los datos muestran que la principal vía de aprendizaje es el recurso a otras personas (68,7 por 100 de las mujeres y 73 por 100 de los hombres), seguida de la utilización de libros o manuales (49,8 por 100 de las mujeres y 62,3 por 100 de los hombres). La tercera fuente son los cursos no organizados por la empresa en el caso de las mujeres (40,4 por 100) y, en el de los hombres, el aprendizaje reglado (31,6 por 100), que ocupa el cuarto lugar por orden de importancia entre las mujeres (Gráfico 4).

GRÁFICO 4

Adquisición de info-habilidades (%)

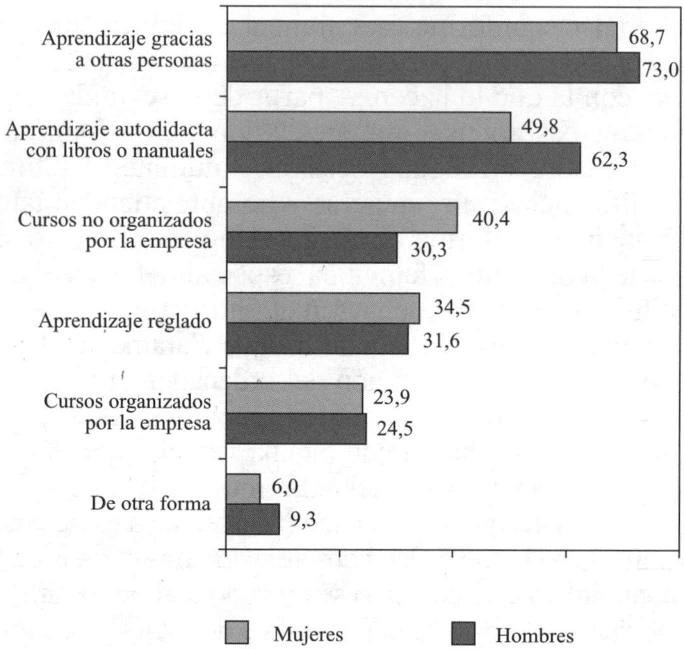

Las mujeres realizan en menor medida que los hombres cursos organizados por la empresa —lo que resulta lógico, dado que su tasa de empleo es más baja—. Recurren también en menor medida que los hombres a otras personas (amistades, familiares, etc.) para adquirir tales conocimientos, así como a estudiar por su cuenta con libros o manuales. La adquisición de conocimientos informáticos mediante el aprendizaje reglado (colegio, instituto, universidad) es la fórmula más habitual entre las generaciones más jóvenes —cuyo perfil corresponde al de personas de entre dieciséis y treinta y cuatro años, entre las que todavía se sitúa un porcentaje importante de jóvenes sin empleo y/o con menor nivel formativo porque aún no han abandonado el sistema educativo.

La aplicación práctica de las info-habilidades adquiridas se puede apreciar mediante las tareas informáticas realizadas. En la *Encuesta TIC-H* se consideran seis tipos, desde las más frecuentes (por ser las más fáciles) a las menos frecuentes (que requieren conocimientos más avanzados): copiar o mover ficheros o carpetas, usar cortar y pegar en un documento, emplear fórmulas aritméticas simples en una hoja de cálculo, comprimir ficheros, conectar o instalar dispositivos y programar. En algunas de ellas, existen diferencias significativas entre sexos. Éste es el caso (Gráfico 5) de tareas como conectar o instalar dispositivos (módem, impresora), donde la diferencia es de veinte puntos porcentuales a favor de los hombres), o las propias de perfiles de usuarios más avanzados como comprimir ficheros (doce puntos y medio

GRÁFICO 5
Tareas relacionadas con info-habilidades, por sexo (%)

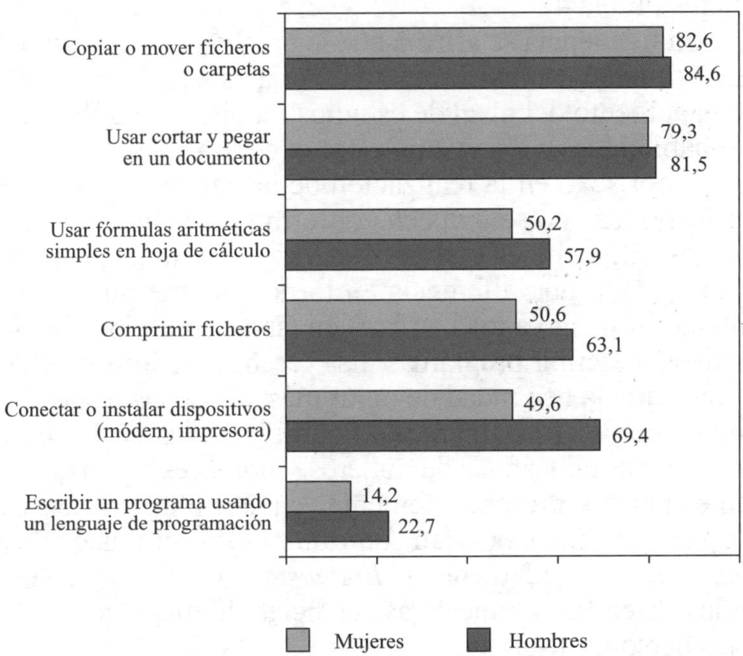

puntos de diferencia a favor de ellos) o escribir un programa usando un lenguaje de programación, que sólo afirman haberlas realizado un 22,7 por 100 de usuarios y un 14,2 por 100 de usuarias.

La variable edad disminuye la frecuencia de las tareas más complicadas y aumenta las diferencias entre mujeres y hombres. Así, la práctica totalidad de usuarias de dieciséis a treinta y cuatro años copian o mueven ficheros o carpetas (el 89,7 por 100) y usan *cortar y pegar* en un documento (el 88 por 100). A partir de esa edad, las diferencias entre sexos aumentan, en detrimento de las mujeres.

Se detectan diferencias más intensas entre la población que carece de empleo, lo cual vuelve a poner sobre la mesa no sólo la persistencia de la desventaja femenina en las tareas y el uso de habilidades TIC —en especial en las de carácter más avanzado—, sino también y sobre todo su vinculación con las condiciones socioeconómicas de buena parte de las mujeres (Tabla 4).

Con frecuencia se afirma que la brecha digital es un problema de educación y formación. Sería esperable, por tanto, que el aumento del nivel de estudios redujese las diferencias en e-habilidades. Observamos, por el contrario, que las diferencias por sexo en la realización de las tareas informáticas más avanzadas no se reducen conforme aumenta el nivel de estudios. El hecho es que las mujeres con estudios superiores mantienen una diferencia en torno a veinte puntos porcentuales respecto a los hombres en tareas como instalar dispositivos o escribir programas. Esa carencia de info-habilidades indicaría la necesidad de mirar más allá de las respectivas condiciones socioeconómicas. Las diferencias en las especializaciones educativas de mujeres y hombres, y particularmente la menor presencia femenina en disciplinas superiores de carácter técnico, podrían contribuir a ofrecer una explicación. Desafortunadamente, la *Encuesta TIC-H* no indaga sobre las disciplinas educativas (ciencias, humanidades, etc.) de las personas usuarias.

TABLA 4

Tareas relacionadas con info-habilidades, por situación laboral y nivel de estudios (%)

		Situación laboral			Estudios terminados				
		Con empleo	Sin empleo	Diferencia con-sin	Primaria	1.ª etapa Secundaria	2.ª etapa Secundaria	FP Grado Superior	Universit.
Mujeres	Copiar o mover ficheros o carpetas	84,8	79,1	5,7	61,7	72,9	83,5	87,3	92,2
	Usar cortar y pegar en un documento	82,6	74,1	8,5	53,8	66,2	79,8	85,0	92,5
	Usar fórmulas aritméticas simples en una hoja de cálculo	55,7	41,3	14,4	22,5	34,5	51,6	57,6	64,1
	Comprimir ficheros	55,0	43,6	11,4	27,2	36,5	51,2	57,7	63,2
	Conectar o instalar dispositivos como un módem o una impresora	52,8	44,6	8,2	28,7	36,8	50,0	54,0	62,0
	Escribir un programa usando un lenguaje de programación	14,9	13,2	1,7	6,6	11,9	13,5	16,8	17,5
Hombres	Copiar o mover ficheros o carpetas	84,9	83,5	1,4	65,5	76,7	87,4	87,2	95,0
	Usar cortar y pegar en un documento	81,3	82,5	–1,2	59,2	70,7	85,0	85,0	95,0
	Usar fórmulas aritméticas simples en una hoja de cálculo	58,5	55,8	2,7	28,2	38,9	60,9	65,6	79,7
	Comprimir ficheros	63,9	60,1	3,8	36,0	50,0	66,5	68,4	79,2
	Conectar o instalar dispositivos como un módem o una impresora	70,7	64,7	6,0	42,5	57,9	73,5	74,5	83,6
	Escribir un programa usando un lenguaje de programación	22,3	24,3	–2,0	9,6	13,1	24,1	30,3	31,0

3.2. *Internet en España: crecimiento cuantitativo de los usuarios/as y de la brecha digital de género*

En este apartado se analiza de manera pormenorizada el acceso a Internet en nuestro país por parte de mujeres y hombres. Se comienza por presentar dicho acceso (e-acceso) considerado de forma global y atendiendo a características personales como la edad, el nivel de estudios o la situación laboral, para, a continuación, analizar los lugares desde los que se accede a la red. Posteriormente, se analizan aspectos concretos de dicho acceso, como son el tiempo desde el que se viene produciendo (e-experiencia), las habilidades tecnológicas relativas a Internet que poseen usuarias y usuarios (e-habilidades), su forma de adquisición y la intensidad con que unas y otros usan Internet (e-intensidad).

3.2.1. El e-acceso

En el acceso a Internet existe una relación directamente proporcional entre edad y tamaño de la brecha digital de género. De hecho, sólo entre la población joven (de dieciséis a treinta y cuatro años) se detecta una ligera ventaja en la proporción de mujeres internautas sobre la de hombres —una tendencia que, por otra parte, se produce en la mayoría de los países de la OCDE[2]—, mientras que la desventaja femenina se manifiesta de manera evidente —y creciente— en las restantes franjas de edad (Gráfico 6).

El conocimiento y la educación, reflejados en el nivel de estudios, son factores clave a la hora de explicar la brecha digital de género. La tendencia general es que a mayor nivel de estudios, menor es la diferencia entre hombres y mujeres.

[2] OECD, 2007.

GRÁFICO 6
Población que ha utilizado Internet alguna vez, por edad y sexo (%)

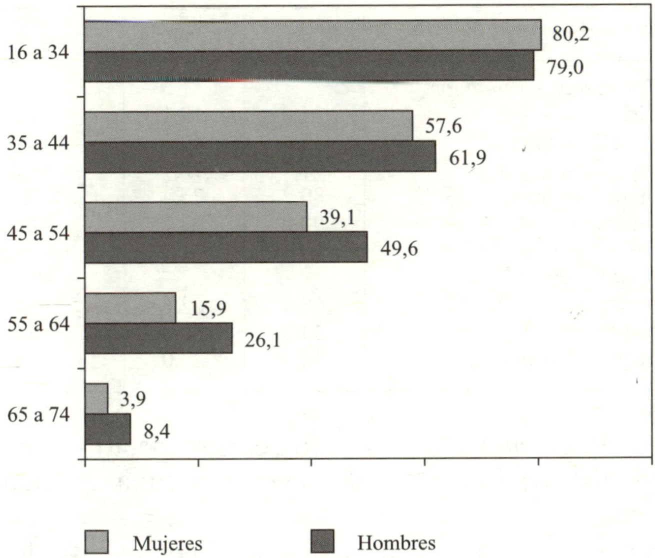

Así, mientras que más de un 90 por 100 de la población con estudios universitarios afirma haber usado Internet alguna vez, con una diferencia de casi tres puntos a favor de los hombres (Tabla 5), la gran mayoría de quienes tienen nivel de estudios primarios y de primera etapa de secundaria no lo han hecho, y aquí la desventaja para las mujeres es sustancialmente mayor (de siete y nueve puntos, respectivamente).

Sólo entre quienes tienen nivel de estudios de FP de grado superior, el porcentaje de mujeres que han utilizado alguna vez Internet es mayor que el porcentaje de hombres, circunstancia que podría estar relacionada con la diferente especialización profesional de alumnas (especialidades de administración y gestión) y alumnos (especialidades orientadas a oficios manuales y directos) de esa categoría formativa, aunque en este momento —dada la insuficiente informa-

TABLA 5

Población que ha utilizado Internet alguna vez, por nivel de estudios y situación laboral (%)

	Mujeres	Hombres	Diferencia M-H
Nivel de estudios terminados			
• Primaria	11,0	18,1	–7,1
• 1.ª etapa Secundaria	38,6	47,5	–8,9
• 2.ª etapa Secundaria	71,5	76,7	–5,2
• FP Grado Superior	80,2	77,4	2,8
• Universitaria	90,0	92,7	–2,7
Situación laboral			
• Con empleo	68,4	62,6	5,8
• Sin empleo	33,5	39,6	–6,1
• Diferencia con-sin empleo	34,9	23,0	11,9

ción que la *Encuesta TIC-H* ofrece al respecto— no estamos en disposición de poder aventurar una explicación fehaciente.

Un comportamiento similar se dibuja en el caso del empleo. La vía primordial de acceso a Internet para mujeres y hombres es el empleo. Las personas que tienen empleo acceden en mayor medida a Internet, pero la situación laboral parece influir más entre las mujeres que entre los hombres[3]. Al igual que hemos observado en el caso del ordenador, la diferencia en el acceso a Internet es mayor entre las mujeres según tengan o no empleo (34,8 puntos porcentuales) que entre los hombres (23 puntos). Es más, entre la población usuaria de Internet, hay un porcentaje mayor de mujeres ocupadas que de hombres ocupados.

En cuanto al lugar de conexión a Internet, en España el más frecuente es la vivienda (sobre todo el domicilio propio), seguido del centro de trabajo y los lugares de acceso público (centro de estudios, cibercafés, instituciones, etc.).

[3] Esta correlación se analiza en profundidad más adelante.

Las usuarias acceden a la red en menor medida que los usuarios tanto desde el hogar como desde el centro de trabajo. Son, sin embargo, más proclives que ellos a utilizar los centros de estudios y los centros públicos (Gráfico 7).

GRÁFICO 7

Lugar de acceso a Internet (último trimestre) (%)

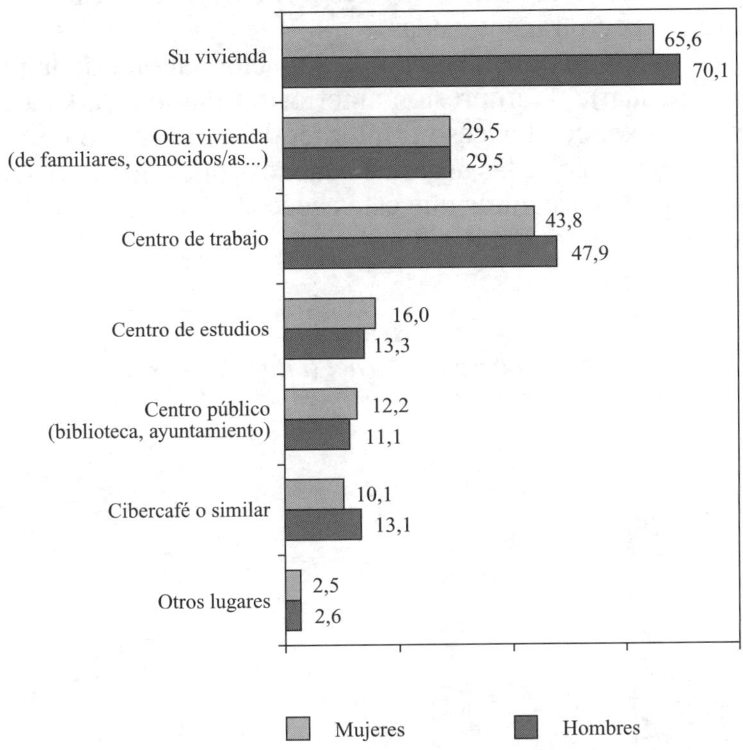

Entre la población joven (de dieciséis a treinta y cuatro años), el acceso desde el centro de estudios es —obviamente— más habitual que en otros tramos de edad, si bien con una tendencia ligeramente superior entre las chicas (23,5 por 100 frente a 22,4 por 100), mientras que los chicos acuden en mayor medida al cibercafé (19 por 100 ellos, 14 por 100 ellas). Por su parte, las personas de cuarenta y cinco a cincuenta y cuatro años se conectan desde el lugar de trabajo con más frecuencia que otros grupos. Así mismo, si bien el domicilio es el lugar desde donde más mujeres y hombres —de cualquier nivel de estudios— acceden a Internet, el centro de trabajo se convierte en el segundo lugar de acceso entre la población con estudios medios y universitarios, mientras que en el resto de niveles formativos, el segundo lugar lo ocupan otras viviendas.

Al tomar en consideración la situación laboral de la población usuaria, la impresión anterior resulta matizada. Así, observamos que el acceso a Internet desde el centro de trabajo es mayor entre las usuarias ocupadas que entre los usuarios ocupados, mientras que éstos acceden en mayor medida desde el propio domicilio (Gráfico 8).

GRÁFICO 8

Lugar de acceso a Internet (último trimestre) de las personas con empleo (%)

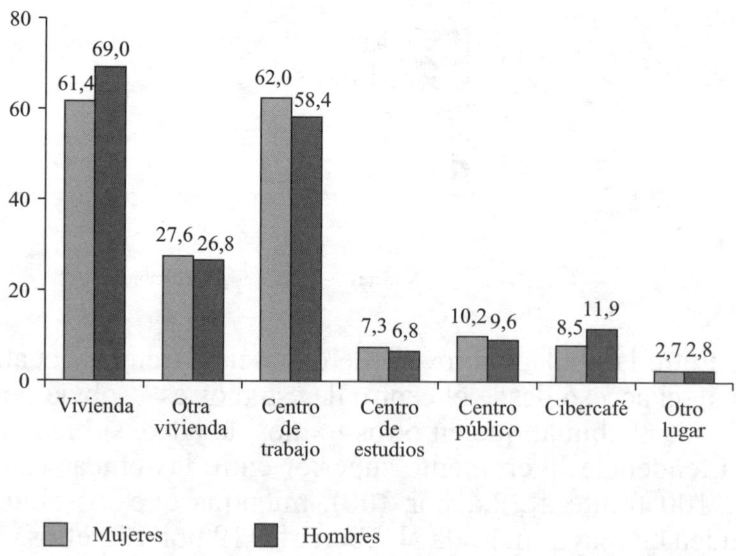

Esta mayor disposición de las mujeres empleadas a acceder a Internet desde el centro de trabajo está probablemente relacionada con el reparto tradicional de tareas domésticas, que privilegia el tiempo disponible de los hombres en el hogar en detrimento del de las mujeres.

3.2.2. La e-experiencia

El análisis de la e-experiencia, entendida como el tiempo que se viene accediendo a, o usando Internet, revela que esta herramienta está considerablemente asentada entre la población usuaria actual, al tiempo que las barreras aparecen en mayor medida respecto a quienes no están e-incorporados. Así, en el caso de la mayoría de internautas (mujeres y hombres) la e-experiencia más frecuente es superior a cinco años (caso del 47,7 por 100 de hombres y del 40,5 por 100 de mujeres) (Gráfico 9).

GRÁFICO 9
Desde cuándo usa Internet (e-experiencia) (%)

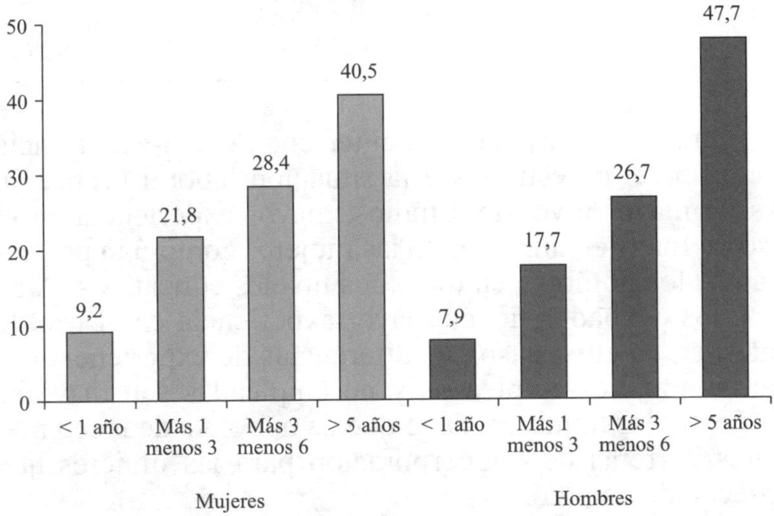

No obstante, es precisamente esta categoría de personas e-veteranas (más de cinco años de antigüedad) la única en la que los hombres aventajan a las mujeres, y, por el contrario, es más reciente la incorporación de éstas a Internet. Es más, al considerar la e-experiencia desde la variable edad (Tabla 6), se observa un claro flujo de e-incorporaciones femeninas más reciente pero más intenso, sobre todo en las cohortes en las que la brecha digital de género era tradicionalmente superior. Entre la población más joven, que desarrolla un uso más intensivo, las diferencias son menores. Todo lo anterior debería contribuir a paliar esa situación de desventaja femenina.

TABLA 6
Diferencia mujeres-hombres en e-experiencia por edad (%)

E-experiencia	Tramos de edad					
	16 a 34	35 a 44	45 a 54	55 a 64	65 a 74	Total
Menos de 1 año	–0,9	4,8	1,8	8,9	2,9	1,3
Más de 1 año y menos de 3	2,9	7,2	5,2	4,6	1,7	4,1
Más de 3 años y menos de 5	1,9	2,5	0,8	1,0	–9,0	1,8
Más de 5 años	–3,9	–14,5	–7,7	–14,5	4,4	–7,2

Otras variables clave en el terreno de la e-experiencia son el nivel de estudios y la situación laboral (Tabla 7). Así, a mayor nivel de estudios, mayor experiencia en el uso de Internet, aun cuando las mujeres continúan por detrás de los hombres en todos los niveles educativos. A su vez, los ocupados tienen mayor experiencia en el uso de Internet, en cuyo caso, las diferencias de experiencia entre las mujeres empleadas y no empleadas son mayores que entre los hombres, de lo que de nuevo se deducen mayores barreras de e-incorporación para las mujeres que carecen de empleo.

TABLA 7

E-experiencia superior a cinco años, por nivel de estudios y situación laboral (%)

	Mujeres	Hombres	Diferencia M-H
Nivel de estudios terminados			
• Primaria	17,6	19,7	–2,1
• 1.ª etapa Secundaria	24,1	33,7	–9,6
• 2.ª etapa Secundaria	39,9	46,1	–6,2
• FP Grado Superior	39,6	46,1	–6,5
• Universitaria	54,3	69,3	–15,0
Situación laboral			
• Con empleo	43,9	48,9	–5,0
• Sin empleo	34,5	43,2	–8,7
• Total	40,5	47,7	–7,2

3.2.3. Las e-habilidades

El concepto e-habilidades hace alusión no sólo a conocimientos informáticos, sino también a otros mucho más amplios relacionados con las TIC. De entre todos ellos, la *Encuesta TIC-H* del INE ofrece información concreta sobre habilidades en la utilización del ordenador personal —o info-habilidades, ya examinadas— y de Internet. El análisis que se realiza a continuación diferencia, por una parte, la adquisición de tales e-habilidades y, por otra, su aplicación práctica por las usuarias y usuarios de Internet.

En el conjunto de la población considerada, la adquisición de e-habilidades se realiza recurriendo a la ayuda de otras personas, en primer lugar, y, en segundo, a la utilización de libros o manuales (Gráfico 10). No obstante, una observación detallada permite detectar algunas diferencias interesantes en el comportamiento de mujeres y hombres. Mientras que el aprendizaje con libros o manuales es más frecuente entre los hombres (11,8 puntos más), las mujeres adquieren e-habilidades en mayor medida que éstos a partir de cursos. Las que en mayor porcentaje han aprendido por su cuenta, son las que tienen menos de cuarenta y cinco años, mayor nivel de estudios y están empleadas.

GRÁFICO 10

Forma de adquisición de conocimientos de Internet (%)

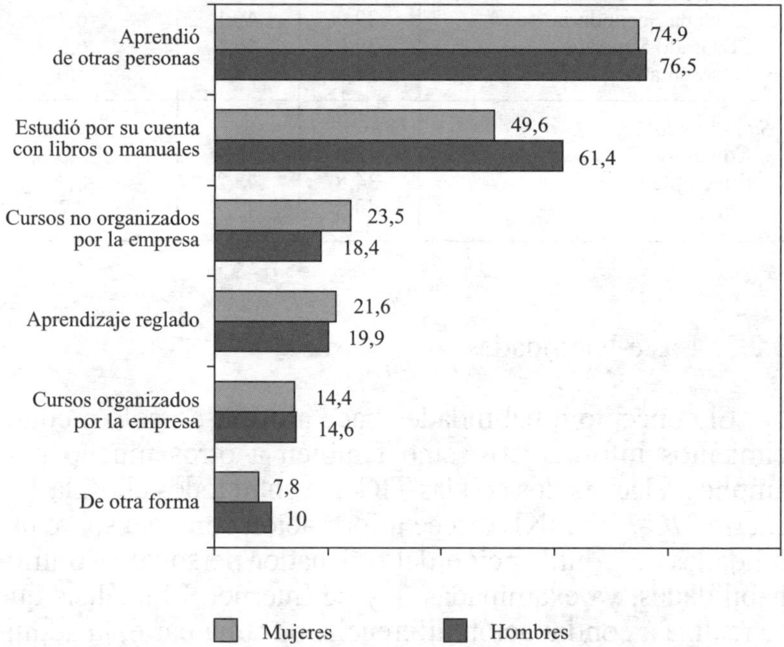

Entre las personas más jóvenes es más frecuente la adquisición de e-habilidades dentro del sistema educativo reglado (en el que aún está inmersa una buena parte de ese colectivo), mientras que en los grupos de más edad (que tal vez no tuvieron la oportunidad de adquirir e-habilidades durante su paso por instituciones educativas o que ahora buscan mejorar sus conocimientos) es más frecuente el recurso a cursos de formación no reglada organizados por empresas o instituciones. Esta última opción tiene mayor incidencia entre las mujeres que entre los hombres, sobre todo a partir de los treinta y cinco años de edad, lo cual señala la importancia de los cursos desarrollados desde organismos públicos para la e-incorporación femenina. Los hombres maduros, sin embargo, parecen optar en mayor medida por libros o manuales para su «reciclaje tecnológico».

A mayor nivel de estudios, mayor es la relevancia de la utilización de libros y manuales para aprender, en detrimento del recurso a otras personas, si bien aquél es más frecuente entre los hombres de todos los niveles educativos en comparación con las mujeres, con una diferencia media de casi doce puntos porcentuales.

Teniendo en cuenta la situación laboral, como cabría esperar, el aprendizaje de e-habilidades mediante cursos organizados por la empresa es más frecuente entre las personas con empleo que entre las que no lo tienen, y se da más entre las mujeres que entre los hombres (el 19,5 por 100 de mujeres frente al 17,1 por 100 de hombres). También es más habitual el aprendizaje autodidacta entre las mujeres ocupadas que entre las no ocupadas (51,6 frente al 46,3 por 100), y esta diferencia es menor entre los hombres (62 por 100 de ocupados frente al 59,1 por 100 de no ocupados).

La adquisición de e-habilidades que se ha descrito en este apartado muestra que las mayores barreras para la e-capacitación se presentan en determinados grupos de mujeres, como las desempleadas, las de mayor edad y menor nivel educativo. Esto sirve para alertar de la especial importancia que en esos supuestos adquiere la oferta de cursos formativos por parte de las entidades públicas para todas las edades.

Atendiendo ahora a la aplicación de esas e-habilidades por parte de usuarias y usuarios, mediante las tareas realizadas en Internet, observamos (Gráfico 11) que los usos tecnológicos más sencillos y habituales son los más extendidos y en los que aparecen menos diferencias por sexo. Así sucede, sobre todo, con el uso de buscadores de información y, en menor medida, con el envío de correo electrónico con archivos adjuntos. Otras tareas algo más complejas, como participar en redes sociales (foros, *chats,* etc.) o compartir ficheros *peer to peer* son menos frecuentes y presentan mayores diferencias entre usuarias y usuarios (nueve puntos en el primer caso y trece en el segundo). Finalmente, las tareas menos frecuentes son la creación de páginas web (que requiere más conocimientos) y la realización de llamadas telefónicas a través de Internet (que aparece como escasamente popular por el momento).

GRÁFICO 11
Tareas realizadas por la población usuaria de Internet (%)

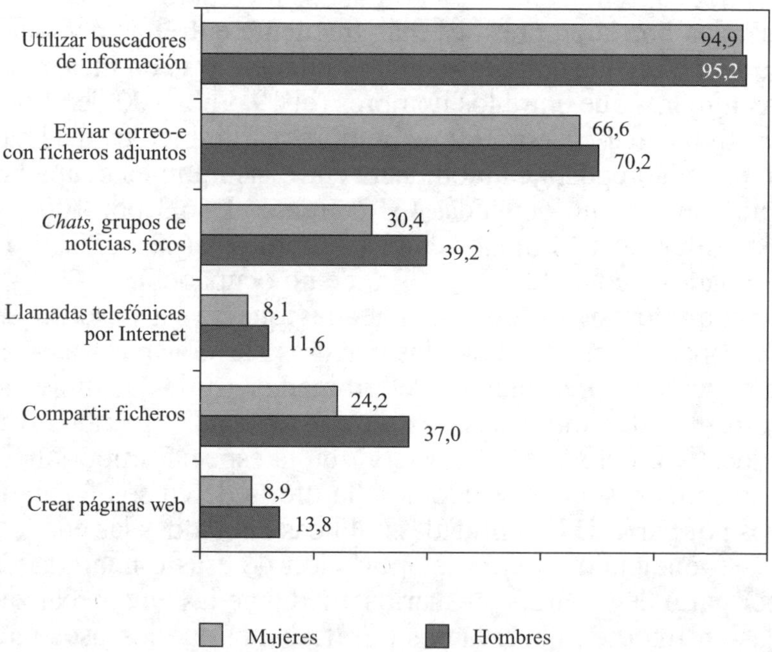

Como se puede apreciar en el Gráfico 12, la participación en *chats,* grupos de noticias y foros y el intercambio de ficheros es mucho más frecuente entre chicas y, sobre todo,

GRÁFICO 12

Tareas realizadas por la población usuaria de Internet, por tramos de edad (%)

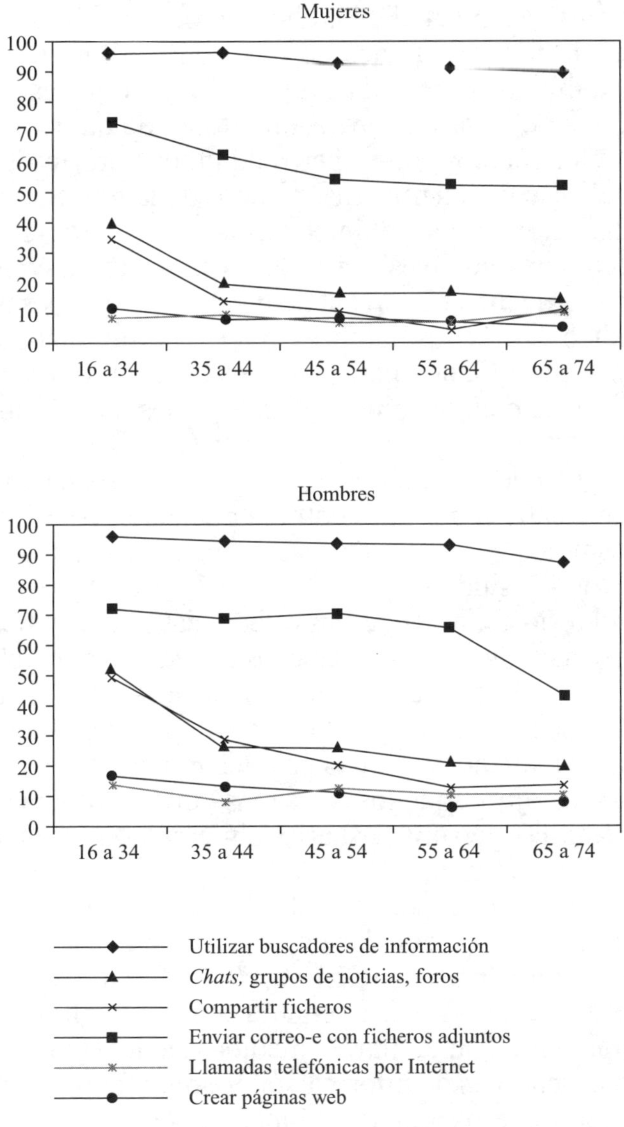

chicos jóvenes, que entre personas de otras edades. Asimismo, la creación de páginas web es más frecuente entre los chicos jóvenes que entre los de más de treinta y cinco años (y sobre todo, de más de cuarenta y cinco).

La variable nivel de estudios parece incidir sobre los usos que la población hace de Internet. Conforme éste aumenta, también lo hace la proporción de quienes utilizan buscadores de información y, sobre todo, de quienes envían correos electrónicos con ficheros adjuntos (Gráfico 13).

En el caso de los usos más lúdicos de la red, como participar en *chats* y foros o el intercambio de ficheros, se observan diferencias notables por sexo. A partir de la educación secundaria, declina el porcentaje de mujeres que desarrollan usos lúdicos. Entre los hombres, por el contrario, aumenta el porcentaje de quienes participan en *chats,* foros y grupos de noticias, si bien disminuye el de quienes intercambian ficheros.

En el uso de buscadores de información, no hay diferencias significativas por sexo entre la población con mayor nivel de estudios, mientras que éstas aumentan según disminuye el nivel de estudios.

En el resto de las tareas, las diferencias por sexo tienden a ampliarse a medida que las personas tienen mayor nivel de estudios, especialmente en relación con los usos más lúdicos.

La situación laboral condiciona claramente el tipo de tareas que se realizan, y marca una divisoria entre los usos asociados al trabajo y aquellos otros más vinculados con el ocio. En general, las personas usuarias sin empleo presentan mayores niveles de utilización que las ocupadas en casi todos los apartados, y es especialmente acusada la diferencia en el caso de servicios vinculados de manera directa con el ocio y el tiempo libre (participación en *chats,* foros, etc., e intercambio de ficheros). Por el contrario, las personas usuarias con empleo utilizan en mayor medida que las que no tienen empleo buscadores de información y, sobre todo, el envío de correo con ficheros adjuntos (Tabla 8).

GRÁFICO 13

Tareas realizadas por la población usuaria de Internet, por nivel de estudios (%)

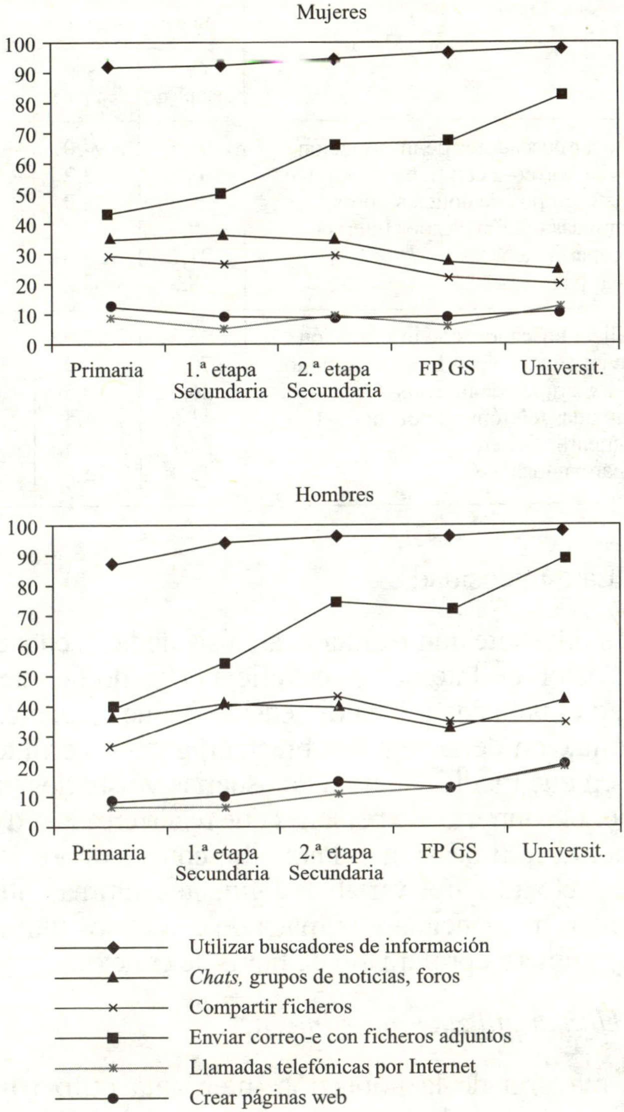

TABLA 8
Tareas realizadas por la población usuaria de Internet, por situación laboral (%)

		Situación laboral		Diferencia con-sin empleo
		Con empleo	Sin empleo	
Mujeres	Utilizar buscadores de información	95,5	94,0	1,5
	Enviar correo-e con ficheros adjuntos	68,6	63,2	5,4
	Chats, grupos de noticias, foros	25,5	38,9	–13,4
	Llamadas telefónicas por Internet	8,3	7,8	0,5
	Compartir ficheros	21,1	29,6	–8,5
	Crear páginas web	8,8	9,2	–0,4
Hombres	Utilizar buscadores de información	95,3	95,0	0,3
	Enviar correo-e con ficheros adjuntos	70,1	70,9	–0,8
	Chats, grupos de noticias, foros	36,5	49,5	–13,0
	Llamadas telefónicas por Internet	11,6	11,5	0,1
	Compartir ficheros	34,2	47,5	–13,3
	Crear páginas web	13,4	15,5	–2,1

3.2.4. La e-intensidad

Más relevante aún resulta el análisis de la frecuencia real de utilización de Internet, pues refleja el grado de intensidad de uso, o e-intensidad. Esta dimensión —que resulta clave en la delimitación de la segunda brecha digital— permite comprobar en qué medida se trata de usuarias y usuarios habituales o, por el contrario, de personas que recurren a la red de forma esporádica u ocasional. Para ello, consideramos la situación respecto a las tres variables siguientes: última utilización de Internet, frecuencia aproximada de uso en los últimos tres meses y número aproximado de horas de conexión.

1) Última utilización de Internet

La mayoría de la población internauta utilizó Internet por última vez en el último mes, lo cual refuerza la idea de que están realmente incorporados. Si bien es cierto que, mientras que los hombres aventajan a las mujeres en esa categoría de usuarios recientes, hay mayor presencia relativa de mujeres en las otras categorías, indicativas de una menor e-intensidad. El alto porcentaje de personas conectadas en el último mes se mantiene en todos los tramos de edad, aunque las proporciones siempre son mayores entre los hombres (Tabla 9). Por otra parte, mientras que las diferencias entre jóvenes de uno y otro sexo que utilizaron Internet por última vez el último mes son poco significativas (1,6 puntos porcentuales favorables a éstos), se agudizan con la edad, y alcanzan su máxima expresión (diecinueve puntos porcentuales) en el tramo de cincuenta y cinco a sesenta y cuatro años.

TABLA 9

Población que ha utilizado Internet en el último mes, total, por edad, nivel de estudios y situación laboral (%)

	Mujeres	Hombres	Diferencia M-H
Total	83,1	88,3	–5,2
Tramos de edad			
• 16 a 34	86,0	87,6	–1,6
• 35 a 44	81,6	89,2	–7,6
• 45 a 54	79,6	90,0	–10,4
• 55 a 64	69,1	88,0	–18,9
• 65 a 74	68,3	82,9	–14,6
Nivel de estudios terminados			
• Primaria	70,0	77,7	–7,7
• 1.ª etapa Secundaria	74,0	80,5	–6,5
• 2.ª etapa Secundaria	81,6	89,0	–7,4
• FP Grado Superior	83,4	89,4	–6,0
• Universitaria	91,6	96,3	–4,7
Situación laboral			
• Con empleo	85,7	88,2	
• Sin empleo	78,6	88,8	
• Diferencia con-sin empleo	7,1	–0,6	

A mayor nivel de estudios, mayor es el porcentaje de quienes han utilizado Internet en el último mes, al tiempo que se reducen las diferencias por sexo. Esta situación alcanza su máxima expresión entre el grupo con estudios universitarios terminados.

Por su parte, la situación laboral indica que, si bien apenas hay diferencias entre los hombres usuarios empleados y sin empleo (el 88,2 por 100 y 88,8 por 100 de ellos, respectivamente, utilizó Internet en el último mes), el acceso a Internet por parte de las mujeres usuarias con empleo es más frecuente (85,7 por 100) que entre las que no tienen empleo (78,6 por 100), una diferencia de 7,1 puntos porcentuales. En paralelo, se registra una mayor concentración de usuarias sin empleo en los tramos de uso de Internet menos habitual (entre más de un mes y más de un año). Las diferencias por sexo disminuyen considerablemente entre las personas que tienen empleo, mientras que se eleva hasta los 10,2 puntos porcentuales entre la población usuaria sin empleo. Esto refuerza la importancia del trabajo remunerado como vía de incorporación y acceso a Internet por parte de las mujeres.

2) *Frecuencia de uso en los últimos tres meses (frecuencia semanal)*

Al considerar periodos de utilización más reducidos —y, por tanto, de mayor e-intensidad— como es la frecuencia semanal, observamos que el 56,7 por 100 de los hombres usuarios de Internet lo emplea diariamente (al menos cinco días por semana), frente a sólo un 45 por 100 de mujeres usuarias que acceden a la red con tal asiduidad (Gráfico 14).

Esta importante diferencia de casi doce puntos entre mujeres y hombres que utilizan Internet con frecuencia diaria se reduce relativamente entre las usuarias más jóvenes, de forma congruente con los efectos ya comprobados de la edad sobre el acceso a y el uso de Internet. Sin embargo, y contrariamente a lo que era de esperar, la elevación del nivel educativo

Gráfico 14

Frecuencia de uso de Internet (último trimestre)

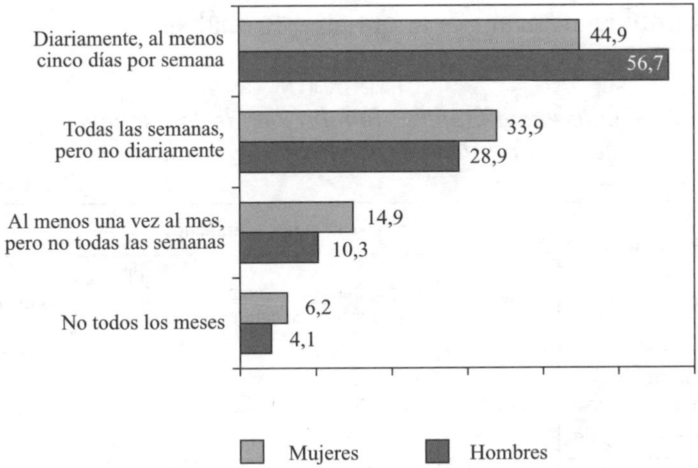

—y, en particular, la posesión de estudios universitarios, categoría en que se hace una utilización de Internet más intensiva— no reduce las diferencias de género en e-intensidad. Aunque los porcentajes más altos de quienes usan Internet diariamente se encuentran entre la población con estudios universitarios, las mujeres usuarias con estudios universitarios reducen su frecuencia semanal de uso veinte puntos respecto a sus homólogos varones (73,2 por 100 de los hombres y 53,2 por 100 de las mujeres) (Tabla 10). Es decir, es precisamente este sector de la población de mayor nivel formativo y mayor intensidad de uso de Internet, aquel en el que las diferencias de género se agudizan. Esta situación podría estar relacionada con las diferencias —ya apuntadas al hablar de las info-habilidades— en la especialización formativa de tituladas y titulados, derivadas de la feminización de determinadas disciplinas no técnicas, frente a las técnicas, que suelen presentar una mayor proporción de hombres entre el alumnado y un uso más habitual e intensivo de las TIC y de Internet. Puede estar relacionado, así mismo, con el tipo de empleos que desempeñen.

Una vez más hemos de lamentar que la *Encuesta TIC-H* no proporcione información sobre especialidades formativas y ocupación por ramas de actividad de las personas usuarias, lo cual impide avanzar por ahora en este análisis.

TABLA 10

Diferencia mujeres-hombres en la frecuencia de uso de Internet, por nivel de estudios (%)

Frecuencia de uso de Internet	Estudios terminados				
	Primaria	1.ª etapa Secundaria	2.ª etapa Secundaria	FP Grado Superior	Universit.
Diariamente, al menos cinco días a la semana	–7,5	–8,5	–14,2	–5,9	–20,0
Todas las semanas, no diariamente	4,1	–0,4	5,8	–2,7	12,3
Al menos una vez al mes, no todas las semanas	6,7	5,7	4,0	6,3	5,6
No todos los meses	–3,4	3,1	4,4	2,3	2,0

Respecto a la situación laboral, las usuarias ocupadas utilizan diariamente Internet en mayor medida que las que no tienen empleo (47 por 100 frente a 41 por 100), mientras que esta diferencia es mínima en el caso de los hombres. Se comprueba de nuevo, por tanto, la importancia de la situación laboral, y que el empleo influye en la amplitud de los contrastes de género en cuanto a la e-intensidad.

En virtud de todo ello, es posible concluir que las mujeres que han utilizado Internet están realmente e-incorporadas, pues se conectaron de forma mayoritaria en el mes anterior a la realización de la encuesta. Lo hacen, sin embargo, con un nivel de intensidad considerablemente inferior al de los hombres, ya que acceden con menor frecuencia. En todo caso, la frecuencia tiende a ser superior en el caso de las usuarias más jóvenes (entre dieciséis y treinta y cuatro años), con estudios superiores y que están empleadas.

3) Número aproximado de horas de conexión

La menor intensidad de uso femenina se confirma al comprobar que las mujeres usuarias tienden a conectarse durante menos horas que los hombres. En efecto, el tiempo aproximado de conexión (medido en número de horas dedicadas en la última semana) presenta una clara segmentación de perfiles en función del sexo (Gráfico 15). Los hombres predominan en las dos categorías de mayor número de horas de conexión semanal: sobre todo entre cinco y veinte horas y, en menor medida, más de veinte horas. Con las usuarias ocurre justo lo contrario: su proporción es superior en los tramos de menor intensidad de uso: entre una y cinco horas semanales (que es el tramo más

GRÁFICO 15

Horas de conexión a Internet en la última semana (usuarias/os frecuentes)

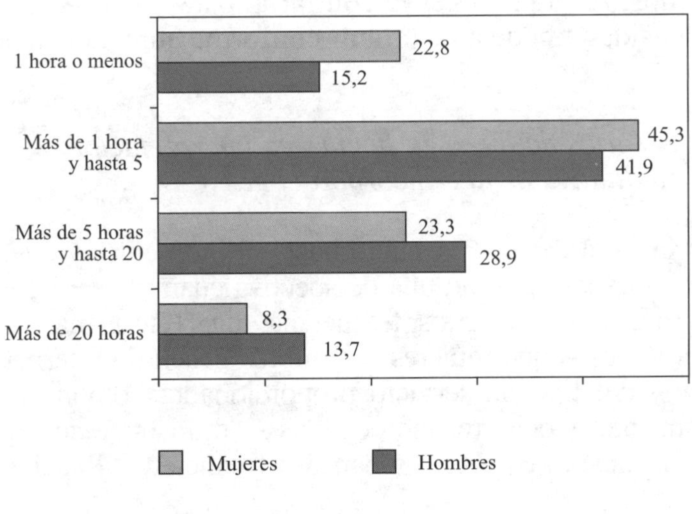

frecuente de uso tanto para unas como para otros) y, en menor medida, una hora o menos.

Profundizando en el análisis, la frecuencia de uso está, de nuevo, relacionada, para ambos sexos, pero de manera más aguda para las mujeres, de forma directamente proporcional con el nivel de estudios y el empleo, e inversamente proporcional con la edad (Tabla 11). La intensidad de uso de la red aumenta conforme lo hace el nivel educativo. No obstante, las diferencias por sexo tienden a presentar un patrón peculiar, pues la diferencia desfavorable a las mujeres es mayor en los tramos de mayor e-intensidad (entre cinco y veinte horas semanales y más de veinte horas), y ello se agrava precisamente en los grupos de mayor nivel formativo.

La situación laboral también influye en la intensidad de uso de Internet, pero afecta de manera diferente a uno y otro sexo. Esto se aprecia de manera más clara en el tramo de mayor tiempo de conexión (más de veinte horas semanales), en el cual la proporción de mujeres ocupadas es el doble que de desocupadas (10 por 100 frente a 5 por 100), lo que muestra una relación mucho más intensa entre empleo y uso de Internet que en el caso de los hombres (con 14 por 100 de ocupados (12 por 100 de no ocupados). En el caso de la edad, como ya sabemos, la situación es la contraria: para ambos sexos, la e-intensidad tiende a disminuir conforme aumenta aquélla.

3.3. *Los usos de Internet: hacia una interpretación cualitativa de la e-incorporación*

Más allá de lo presentado hasta el momento, y que podríamos calificar como una perspectiva cuantitativa del e-acceso (número de usuarios, frecuencia, lugar, etc.), analizamos ahora los usos que mujeres y hombres hacen de Internet, en función del tipo de servicio proporcionado: comunicación, información y ocio, relación con las Administraciones Públicas, formación, comercio y banca o financieros. Resulta así,

TABLA 11

Tiempo de uso de Internet (en la última semana), por edad, nivel de estudios y situación laboral (%)

	Mujeres				Hombres			
	1 hora o menos	Más de 1 hora y hasta 5	Más de 5 horas y hasta 20	Más de 20 horas	1 hora o menos	Más de 1 hora y hasta 5	Más de 5 horas y hasta 20	Más de 20 horas
Tramos de edad								
• 16 a 34	18,4	45,3	26,7	9,4	13,3	40,9	30,2	15,3
• 35 a 44	27,4	44,7	19,7	7,9	14,6	43,2	28,9	13,2
• 45 a 54	29,5	46,9	17,2	5,9	20,2	41,0	26,1	12,1
• 55 a 64	42,0	42,1	13,2	2,2	19,3	47,0	25,1	8,0
• 65 a 74	30,4	51,9	9,4	8,2	20,6	43,3	29,7	6,4
Nivel de estudios terminados								
• Primaria	29,6	52,0	16,2	2,2	24,1	47,3	20,9	6,3
• 1.ª etapa Secundaria	27,1	49,4	17,7	5,3	18,7	46,0	25,2	10,0
• 2.ª etapa Secundaria	21,6	44,5	26,2	7,4	14,2	41,2	31,5	13,0
• FP Grado Superior	23,5	42,4	26,1	7,7	15,5	39,6	30,0	14,6
• Universitaria	21,1	44,5	23,3	11,0	12,1	40,2	29,9	17,3
Situación laboral								
• Con empleo	22,9	43,1	23,8	10,1	15,2	42,3	28,3	14,0
• Sin empleo	22,6	49,8	22,2	4,9	15,3	40,6	31,4	12,4

por ejemplo, que mientras los hombres usan más servicios con mayor contenido de ocio (como juegos, música o prensa) o más sofisticados (operaciones bancarias o crear páginas web), entre las mujeres usuarias son más frecuentes los usos relacionados con el bienestar social, como salud y formación.

3.3.1. E-comunicación[4]

La mayoría de los usuarios de Internet dispone de una dirección de correo electrónico: 79,4 por 100 de los usuarios y 75,5 por 100 de las usuarias. Al analizar la incidencia de las condiciones personales sobre esta variable (Gráfico 16), observamos que la edad es un factor importante y con efectos de género, ya que a medida que aumenta, lo hacen también las diferencias entre usuarios y usuarias. El 80 por 100 de la población usuaria de dieciséis a treinta y cuatro años dispone de dirección de correo electrónico, y se sitúa así por encima de la media antes mencionada, sin que existan diferencias significativas por sexo. A partir de ahí, los índices se van recortando, pero de manera más acusada entre las mujeres, para las que la diferencia máxima llega a quince puntos en el tramo de más edad.

La tendencia contraria se observa con respecto al nivel de estudios: cuanto más elevado es éste, más personas disponen de dirección de correo electrónico. Sin embargo, las distancias entre sexos no se atenúan al incrementarse el nivel formativo, ya que las mayores diferencias entre mujeres y hombres se registran tanto en la segunda etapa de secundaria (con ocho puntos porcentuales a favor de los hombres) como en la de estudios universitarios (con siete puntos). Estas di-

[4] La comunicación por Internet es una forma tan novedosa de interrelación que plantea dudas sobre si se trata puramente de comunicación o más bien de intercambio. La dialéctica tradicional de la comunicación, con las categorías inmediatas de emisor-receptor, se modifica a veces, como en los casos de compartir archivos *peer to peer,* en favor de la de la acumulación.

GRÁFICO 16

Población que dispone de dirección de correo electrónico

Por edad (%)

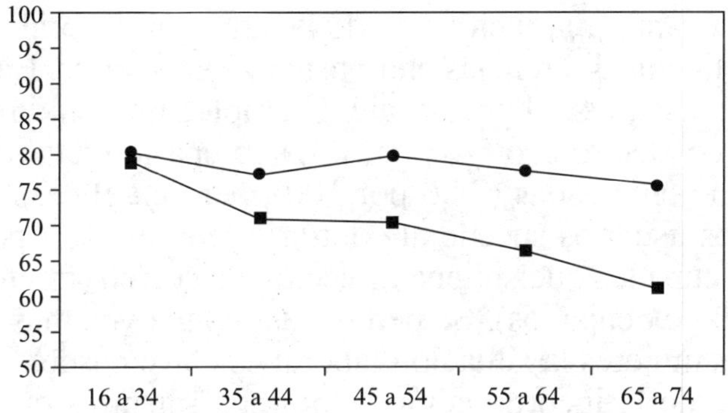

Por nivel de estudios (%)

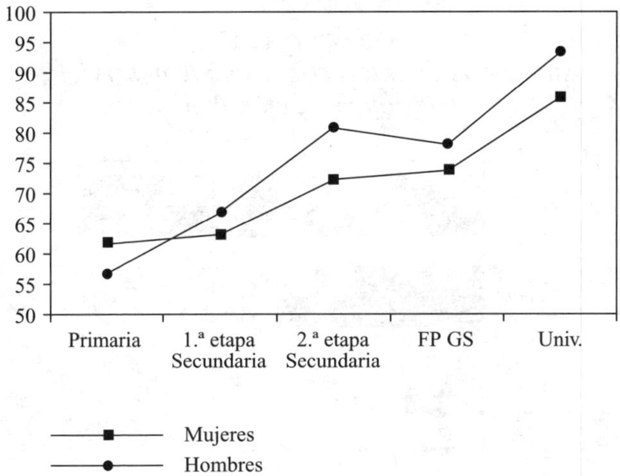

ferencias entre el nivel de estudios de uno y otro sexo requerirían disponer de más datos para abordar su explicación, tales como la especialidad de conocimiento de los estudios cursados. Lamentablemente, la *Encuesta TIC-H* no recoge esa categoría.

En cuanto a la incidencia de la situación laboral, se observan ligeras diferencias entre usuarias y usuarios. Entre las mujeres usuarias, el porcentaje de empleadas con dirección de correo electrónico (76 por 100) sobrepasa ligeramente al de las no empleadas (74,6 por 100), pero en el caso de los hombres usuarios sucede al contrario, con un 81,5 por 100 de no ocupados que sí tiene dirección de correo (frente al 79 por 100 de ocupados). Se percibe así —una vez más— que para las mujeres la situación laboral es clave desde el punto de vista de la incorporación a Internet, mientras que en el caso de los hombres tiene escasa importancia.

Si pasamos a considerar el tipo de servicio de Internet más utilizado recientemente —en los tres meses anteriores a

GRÁFICO 17a
Usuarios/as de Internet que emplean servicios de comunicación (%)

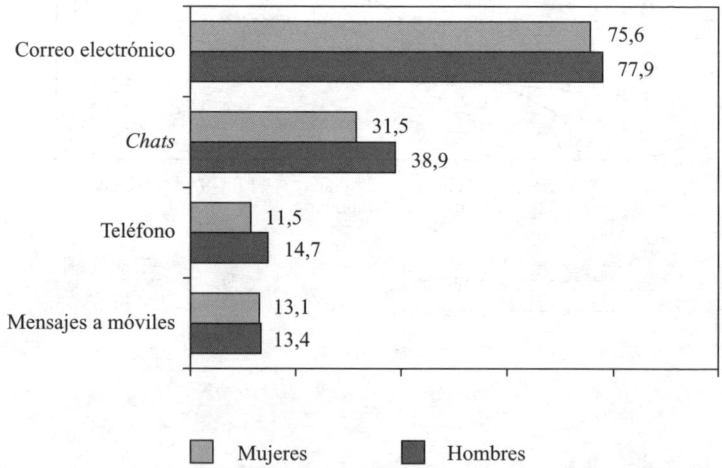

GRÁFICO 17b

Usuarios/as de Internet que emplean servicios de comunicación, por edad (%)

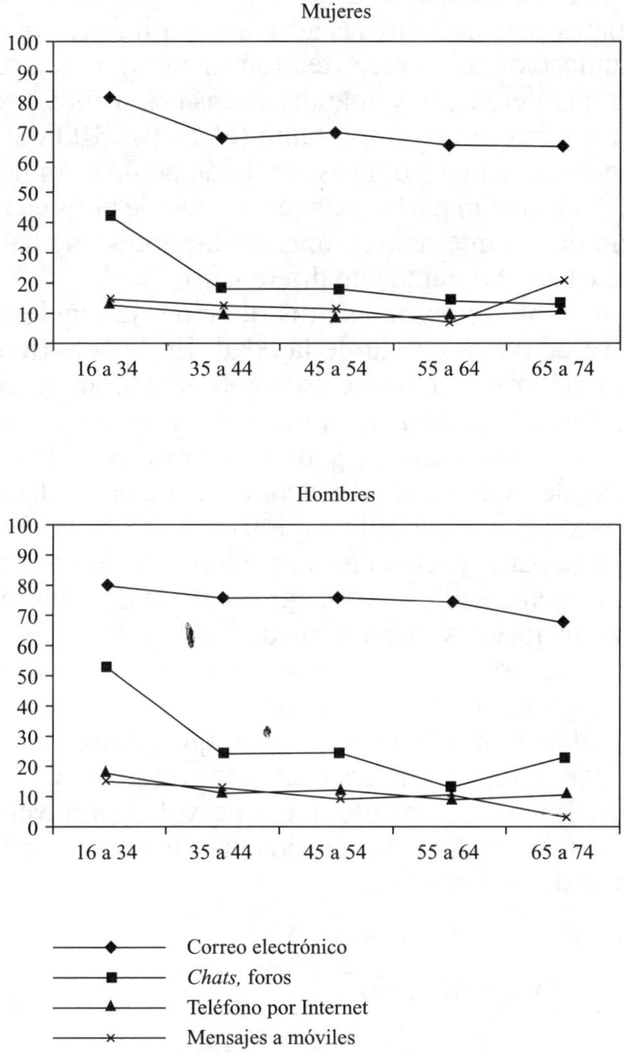

la realización de la encuesta— para establecer comunicación con otras personas (Gráfico 17a), observamos un claro contraste entre el uso del correo electrónico, altamente popularizado entre la población usuaria de la red (más de tres de cada cuatro personas encuestadas afirma haberlo usado), y la comunicación telefónica (telefonear vía Internet, establecer videoconferencias y mandar mensajes a móviles), que tiene un carácter poco importante (el 15 por 100 del total). *Chats,* conversaciones o foros, se sitúan en un término intermedio, pues habían participado en alguno de ellos en torno a un tercio de los internautas, más los hombres que las mujeres (con casi ocho puntos de diferencia).

En la explicación de esa distribución, la incidencia del género se combina con la de la edad. En la cohorte de población más joven, entre dieciséis y treinta y cuatro años, el uso del correo electrónico es incluso mayor entre las usuarias que entre los usuarios, pero a partir de esa edad, la tasa femenina de utilización desciende de manera claramente más acusada que la masculina (Gráfico 17b). También se observa que la participación en *chats* y foros de discusión se encuentra más arraigada —en términos relativos— entre la población más joven, y decae considerablemente su utilización a partir de los treinta y cinco años de edad, de nuevo de manera más intensa entre las mujeres.

Lo anterior anima a preguntarse qué cambia en la vida de las mujeres a partir de esa edad que no cambia en la de los hombres. Lamentablemente, hay que volver a advertir que carecemos de los datos necesarios para ir más allá del planteamiento de esta cuestión.

3.3.2. E-información/ocio

Los servicios de información y ocio más utilizados se relacionan con la búsqueda de información sobre bienes y servicios (una descripción de tipo muy genérico que podríamos identificar con el concepto «navegar»), con escasas diferencias entre mujeres y hombres, aunque favorables a éstos. La brecha digital de género se aprecia, sin embargo, en matices cualitativos.

Mientras que las actividades de mayor predominio masculino tienen un contenido más intenso en ocio (consultar medios de comunicación, jugar, descargar música), el único tipo de uso con predominio femenino (y claro: ocho puntos porcentuales de diferencia) es el relacionado con temas de salud, un ámbito de interés en Internet típicamente femenino (Gráfico 18a).

La edad condiciona el uso de Internet en el terreno de la información y del ocio, de tal manera que es más intenso entre las personas más jóvenes para todos los usos, excepto para los servicios de salud y las reservas de turismo (Gráfico 18b). Esta última utilización destaca entre las usuarias y

GRÁFICO 18a

Uso de servicios de información/ocio (%)

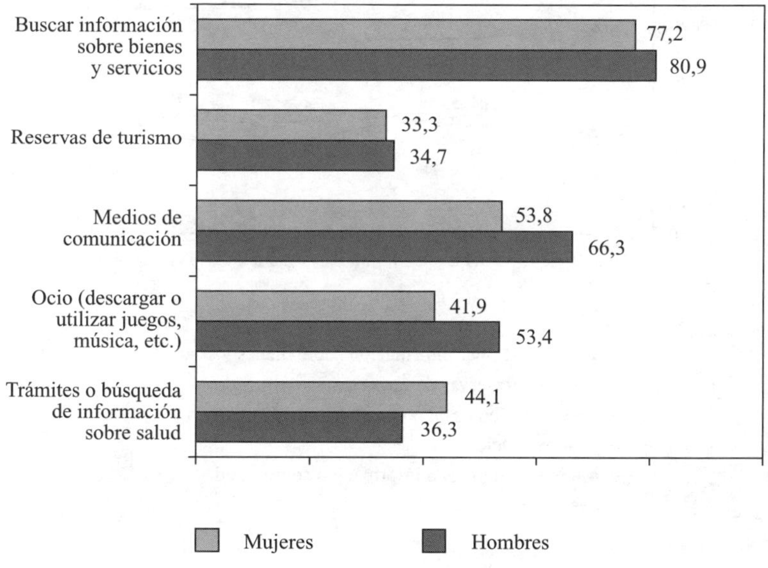

GRÁFICO 18b
Uso de servicios de información/ocio, distribución por edad (%)

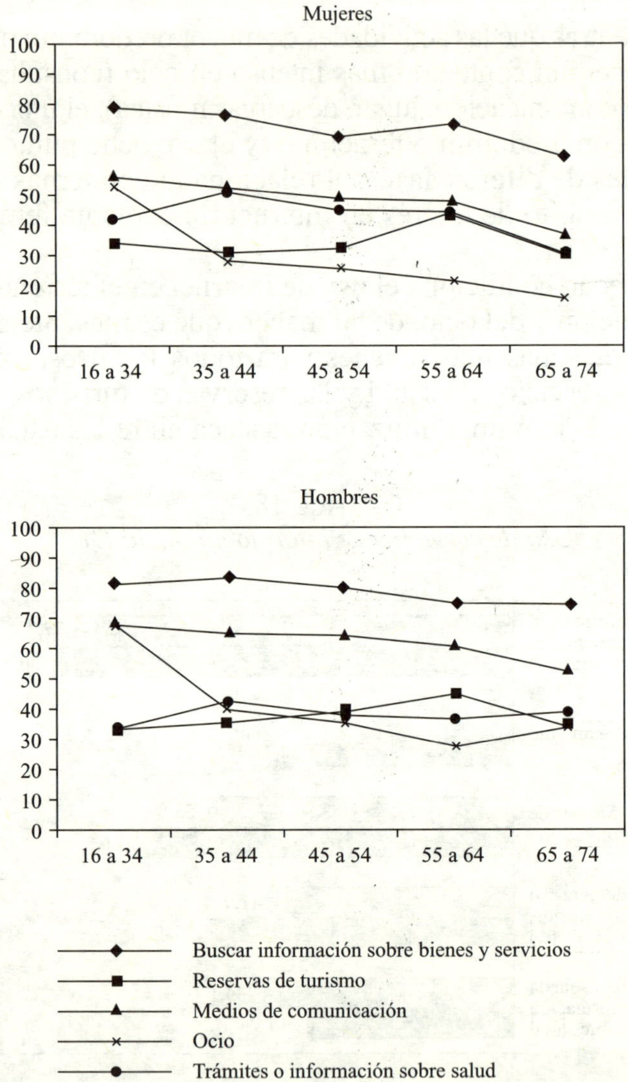

usuarios de cincuenta y cinco a sesenta y cuatro años de edad, mientras que las consultas sobre salud se incrementan entre los treinta y cinco y los cuarenta y cuatro años, sobre todo entre las mujeres. Los usos lúdicos, como navegar, consultar medios de comunicación y especialmente el ocio, tienden a decaer de forma clara a partir de los treinta y cinco años de edad y con mayor intensidad entre las mujeres usuarias. Las variables nivel de estudios y empleo parecen ser clave a la hora de explicar los diferentes usos que realizan mujeres y hombres.

Quienes han finalizado estudios universitarios optan por buscar información, consultar medios de comunicación, hacer reservas de turismo y realizar trámites relacionados con la salud; por el contrario, las personas con sólo estudios obligatorios lo usan sobre todo para actividades de ocio.

Algo similar ocurre cuando se examina el empleo. Tanto usuarios como usuarias ocupados optan mayoritariamente por usar Internet para buscar información sobre bienes y servicios, realizar reservas de turismo y trámites de salud; las personas sin empleo, por el contrario, son más proclives a consultar medios de comunicación y contenidos de ocio.

Podríamos concluir, por tanto, que la población usuaria con empleo y elevado nivel de estudios tiende a consultar en Internet un tipo de información diferente de quienes tienen menor nivel de estudios y se encuentran sin empleo (más proclives a consultar contenidos de ocio).

Cabe destacar la tendencia masculina a la navegación con fines lúdicos, mientras que entre las mujeres suele ir vinculada a aspectos más prácticos. Si centramos el análisis en las consultas sobre temas de salud, el ámbito de mayor predominio femenino, observamos que las visitas a este tipo de páginas web tienden a crecer conforme lo hace el nivel de estudios, al tiempo que las diferencias entre uno y otro sexo se van recortando. Es en los niveles de formación más bajos, donde el interés de los hombres por estas cuestiones es claramente menor que el de las mujeres (entre once y doce puntos porcentuales) (Tabla 12).

TABLA 12

Diferencia entre mujeres y hombres en la utilización de servicios de información y ocio, por nivel de estudios terminados (puntos porcentuales)

Servicio utilizado	Nivel de estudios					
	Primaria	1.ª etapa Secund.	2.ª etapa Secund.	FP Grado Superior	Universit.	Total
Buscar información sobre bienes y servicios	–6,6	0,3	–7,4	–4,1	–4,8	–3,7
Reservas de turismo	2,0	2,5	–7,3	–3,8	–3,8	–1,4
Medios de comunicación	0,1	–9,5	–14,3	–16,6	–17,0	–12,5
Ocio	–0,9	–12,3	–9,0	–10,9	–13,0	–11,5
Trámites o información sobre salud	11,5	11,9	5,5	0,7	6,7	7,8

3.3.3. E-administración

Como es bien sabido, Internet se ha constituido en herramienta fundamental para la relación de las Administraciones Públicas con la ciudadanía, si bien se comprueba que su práctica es aún considerablemente reducida entre la población internauta española. La tarea realizada con mayor frecuencia es la consulta de páginas web de la Administración (lo que han hecho en torno a la mitad de las personas encuestadas), mientras que la relación o gestión directa que supone la descarga y/o el envío de formularios es mucho menos frecuente (Gráfico 19).

Gráfico 19

Utilización de Internet para relacionarse con las Administraciones Públicas (%)

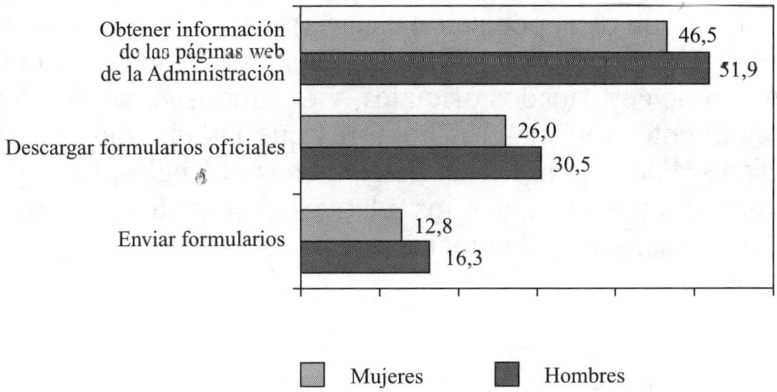

En cuanto a la finalidad concreta de las gestiones[5], las relacionadas con la declaración de impuestos destacan de manera clara sobre las demás, con un predominio masculino de diez puntos de diferencia sobre las mujeres (Gráfico 20).

Un segundo escalón en frecuencia de utilización lo componen las consultas sobre la oferta de empleo de las agencias públicas, los beneficios sociales, la matriculación en estudios oficiales, los servicios públicos relacionados con la salud y el acceso a bibliotecas públicas.

Entre las mujeres, es más frecuente que entre los hombres utilizar Internet para tratar con la Administración asuntos relacionados con el trabajo (oficinas de empleo), la matriculación

---

[5] Utilización de Internet para hacer la declaración de la renta, información relativa al trabajo ofrecido por las oficinas de empleo, beneficios sociales (ayudas de hijos/as, becas, prestación por desempleo), documentos personales (carné de conducir, pasaporte, etc.), certificados (Registro Civil incluido), matriculación para estudios (universitarios u otros), empadronamiento, declaraciones y denuncias a la policía, servicios relacionados con la salud y acceso a bibliotecas públicas.

de estudios universitarios, beneficios sociales, salud y bibliotecas. En todos ellos, las usuarias aventajan a los usuarios (con diferencias entre los tres y los siete puntos porcentuales).

Proporciones similares de utilización (apenas superiores al 10 por 100 de la población usuaria) se registran en las gestiones relacionadas con la documentación personal o la obtención de certificados oficiales, y en ambos casos, proporcionalmente, son más los hombres que las utilizan que las mujeres. Por último, los servicios menos utilizados, tanto por unas como por otros, son los relativos al empadronamiento y las declaraciones y denuncias a la policía.

GRÁFICO 20

Servicios de las Administraciones Públicas utilizados (%)

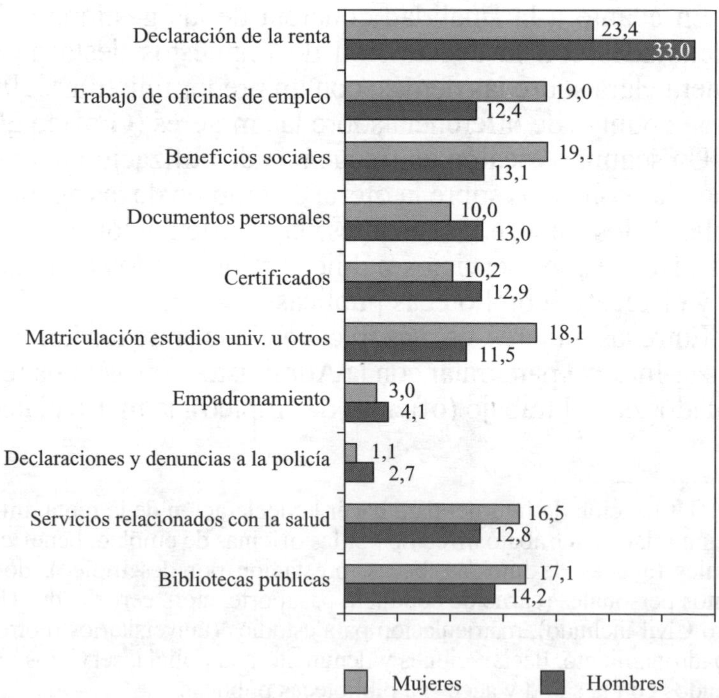

La situación laboral incide en este capítulo más que la edad o el nivel formativo. Las personas usuarias ocupadas tienden a hacer un mayor uso de Internet para gestionar trámites con la Administración, en particular para la declaración de la renta. Quienes carecen de empleo tienden a utilizar Internet en mayor medida que las personas empleadas para cuestiones relacionadas precisamente con dicha situación y con su superación (acceso a ofertas de las oficinas de empleo, mejora de su cualificación mediante la matriculación en estudios oficiales o el acceso a bibliotecas públicas, consulta de información sobre posibles beneficios sociales). Esta tendencia es más acusada en el caso de las usuarias sin empleo que en el de los usuarios en igual situación.

3.3.4. E-formación

Los servicios educativos y formativos a través de Internet constituyen un ámbito con predominio claro de las mujeres sobre los hombres, aun cuando se trata de usos a los que recurre una proporción relativamente reducida de internautas (entre un 5 y un 10 por 100 de casos). Así, hay una mayor predisposición por parte de las internautas a usar Internet para incorporarse a todos los tipos de cursos recogidos por la *Encuesta TIC-H,* ya sean de educación reglada, dirigidos a la búsqueda de empleo o de otro tipo. Esta mayor utilización de la e-formación por parte de las mujeres se concentra en la franja de menor edad (de dieciséis a treinta y cuatro años), destacando la proporción de cursos de formación reglada y orientados a la búsqueda de empleo. A partir de los treinta y cinco años, las diferencias entre mujeres y hombres tienden a difuminarse (Gráfico 21a).

La relación entre el nivel de estudios y el uso de Internet con fines formativos es clara, en la medida en que éste tiende a aumentar conforme lo hace aquél. Las personas que hacen un

GRÁFICO 21a

Utilización de servicios de e-formación, por edad (%)

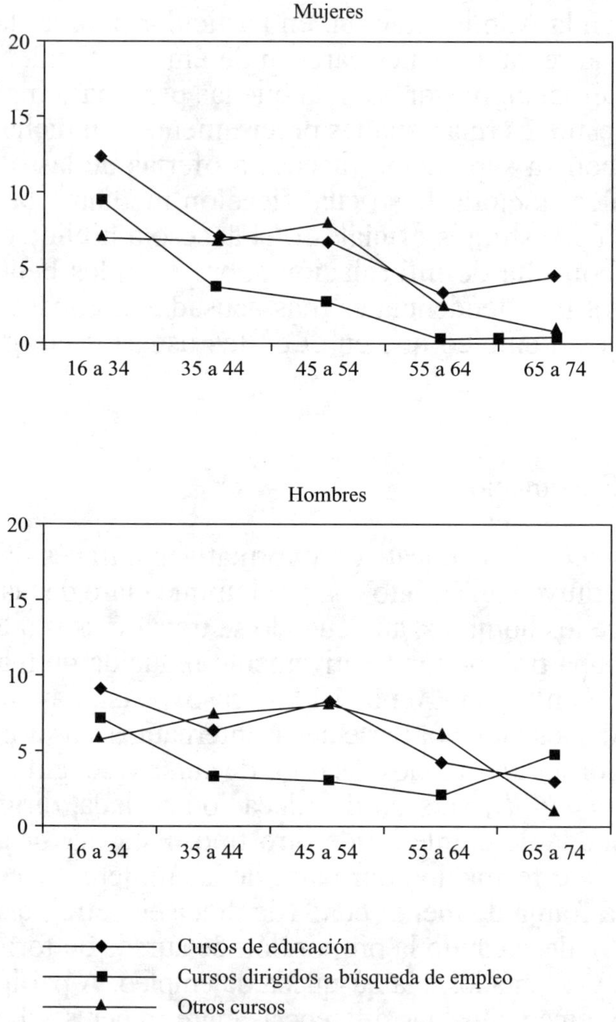

GRÁFICO 21b

Utilización de servicios de e-formación, por nivel de estudios (%)

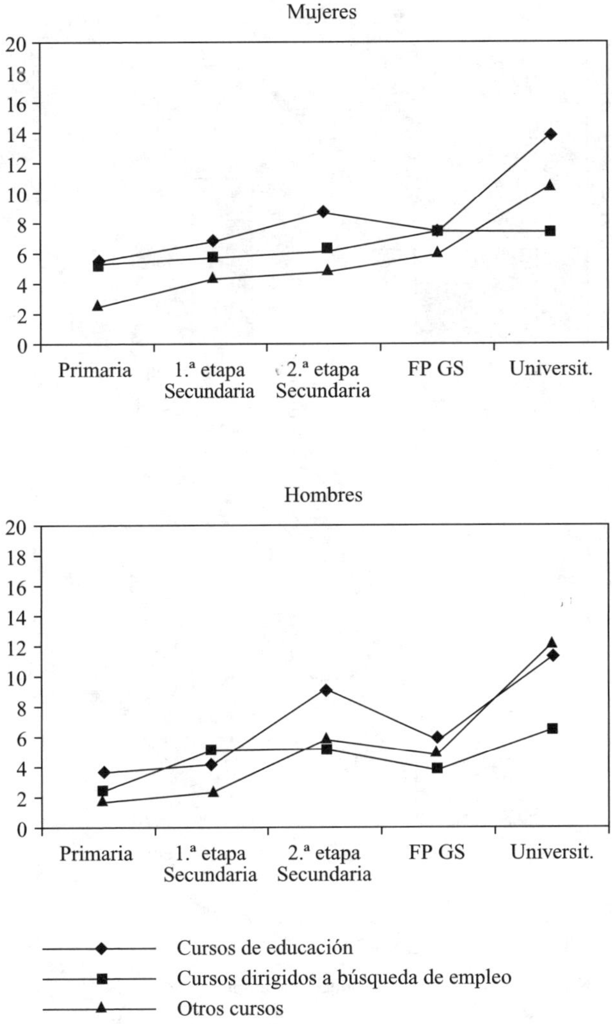

GRÁFICO 21c

Utilización de servicios de e-formación, por situación laboral (%)

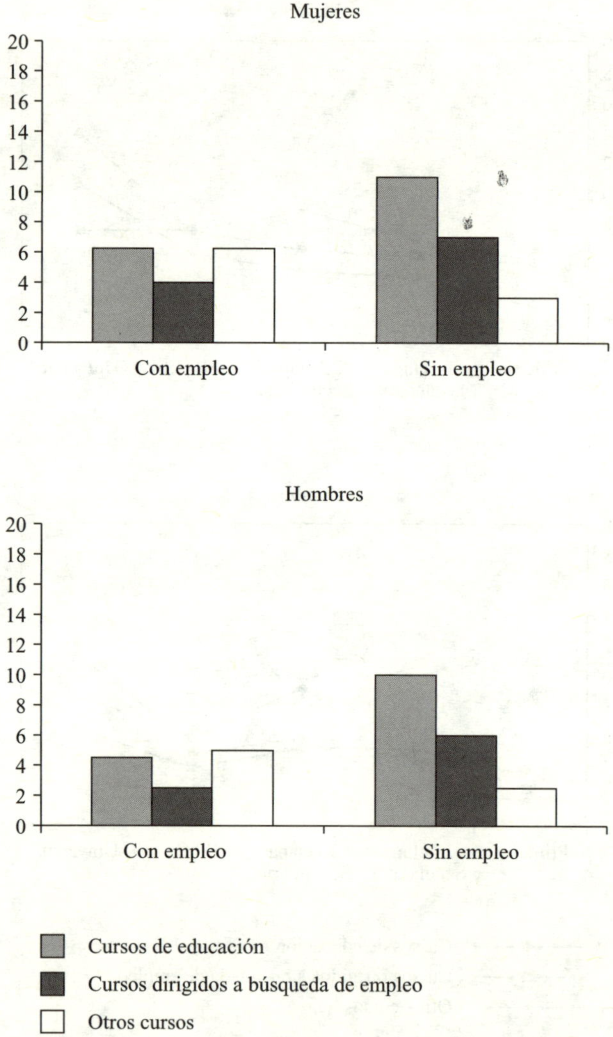

mayor uso de la e-formación son las que poseen educación universitaria (Gráfico 21b). Se podría hablar aquí de un círculo vicioso, ya que los mayores conocimientos con que se suele contar en los niveles educativos superiores —entre los que se pueden encontrar los tecnológicos— hacen más accesibles la e-formación y, al mismo tiempo, la e-formación contribuye a aumentar los conocimientos y habilidades de quienes la utilizan.

Sea cual sea su nivel de estudios, las mujeres hacen un mayor uso de la e-formación que los hombres, salvo en el caso de la población con nivel de estudios medios, esto es, que han finalizado la segunda etapa de secundaria (hombres, 9 por 100, y mujeres, 8,6 por 100).

La situación laboral también influye en el terreno de la e-formación, dado que la población usuaria sin empleo recurre a estos servicios en mayor medida que la empleada: en concreto, a los cursos que pueden contribuir a solucionar esa situación, como son los de educación reglada y los orientados a la búsqueda de empleo. El denominado «otros cursos» (que puede dar cobertura a una gran diversidad de oferta formativa) es, sin embargo, más habitual entre las personas usuarias con empleo (Gráfico 21c).

3.3.5. E-comercio y e-banca

A diferencia de lo que sucede con la formación y la salud, los usos de Internet referidos a transacciones electrónicas, ya sean reales o financieras (compraventa de bienes y servicios y banca electrónica), son terreno de predominio claramente masculino (Gráfico 22).

Varios son los factores explicativos que se pueden manejar aquí. Podría aducirse que estos servicios o usos son un campo en el que los hombres parecen desenvolverse tradicionalmente mejor. Sin embargo, un análisis pormenorizado ofrece interesantes consideraciones.

GRÁFICO 22

Uso de servicios de Internet: banca electrónica y compraventa de bienes y servicios (%)

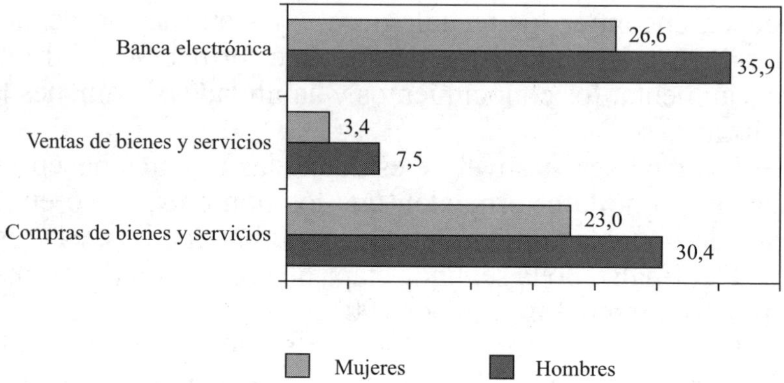

3.3.5.1. E-comercio

El análisis del e-comercio se ha realizado a partir de los datos relativos a cuatro cuestiones básicas, a saber: 1) si se ha comprado alguna vez por Internet; 2) momento de la última compra; 3) tipo de compra realizada (productos y servicios comprados en los tres últimos meses); 4) motivos para comprar por Internet.

1) Compra por Internet

Como acabamos de comprobar, el porcentaje de usuarios y usuarias que realizan transacciones por Internet no se puede considerar elevado (sólo el 23 por 100 de las internautas y el 30 por 100 de los internautas). El nivel de estudios y la edad son dos variables clave para el uso del e-comercio, tanto entre hombres como entre mujeres (Gráfico 23). Los mayores porcentajes de compra por Internet se dan entre la población con formación universitaria (42 por 100 en el caso de las usuarias y 55 por 100 en el de los usuarios). El comercio electrónico es más habitual entre las personas jóvenes —y sobre todo entre los treinta y cinco y los cuarenta y cuatro años—, si bien las

GRÁFICO 23

Porcentaje de personas que compran por Internet

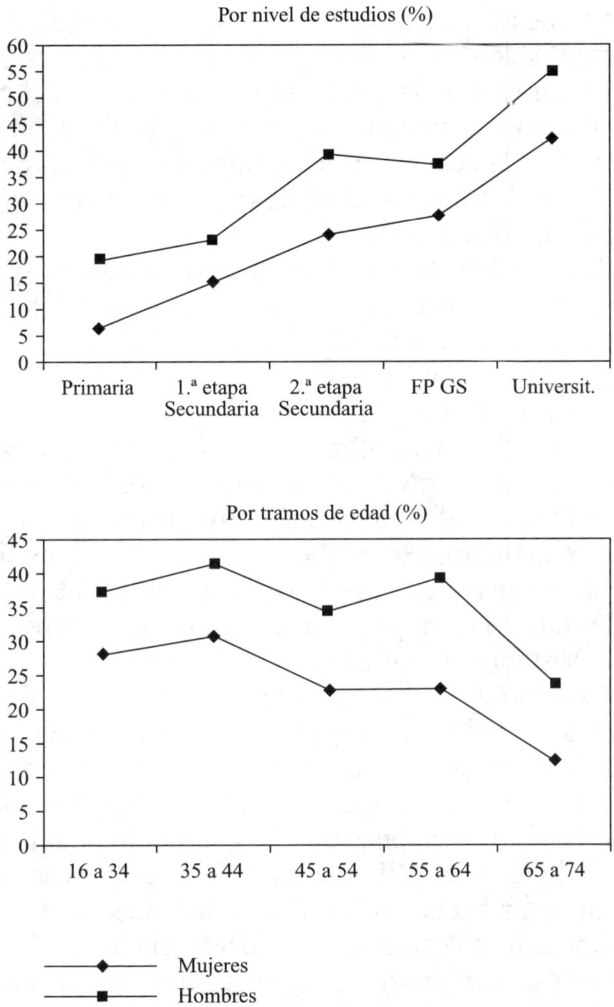

diferencias entre cohortes no son demasiado grandes hasta los sesenta y cuatro años, razón que podría llevarnos a afirmar que quienes se encuentran incorporados al e-comercio lo están prácticamente a cualquier edad. Esta situación es más clara en el caso de los hombres, mientras que las mujeres presentan una mayor tendencia a disminuir la utilización del comercio electrónico a partir de los cuarenta y cinco años. En cualquier caso, la desventaja femenina en este terreno es evidente en todas las franjas de edad, oscilando entre los diez y los dieciséis puntos porcentuales.

También se detecta la influencia —muy superior para las mujeres que para los hombres— de la situación laboral sobre el e-comercio. Si la pauta general es que éste es más habitual entre las personas ocupadas que entre las desocupadas, las diferencias de género en este caso son muy acusadas. No sólo la distancia entre quienes realizan o no compras por Internet es mayor entre las mujeres con y sin empleo (quince puntos de diferencia) que entre los hombres en igual situación (seis puntos), sino que incluso los hombres sin empleo recurren más al e-comercio que las mujeres empleadas. Por el contrario, las mujeres sin empleo son claramente ajenas a este servicio que ofrece Internet.

2) Momento de la última compra

Los datos relativos a cuándo se realizó la última compra a través de Internet corroboran que se trata de un servicio no muy habitual entre la población internauta. Aproximadamente una de cada tres personas que ha comprado alguna vez en Internet lo hizo en el último mes, mientras que más del 40 por 100 no lo ha hecho en los últimos tres meses, lo que indica un uso más bien esporádico. La incidencia de la edad sobre la frecuencia de compra por Internet es negativa en el caso de las mujeres, si bien no ocurre lo mismo entre los hombres. Si se analiza el caso de quienes han comprado en el último mes, se observa que las usuarias presentan una relación inversamente proporcional entre la edad y la frecuencia de compra a partir de los cincuenta y cinco años de edad, al contrario de lo que suce-

GRÁFICO 24

Última compra por Internet realizada en el último mes, por tramos de edad (%)

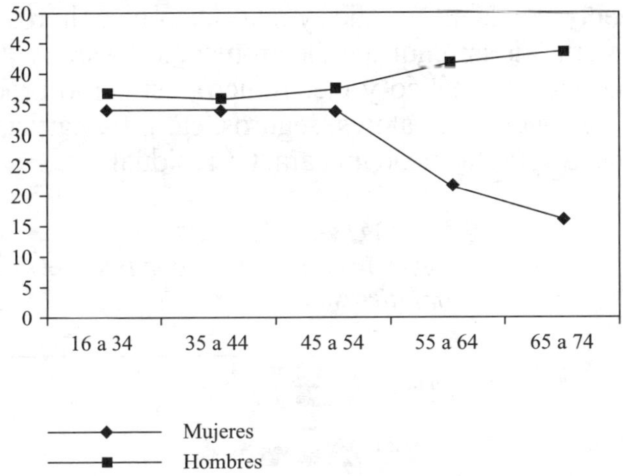

de con los e-compradores masculinos, cuyo hábito de compra tiende a crecer conforme lo hace su edad (Gráfico 24).

La relación del nivel de estudios con la frecuencia de la compra es más acusada en el caso de los hombres que en el de las mujeres, las cuales presentan una distribución menos polarizada. En el caso de los usuarios, la proporción de quienes compraron en el último mes se incrementa en veinticuatro puntos entre el nivel formativo más bajo y el más alto, mientras que entre las usuarias, esa diferencia es de catorce puntos.

3) Tipo de compra realizada[6]

Con respecto al tipo de productos y servicios adquiridos por Internet, observamos que los más comprados son viajes o alojamiento de vacaciones, seguidos de entradas de espectáculos, a considerable distancia de los restantes (Gráfico 25). Por sexo, las mujeres compraron en mayor medida que los

[6] Productos y servicios comprados en los tres últimos meses.

hombres precisamente esos dos tipos de servicios, además de productos del hogar (comida, menaje) y ropa o material deportivo. Por su parte, los hombres compraron en mayor medida que las mujeres productos audiovisuales (vídeos, música) y relacionados con la informática y/o la electrónica (libros, revistas o material de aprendizaje electrónico, *software,* videojuegos, material informático y electrónico), así como productos financieros (acciones, valores, seguros, etc.). La participación en loterías o apuestas tiene un carácter residual.

GRÁFICO 25
Productos y servicios comprados por Internet (multirrespuesta) (%)

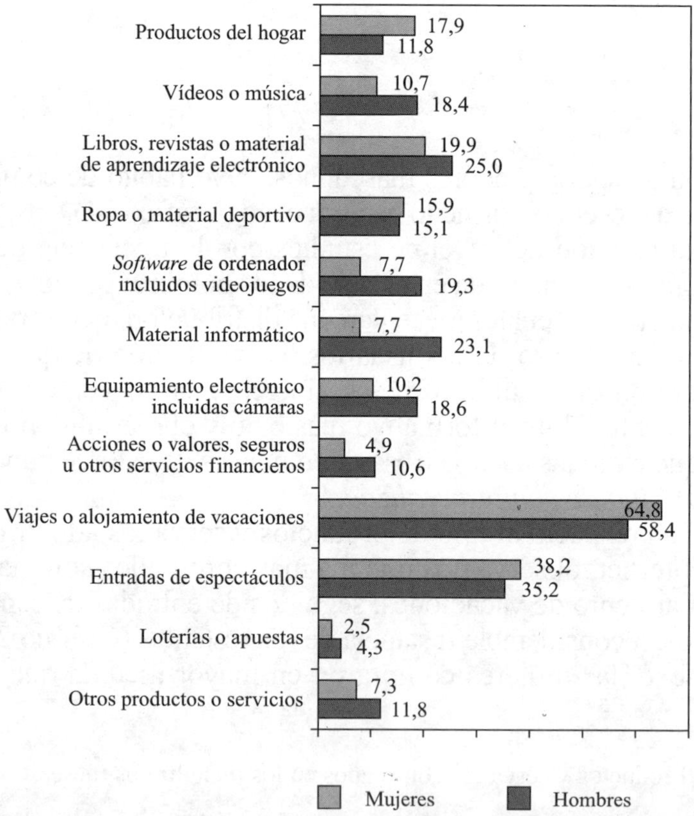

TABLA 13

Productos y servicios más comprados por Internet, por edad, nivel de estudios y situación laboral

	Mujeres	Hombres
Tramos de edad		
16-34	• Viajes. • Entradas a espectáculos. • Productos de hogar. • Ropa o material deportivo. • Libros, revistas.	• Viajes. • Entradas a espectáculos. • *Software,* material informático y electrónico. • Libros, revistas. • Ropa y material deportivo. • Vídeos o música.
35-64	• Viajes. • Entradas a espectáculos. • Productos de hogar. • Libros, revistas.	• Viajes. • Entradas a espectáculos. • *Software* y material informático. • Libros, revistas.
65 y más	• Productos de hogar. • Ropa y material deportivo.	• Viajes. • Entradas a espectáculos. • *Software* y material informático. • Productos de hogar.
Nivel de estudios		
Obligatorios	• Ropa y material deportivo. • Productos de hogar.	• Viajes. • Ropa y material deportivo. • *Software* y material informático.
Medios	• Viajes. • Entradas a espectáculos. • Libros, revistas.	• Viajes. • Entradas a espectáculos. • *Software* y material informático. • Vídeos o música.
Universitarios	• Viajes. • Entradas a espectáculos. • Libros, revistas. • Productos de hogar.	• Viajes. • Entradas a espectáculos. • Libros, revistas. • Material informático y electrónico.

	Mujeres	Hombres
Situación laboral		
Con empleo	• Viajes. • Entradas a espectáculos. • Libros, revistas. • Productos de hogar.	• Viajes. • Entradas a espectáculos. • Libros, revistas. • *Software,* material informático y electrónico
Sin empleo	• Viajes. • Entradas a espectáculos. • Ropa y material deportivo.	• Viajes. • Entradas a espectáculos. • Material informático. • Ropa y material deportivo. • Libros, revistas.

Más allá de la adquisición de viajes, alojamientos y entradas a espectáculos, que son los usos mayoritarios en todos los tramos de edad, tanto entre mujeres —excepto las de más de sesenta y cuatro años— como entre hombres, el análisis del e-comercio en función de las características sociodemográficas de la población muestra varios elementos coincidentes, tal como recogemos en la Tabla 13.

Las mujeres, con independencia de la edad o el nivel de estudios, adquieren productos del hogar, con excepción de las no ocupadas. Los hombres, por el contrario, con independencia de la edad o el nivel de estudios, adquieren *software* y material informático, y en ningún caso productos del hogar (a excepción de los escasos compradores de sesenta y cinco y más años de edad).

4) Motivos para comprar por Internet

El principal argumento de quienes no compran por Internet es que prefieren acudir a un establecimiento o tienda. El segundo argumento más señalado es la preocupación por la seguridad, seguido de la privacidad y de la ausencia de necesidad de recurrir a Internet para tal fin. Todos los motivos anteriores son señalados en mayor medida por las mujeres que por los hombres. Menor importancia se otorga al mal

GRÁFICO 26

Motivos de no haber realizado compras por Internet en el último año (multirrespuesta) (%)

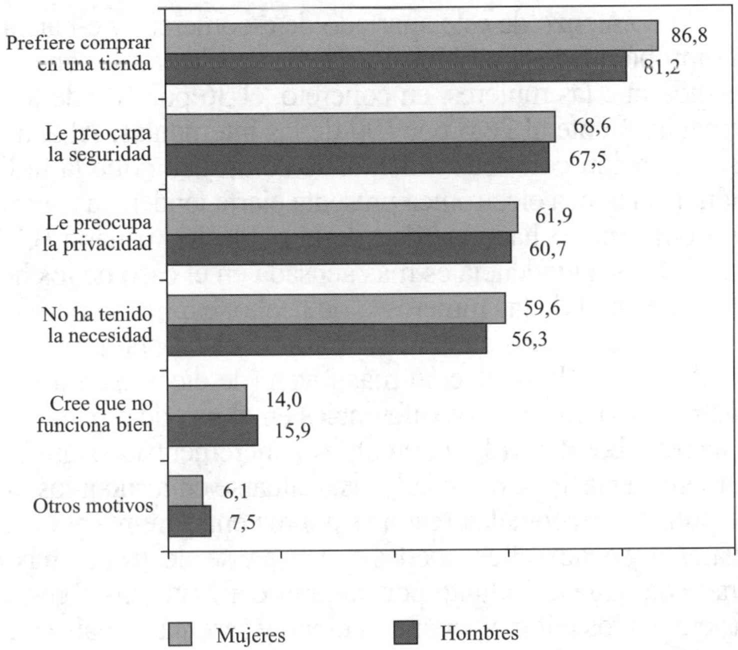

funcionamiento del e-comercio como razón para no utilizarlo, y éste es el único motivo expresado algo más por los hombres que por las mujeres internautas (Gráfico 26).

El apego a las formas tradicionales de comercio presencial es más acusado entre las personas de más edad y, de hecho, este argumento tiende a crecer conforme aquélla lo hace. En el extremo contrario se sitúa el funcionamiento insatisfactorio del e-comercio, que es señalado de manera más intensa por los internautas más jóvenes, mientras que este motivo tiende a decrecer conforme aumenta la edad. Las cuestiones relativas a la seguridad, la privacidad o la falta de necesidad se sitúan en valores estables (en torno al 50-70 por 100 de menciones) a lo largo de las distintas edades.

3.3.5.2. E-banca

Al comienzo de este apartado de e-comercio y e-banca, se comprobó que los hombres usan la banca electrónica en mayor medida que las mujeres, en concreto, el 36 por 100 de los internautas frente al 26,6 por 100 de las internautas. Al analizar esta situación con detenimiento, se comprueba que la utilización de la banca electrónica presenta cierta tendencia a aumentar conforme lo hace la edad de la población usuaria (Gráfico 27a). Esta tendencia es más acusada en el caso de los hombres que en el de las mujeres y, de hecho, explica que las diferencias entre ambos aumenten de forma clara y progresiva con la edad. Entre la población más joven (de dieciséis a treinta y cuatro años), hay menos diferencias en el uso de e-banca entre mujeres y hombres (3,7 puntos), para incrementarse significativamente a partir de esa edad, hasta situarse en torno a los quince puntos porcentuales (catorce puntos entre treinta y cinco y cuarenta y cuatro años, edades en las que se alcanza el máximo grado de utilización tanto por mujeres como por hombres; diecisiete puntos entre cincuenta y cinco y sesenta y cuatro años).

También conforme aumenta el nivel de estudios, aumenta el uso de la e-banca tanto en hombres como en mujeres, pero también de nuevo se incrementan las diferencias entre unos y otras (Gráfico 27b). Si en los niveles más bajos (educación primaria y primera etapa de secundaria) se quedan en seis puntos, en el grupo con estudios universitarios —precisamente el colectivo que utiliza este servicio en mayor proporción— esa diferencia supera los dieciséis puntos porcentuales (55,2 por 100 hombres y 39 por 100 mujeres).

Finalmente, el empleo constituye otro factor clave para el uso de la banca por Internet, tanto porque es mucho más habitual entre las personas ocupadas que entre las no ocupadas, como porque polariza la diferencia entre mujeres y hombres (Gráfico 27c). Efectivamente, entre las personas sin em-

GRÁFICO 27a

Utilización de la banca electrónica, por edad (%)

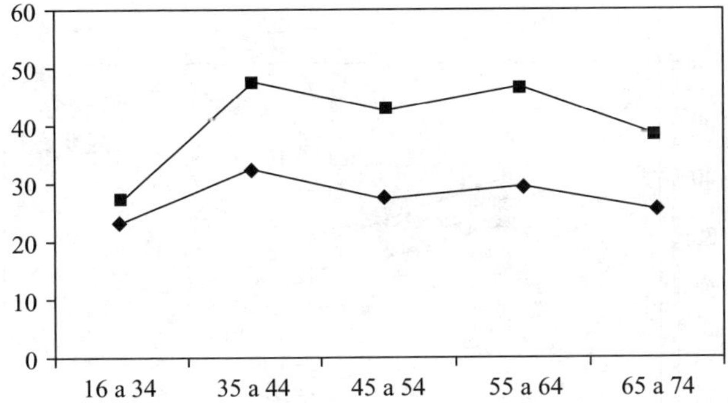

GRÁFICO 27b

Utilización de la banca electrónica, por nivel de estudios (%)

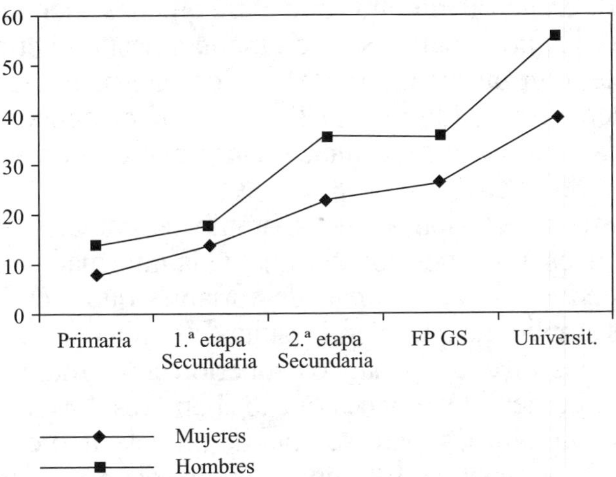

GRÁFICO 27c

Utilización de la banca electrónica, por situación laboral (%)

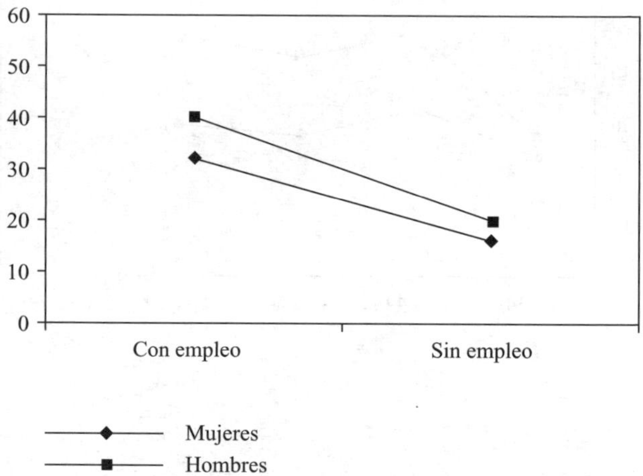

pleo las operaciones de e-banca son realizadas por el 20 por 100 de los usuarios y el 16 por 100 de las usuarias (cuatro puntos de diferencia), mientras que entre quienes cuentan con un empleo, los porcentajes se incrementan hasta prácticamente el doble, con un 40,1 por 100 de los internautas ocupados que hace e-banca frente a un 32,1 por 100 de ocupadas (aquí se dobla también la desventaja de las mujeres, con ocho puntos de diferencia).

Como conclusión a este apartado de comercio y banca electrónicos, podemos apuntar que de la información manejada se deriva que el conjunto de variables que inciden sobre ellos es amplio. La educación resulta determinante para su uso, pero en los niveles formativos superiores, las mujeres hacen menos e-comercio y e-banca que los hombres. Las mujeres jóvenes compran más, pero se trata de un colectivo con menos capacidad adquisitiva. El empleo es otro elemento clave, y la tasa de ocupación femenina es más baja que la masculina. Todo ello apuntaría, en definitiva, hacia la vinculación de la mayor presencia masculina en este tipo de actividades con su también mejor situación en el terreno laboral y social, de lo que se deriva un mayor dominio de funciones asociadas con ellos, como las económicas, ahora económico-tecnológicas.

3.4. *Mujeres de nacionalidad no española y las TIC*

En ocasiones se presenta o describe a las personas de otras nacionalidades que residen España como un grupo homogéneo, sin reparar siquiera en las importantes diferencias existentes entre mujeres y hombres. En el caso concreto de su relación con las TIC, las mujeres extranjeras constituyen un colectivo de gran importancia, no sólo por su número, sino, sobre todo, porque hacen una utilización mayor y a veces más intensiva de éstas, en particular de Internet.

Comencemos por señalar que en cuanto al acceso al ordenador e Internet, las mujeres extranjeras han hecho uso de ambas tecnologías en mayor medida que las españolas, mientras que en el caso de los hombres, sucede justo al contrario (Tabla 14). Como consecuencia, entre la población extranje-

TABLA 14

Población que ha utilizado alguna vez el ordenador e Internet, por nacionalidad (%)

		Nacionalidad		Diferencia esp.-extr.
		Española	Extranjera	
Ordenador	Mujeres	57,9	60,6	–2,7
	Hombres	63,3	61,1	2,2
	Diferencia M-H	–5,4	–0,5	–4,9
Internet	Mujeres	49,4	54,6	–5,2
	Hombres	55,9	54,3	1,6
	Diferencia M-H	–6,5	0,3	–6,8

ra las diferencias entre mujeres y hombres son considerablemente más reducidas (0,5 puntos de desventaja femenina en el caso del ordenador y 0,3 de ventaja en el acceso a Internet) que entre la población española (5,4 puntos y 6,5 puntos de desventaja femenina, respectivamente).

Si entramos de lleno en el terreno de Internet, comprobamos (Tabla 15) que las mujeres extranjeras tienen una mayor e-experiencia que las españolas (tres puntos en el tramo de más de cinco años de experiencia) y que las diferencias en este capítulo respecto de los hombres son menores (casi un 50 por 100 inferiores).

TABLA 15

E-experiencia, por nacionalidad (%)

	Desde cuándo usa Internet	Nacionalidad		Diferencia esp.-extr.
		Española	Extranjera	
Mujeres	Menos de 1 año	9,2	9,2	0,0
	Más de 1 año y menos de 3	21,5	27,5	–6,0
	Más de 3 y menos de 5	29,0	19,8	9,2
	Más de 5 años	40,3	43,5	–3,2
Hombres	Menos de 1 año	7,7	11,4	–3,7
	Más de 1 año y menos de 3	17,6	19,5	–1,9
	Más de 3 y menos de 5	27,0	21,8	5,2
	Más de 5 años	47,8	47,4	0,4
Diferencia M-H: Más de 5 años		–7,5	–3,9	–3,6

No obstante, los datos sobre la e-intensidad (Tabla 16) matizan la información anterior. Si bien la gran mayoría de la población usuaria, tanto española como extranjera, ha utilizado Internet en el último mes, las usuarias extranjeras presentan una desventaja clara en esta categoría con respecto a las mujeres españolas y a los hombres extranjeros (de ocho puntos y diez puntos, respectivamente). Además, las mujeres extranjeras presentan una propensión más baja a conectarse a Internet a diario (40 por 100), y aquí son superadas tanto por las mujeres españolas como por los hombres extranjeros, y registran diecisiete puntos de diferencia con respecto a los hombres españoles. No obstante, entre quienes hacen un uso más intensivo de Internet —superior a veinte horas semanales—, las mujeres extranjeras aventajan a las españolas (15 por 100, frente a 8 por 100).

TABLA 16
E-intensidad, por nacionalidad (%)

	Nacionalidad		Diferencia esp.-extr.
	Española	Extranjera	
Utilización en el último mes			
• Mujeres	83,6	75,7	7,9
• Hombres	88,5	85,7	2,8
• Diferencia M-H	–4,9	–10,0	5,1
Frecuencia de uso diaria o al menos 5 días a la semana			
• Mujeres	45,2	40,3	4,9
• Hombres	57,3	44,9	12,4
• Diferencia M-H	–12,1	–4,6	–7,5
Tiempo aproximado de uso de más de 20 horas por semana			
• Mujeres	8,0	15,0	–7,0
• Hombres	13,9	10,3	3,6
• Diferencia M-H	–5,9	4,7	–10,6

También el lugar desde el que se accede a Internet influye en la intensidad y en el uso que se hace de ella. En ese sentido, si bien la vivienda —propia o no— es el principal lugar de acceso a Internet para usuarias y usuarios (Tabla 17), lo es menos para las personas extranjeras (especialmente para los hombres). Las diferencias son más acusadas en el acceso desde el centro de trabajo (donde la proporción de españoles —y sobre todo de españolas—

prácticamente dobla a la de extranjeros) y desde los cibercafés y locutorios (donde sucede justo al contrario: es el segundo lugar más utilizado por las personas extranjeras, que se conectan desde ahí casi cuatro veces más que las españolas).

TABLA 17

Lugar de uso de Internet, por nacionalidad (%)

		Nacionalidad		Diferencia esp.-extr.
		Española	Extranjera	
Mujeres	Su vivienda	66,0	58,5	7,5
	Otra vivienda	29,4	31,2	–1,8
	Centro de trabajo	44,8	24,8	20,0
	Centro de estudios	16,2	12,2	4,0
	Centro público	12,2	11,6	0,6
	Cibercafé o similar	8,6	35,7	–27,1
	Otro lugar	2,2	7,5	–5,3
Hombres	Su vivienda	71,1	53,6	17,5
	Otra vivienda	29,8	23,7	6,1
	Centro de trabajo	49,0	29,6	19,4
	Centro de estudios	13,7	7,2	6,5
	Centro público	10,7	19,5	–8,8
	Cibercafé o similar	11,4	43,7	–32,3
	Otro lugar	2,6	3,2	–0,6

En definitiva, podemos afirmar que las mujeres extranjeras están incorporadas a las TIC en mayor grado que las españolas y que la brecha de género, aun existiendo, es más reducida que entre estas últimas. No obstante, por lo general, la mayoría de ellas hace un uso de Internet algo más esporádico y menos intensivo, excepto entre quienes se conectan durante más de veinte horas semanales. Además, las diferencias en cuanto a especialización laboral y dotación tecnológica de los hogares presentan una incidencia clara sobre el lugar desde el que españoles y extranjeros acceden a Internet.

4. Conclusiones

El análisis que se ha realizado en estas páginas, nos permite concluir que el impacto de la difusión de las TIC sobre las mujeres presenta importantes diferencias con respecto a sus homólogos masculinos. Aun cuando las mujeres no constituyen un grupo homogéneo, es patente que tales diferencias de género responden a motivos y factores que van mucho más allá de la diversidad de cada colectivo, y que están directamente conectadas con las condiciones en las que la construcción de la sociedad de la información y el conocimiento está teniendo lugar. Se hace, por tanto, inevitable hablar de brecha digital de género, de aquella que impide que la mujer se incorpore y participe en la SI en igualdad de condiciones y que, por tanto, constituye una barrera para lograr la igualdad de oportunidades. Una brecha que presenta diversos niveles.

En primer lugar, la brecha digital de género es una *brecha de acceso* a las TIC. Aunque el volumen de población usuaria de Internet ha aumentado de forma considerable en los últimos años, tanto en Europa como en España, el porcentaje de mujeres internautas está todavía muy por detrás del de los hombres y, lo que es más grave, estas diferencias, en lugar de acortarse, se estancan o se amplían.

Además, la incorporación femenina a Internet es menos intensiva (con menor frecuencia y por menos tiempo) que la de los hombres. Esta situación estaría relacionada con la menor disponibilidad de tiempo libre de las mujeres, una tasa más baja de incorporación al mercado laboral y al empleo, o su ubicación en entornos profesionales menos informatizados. Todo lo cual conlleva mayores dificultades para el acceso y el uso de ordenadores e Internet.

Sobre la menor incorporación de las mujeres al ciberespacio inciden también otros factores, entre los que destacan unos niveles más bajos de e-formación. De hecho, se ha detectado que la brecha digital de género también es una *brecha de formación* (alfabetización digital y capacidades). El acceso a las TIC no queda garantizado por una mayor disponibilidad de ordenadores, sino que también es necesario poseer capacidades que permitan hacer uso de ellas y aprovechar sus potencialidades. Es precisamente en este terreno, el de las habilidades, donde aparece la segunda brecha digital de género —que mostrará sus consecuencias en los usos de las TIC.

Además de tecnología, son necesarios el conocimiento y el interés. Un paso esencial sería la alfabetización digital en las escuelas, aunque también es clave la formación tecnológica de las mujeres que ya están en el mercado de trabajo, así como las campañas de formación digital dirigidas a los colectivos de mujeres con más dificultades de acceso (amas de casa o mayores). No se trata sólo de acceder a la red, sino de poder rentabilizar al máximo los recursos que ofrece. Como consecuencia, la adquisición de conocimientos TIC implica esfuerzos de capacitación que supondrían no sólo una e-formación «elemental», sino también la adquisición de habilidades que permitan a las mujeres usar las tecnologías con fluidez y soltura. Existen además diferencias significativas en los usos que mujeres y hombres hacen de las TIC, por lo que, en tercer lugar, se puede señalar que la brecha digital de género es una *brecha de usos,* especialmente patente en el caso de aquéllos como el comercio o la banca electrónicos o los más vinculados al consumo y al ocio, todos ellos mucho más empleados por los hombres que por las mujeres, frente al mayor uso que éstas hacen de servicios relacionados con el bienestar social, como formación, empleo e información sobre temas de salud. Estas diferencias en los usos (a su vez, conectadas con las de acceso, formación y habilidades) implican importantes diferencias cualitativas, que delimitan la existencia de la mencionada *segunda brecha digital de género.*

Segunda brecha digital que, además de ser indicativa de la desigualdad social existente, se constituye en barrera para la plena y efectiva incorporación de las mujeres a la SI, y pone de manifiesto la necesidad de impulsar mejoras, tanto en la formación y en la adquisición de capacidades tecnológicas de las propias mujeres, como en la oferta de contenidos de la red (dirigida, por ahora, fundamentalmente a un público masculino), de tal manera que motiven, en términos de acceso y uso, tanto a hombres como a mujeres. Son precisamente las brechas digitales de género señaladas sobre las que han de llevarse a cabo las principales iniciativas, en las que deben involucrarse todos los agentes implicados en la SI, y muy especialmente los entes públicos.

Reducir, y en última instancia eliminar, la brecha digital de género será indudablemente beneficioso tanto para las propias mujeres como para el sector TIC y la sociedad en su conjunto. Se hace necesario también continuar profundizando, a través de la investigación, tanto en los factores determinantes de la inclusión digital de las mujeres como en los obstáculos que para ello encuentran. Es fundamental, por último, que la perspectiva de género esté presente en las políticas de SI, y, a su vez, que la SI lo esté en las políticas de género. Todo ello con objeto de que la sociedad de la información responda a las necesidades y expectativas de las mujeres, y haga que se sientan ciudadanas activas en el ciberespacio y que se constituyan en protagonistas de pleno derecho (inclusión real frente a inclusión formal) de la SI del siglo XXI.

Bibliografía

Bonder, G., *Las nuevas tecnologías de la información y las mujeres: reflexiones necesarias,* Santiago de Chile, Comisión Económica para América Latina y el Caribe (CEPAL), División Mujer y Desarrollo, Serie Mujer y desarrollo, núm. 39, 2002, http://www.eclac.cl/publicaciones/xml/6/10626/lcl1742e.pdf [fecha de consulta: mayo de 2008].

CASTAÑO, C., *Las mujeres y las tecnologías de la información: Internet y la trama de nuestra vida,* Madrid, Alianza, 2005.
CASTAÑO, C.; MARTÍN, J. y VÁZQUEZ, S., «La "e-inclusión" y el bienestar social: una perspectiva de género», *Revista de Economía Industrial,* núm. 367, *Retos y oportunidades para el sistema productivo español,* 2008, págs. 139-152. Disponible en http://www.mityc.es [fecha de consulta: mayo de 2008].
CASTAÑO, C. y TORRE, M., «Diferencias de género en el acceso y uso de Internet: la segunda brecha digital», en *IX Congreso Español de Sociología,* Barcelona, Federación Española de Sociología, 2007.
CASTAÑO, C. *et al., Observatorio e-igualdad. Informe final,* 2007, disponible en http://www.e-igualdad.net [fecha de consulta: mayo de 2008].
HAFKIN, N., «Women, gender and ICT statistics and indicators», en N. Hafkin, y S. Huyer (eds.), *Cinderella or Cyberella?: empowering women in the knowledge society,* Bloomfield (CT), Kumarian Press, 2006, págs. 51-69.
HAFKIN, N. y HUYER, S. (eds.), *Cinderella or Cyberella?: empowering women in the knowledge society,* Bloomfield (CT), Kumarian Press, 2006.
HAFKIN, N. y TAGGART, N., *Gender, information technology and developing countries: an analytical study,* s. l., Office of Women in Development, United States Agency for International Development, 2001.
MARGOLIS, J. y FISHER, A., *Unlocking the clubhouse: women in computing,* Cambridge (Mass.), The MIT Press, 2002.
MILLAR, J. y JAGGER, N., *Women in ITEC courses and career: final report,* Birmingham, University of Sussex, 2001.
OCDE, *ICTs and gender,* DSTI/ICCP/IE(2006) 9/Final, París, OCDE, 2007, http://www.oecd.org/dataoecd/16/33/38332121.pdf [fecha de consulta: mayo de 2008].

ANEXO METODOLÓGICO

Trabajar con la *Encuesta TIC-H* del INE ha puesto de manifiesto la existencia de aspectos metodológicos susceptibles de ser mejorados. Las tablas contenidas en la página web del INE, que constituyen la referencia fundamental sobre esta encuesta y la vía de acceso más inmediata a ella, presentan algunos problemas como:

a) Limitaciones en los datos desagregados por sexo: la variable sexo sólo se ofrece cruzada con determinadas variables, y ésa es selección muy limitada para nuestro análisis. Es más, generalmente, recogen porcentajes horizontales desagregados por sexo en relación con distintas variables; sin embargo, no sólo no presenta información relativa a la concentración de hombres y mujeres en cada categoría, sino que además no ofrece datos absolutos. Todos estos aspectos limitan las posibilidades de análisis y de hacer comparaciones.

b) Respuestas no recodificadas en variables importantes: es el caso de respuestas del tipo «otros motivos», que pueden agrupar una diversidad de respuestas cuyo significado concreto se pierde y que a veces afectan a porcentajes significativos de la muestra (incluso superiores al 10 por 100 del total).

c) Dificultad para presentar comparaciones a lo largo del tiempo: pueden presentarse fotos de la situación, pero no la secuencia, ya que la disponibilidad de datos es menor conforme nos alejamos en el tiempo.

Estas dificultades hicieron aconsejable, en el curso de la investigación que dio origen a la presente publicación, ir más allá de la utilización directa de las tablas elaboradas por el INE, por lo que se optó por acceder a todos los datos de la *Encuesta TIC-H* y no solamente a los presentados en su página web. Para ello, se descargaron los «microdatos» de la encuesta correspondientes al primer trimestre de 2006, y se transformó el fichero ASCII original en otro en SPSS, con el fin de poder operar con los datos. Posteriormente contrastamos la base de datos así obtenida con los resultados ofrecidos por el INE en su página web, lo que nos llevó a detectar una nueva serie de problemas:

a) El INE presenta sus elaboraciones con datos extrapolados al total nacional y, como consecuencia, se detectan ciertos desajustes con respecto a nuestra base de datos, cuya población continuaba siendo la de los casos de la encuesta.

b) En ocasiones, el INE presenta o bien cifras absolutas o bien porcentajes, por lo que se pierde mucha información, y es difícil establecer comparaciones con nuestra base de datos.

c) Como ya se ha dicho, la variable sexo aparece cruzada con otras variables en muy pocas ocasiones. Este hecho dificulta comparaciones con los microdatos.

Para superar estas otras dificultades, poder contrastar los datos de nuestra base con los presentados en la web del INE y, en último término, asegurar la fiabilidad de los datos que manejamos, confirmamos con el INE que la diferencia entre ambas elaboraciones era consecuencia del proceso de extrapolación que se realiza al total de la población nacional. Ello implica un importante riesgo de incurrir en errores al emplear la nueva base de datos, sobre todo al profundizar en los cruces y desagregaciones de datos, debido a la inevitable pérdida progresiva de casos. Como consecuencia, procedemos a aplicar los correspondientes factores de elevación muestral, uno para los individuos y otro para los hogares, para obtener así una nueva base correctamente ponderada. Ha sido mediante la explotación y el análisis de esta última como se han obtenido los resultados mostrados en este capítulo.

Capítulo 3

Sistema de Indicadores de Género y TIC (SIGTIC): hacia la descripción de la e-inclusión

Juan Martín

1. Introducción

Como ya se ha indicado, esta publicación deriva de los resultados alcanzados en el marco del *Proyecto e-igualdad,* el cual tiene entre sus objetivos —en particular para el Observatorio desarrollado por el equipo de la UCM— contribuir a mejorar el sistema de información disponible sobre TIC y género, mediante el desarrollo de indicadores específicos más adecuados, que permitan superar las actuales limitaciones[1] de los datos a la hora de reflejar y explicar la situación de la sociedad de la información (SI) y las tecnologías en nuestro país desde una perspectiva de género.

[1] Que han sido puestas de manifiesto en el capítulo anterior.

La necesidad de contar con indicadores más complejos en este campo se sustenta sobre la evidencia de que sólo a partir de un conocimiento exhaustivo de la situación, será posible evaluar la relación de mujeres y hombres con las TIC y por qué éstas les afectan de manera diferente. Contar con información adecuada es un prerrequisito para construir una sociedad de la información en igualdad: «sin datos no hay visibilidad»[2].

Ningún indicador por sí solo puede revelar todos los aspectos relativos a la desigualdad de género en la SI. Tampoco la reiteración de varios de ellos. Limitar el análisis a una enumeración de las diferencias existentes entre mujeres y hombres en cuanto al acceso e incluso el uso de las TIC arroja una visión muy limitada de la situación. Una manera de superar tales dificultades es desarrollar y emplear indicadores compuestos, capaces de medir de una forma agregada el impacto comparativo de la SI sobre mujeres y hombres. Con esa finalidad hemos desarrollado el Sistema de Indicadores de Género y TIC (SIGTIC) que se presenta en este capítulo.

En el caso concreto de nuestro país, la fuente de información de referencia es la *Encuesta sobre equipamiento y uso de tecnologías de información y comunicación en los hogares (TIC-H),* del INE. En ella se ofrecen datos a partir de los cuales se puede describir la situación de la SI en España y la posición que respecto a ella y las TIC ocupan mujeres y hombres, desde una perspectiva fundamentalmente cuantitativa que no permite apreciar en su totalidad las implicaciones que de ella se derivan. El resultado es la minusvaloración del alcance de la brecha digital de género.

Como se ha expuesto en el capítulo anterior, existe una situación de desventaja femenina respecto a los hombres en el terreno de las TIC, que se comprueba en la práctica totalidad de los aspectos analizados. No obstante, las diferencias

---

[2] Hafkin, 2006, pág. 51.

entre uno y otro sexo pueden dar la impresión de consistir en márgenes relativamente reducidos e incluso aleatorios, cuando no de que la tendencia en el tiempo es hacia su reducción o final desaparición. Nada más lejos de la realidad. Esa falsa impresión se deriva de tratar a las distintas variables de la encuesta como una sucesión de datos de consecuencias más o menos similares. La consideración aislada de las variables limita el análisis a las diferencias de acceso y uso de mujeres y hombres, lo que ofrece una visión muy limitada de la situación que no refleja el grado de desigualdad de género existente en la SI.

Se hace imprescindible analizar de manera comparada y global los efectos de la SI sobre las mujeres y los hombres. Para ello, es necesario diferenciar tales variables en función de su desigual naturaleza y, por tanto, del impacto sobre la situación de desigualdad de género y su virtual superación. Lo cual supone transformar esas variables en indicadores capaces de contener información no sólo de tipo cuantitativo, sino también cualitativo, en función de su diferente alcance, lo que, a su vez, ha de corresponderse con una valoración también desigual[3].

2. Metodología

Nuestro objetivo es construir un indicador compuesto o sintético de la e-inclusión o su reverso, la desigualdad de género en la SI. El método que hemos empleado se basa en la asignación de valores diferentes a cada una de las categorías de las variables consideradas de la *Encuesta TIC-H.* Ello supone otorgar una puntuación diferente y consecutiva a cada una de las posibles respuestas a las preguntas planteadas en la encuesta que se ha seleccionado.

[3] Otros desarrollos en este sentido se pueden encontrar en Caprile, 2004; Eurostat, 2005; International Telecommunication Union, 2006; Orbicom, 2005, y SIBIS, 2003.

El resultado es la obtención, no ya de una sucesión de casos distribuidos entre categorías similares, sino de un conjunto de variables ponderadas en función de valoraciones de carácter cualitativo. Al mismo tiempo, se logra obtener una presentación sintética de esas variables antes compuestas por varias categorías, en definitiva, disponer de una calificación definida o *puntuación* para cada concepto analizado.

En el desarrollo de esta metodología, nos hemos encontrado con dos tipos de variables[4], a las que ha habido que prestar un tratamiento diferenciado:

— Por una parte, aquellas que ya en sí mismas presentan una estratificación de categorías (o respuestas) que contienen de manera implícita una valoración diferente entre opciones, a partir de la cual asignar valores (puntuaciones) de manera consecutiva. Son variables que podemos denominar *ordinales*. En ellas la aplicación de ponderaciones se puede realizar de forma directa. Es el caso de la info-habilidad, la e-experiencia, la e-habilidad, la e-intensidad o la frecuencia del e-comercio.

— Por otra parte, aquellas en las que no es posible hacer una asignación directa de diferencias de valor entre opciones, por tratarse de respuestas en las que se recoge un número acumulado de menciones entre las que no hay diferencias cualitativas o son difícilmente atribuibles. Es el caso de algunos de los usos de Internet, tales como los servicios de e-comunicación, de e-información/ocio, de e-administración o del tipo de productos adquiridos

[4] La definición y descripción de estas variables se incluye en la Tabla 1. Para una información más detallada, puede consultarse en el capítulo 2 de este libro.

mediante el e-comercio. Estas variables *cardinales* requieren un tratamiento previo a su ponderación, consistente en recodificarlas en función de la acumulación progresiva de menciones. La hipótesis que utilizamos aquí es la de que una mayor proporción de menciones es indicativa de una mayor diversidad de utilización, lo que, a su vez, requiere una valoración más alta.

Una vez homologados ambos tipos de variables para su tratamiento cualitativo, se procede a asignar valores a las distintas categorías, de mayor a menor. Hay que advertir que los valores asignados no son representativos de estimaciones empíricas, sino el medio de conseguir una cuantificación diferenciada de acuerdo con la hipótesis de su alcance desigual.

La base de cálculo son los porcentajes de casos válidos en los que se distribuyen las respuestas de usuarias y usuarios de las TIC aportados por la *Encuesta TIC-H.* Se trata, por tanto, de individuos que afirman haber utilizado la tecnología en cuestión (el ordenador o Internet), no del total de la población de España. Trabajar con población usuaria implica ya de entrada un acercamiento hacia el terreno de la segunda brecha digital de género, determinada no sólo por las diferencias en el acceso a las TIC, sino respecto de su utilización.

La multiplicación de esos porcentajes por los respectivos valores asignados ofrece unos coeficientes para cada categoría de la variable dada. La suma de los coeficientes arroja un valor final o *puntuación* que —en virtud de la hipótesis aquí planteada— es una valoración sintética del concepto contenido en cada variable y expresión de la posición relativa de mujeres y hombres al respecto.

En la Tabla 1 se recogen las variables consideradas. Y en la Tabla 2 se ofrece un ejemplo típico de cómo han sido operadas.

TABLA 1

Variables SIGTIC[5]

Concepto	Definición	Variables	Valores
E-experiencia	Experiencia en el uso de Internet	Desde cuándo usa Internet	1 a 4
Info-habilidades	Habilidades informáticas	Tipo de tareas realizadas relacionadas con el ordenador	1 a 3
E-habilidades	Habilidades relativas a Internet	Tipo de tareas realizadas relacionadas con Internet	1 a 6
E-intensidad	Intensidad de uso de Internet	Última utilización de Internet	(1 a 4) × 1
		Frecuencia de uso de Internet	(1 a 4) × 2
		Tiempo aproximado de uso de Internet	(1 a 4) × 3
E-comunicación	Diversidad de servicios de comunicación utilizados	Número de servicios utilizados	1 a 4
E-información/ocio	Diversidad de servicios de información u ocio utilizados	Número de servicios utilizados	1 a 5
E-administración	Diversidad de servicios de la Administración utilizados	Número de servicios utilizados	1 a 4
E-comercio	Intensidad de uso del e-comercio	Última utilización	1 a 4
		Número de productos adquiridos	1 a 4

[5] La fuente de las tablas y gráficos de este capítulo es C. Castaño *et al.*, 2007.

TABLA 2
E-experiencia

E-experiencia	Respuestas válidas (%)		Valor	Coeficientes		Diferencia M-H	
	Muj.	Homb.		Muj.	Homb.	Puntos	%
Menos de 1 año	9,2	7,9	1	9,2	7,9		
Más de 1 año y menos de 3	21,8	17,7	2	43,7	35,4		
Más de 3 y menos de 5	28,4	26,7	3	85,3	80,0		
Más de 5 años	40,5	47,7	4	162,0	191,0		
Total	100	100		300,2	314,3	–14,1	95,5

3. HACIA LA DESCRIPCIÓN DE LA E-INCLUSIÓN

3.1. *E-experiencia*

Comenzando por la experiencia en el uso de Internet, o e-experiencia, de las cuatro categorías establecidas por la *Encuesta TIC-H* para medir el tiempo que hace que se viene utilizando esta tecnología (que abarcan desde más de cinco años a menos de uno), hemos asignado valores consecutivos desde el uno al cuatro, de tal manera que resulta sobreponderada la posesión de una mayor experiencia.

Precisamente es la categoría de mayor antigüedad de utilización aquella en la que la diferencia entre mujeres y hombres, a favor de éstos, es más acusada, mientras que la proporción de usuarias es mayor que la de usuarios en todas las restantes, que a su vez tienen una valoración más reducida.

Como resultado de ese proceso de ponderación diferenciada y agregación, la puntuación obtenida para las mujeres y hombres que han utilizado la red en alguna ocasión es de 300 y 314 puntos, respectivamente. En términos relativos —de ellas respecto de ellos— esa diferente puntuación supone una diferencia de 4,5 puntos porcentuales de desventaja de las mujeres respecto a los hombres en cuanto a la e-experiencia.

GRÁFICO 1
E-experiencia

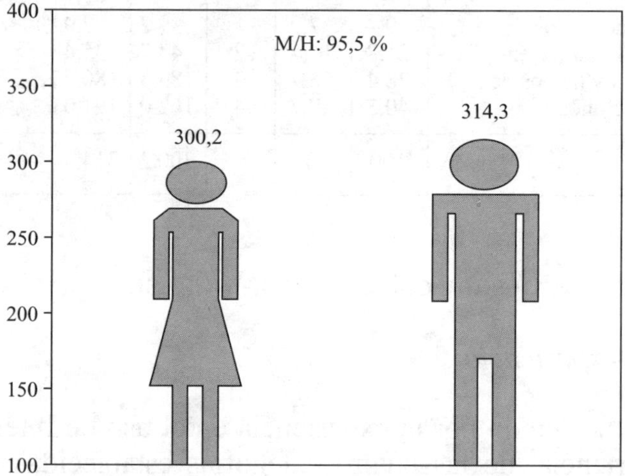

3.2. *Info-habilidades y e-habilidades*

En el terreno de las habilidades TIC, la situación de desventaja femenina es aún mayor. En el caso de las relacionadas con la utilización del ordenador o info-habilidades, la brecha es de casi veinte puntos porcentuales, y es más acusada en cuanto a las habilidades relativas al uso de Internet, o e-habilidades, donde la puntuación obtenida por las usuarias sólo alcanza el 78,8 por 100 de la de los usuarios.

Para el cálculo de las info-habilidades, hemos agrupado las tareas informáticas realizadas en tres categorías de acuerdo con su respectivo grado de intensidad tecnológica, y les hemos asignado valores distintos en función de ese mismo criterio, tal y como se describe a continuación:

— Info-habilidades básicas: copiar o mover ficheros o carpetas; usar cortar y pegar en un documento; usar fórmulas aritméticas simples en una hoja de cálculo. Valor: 1.
— Info-habilidades intermedias: comprimir ficheros; conectar o instalar dispositivos como un módem o una impresora. Valor: 2.
— Info-habilidades avanzadas: escribir un programa usando un lenguaje de programación. Valor: 3.

Como se aprecia en el Gráfico 2, las puntuaciones así obtenidas son de 455 puntos para las usuarias de ordenador y de 557 para los usuarios, es decir, que las info-habilidades de ellas se sitúan en el 82 por 100 de las de ellos.

GRÁFICO 2
Info-habilidades

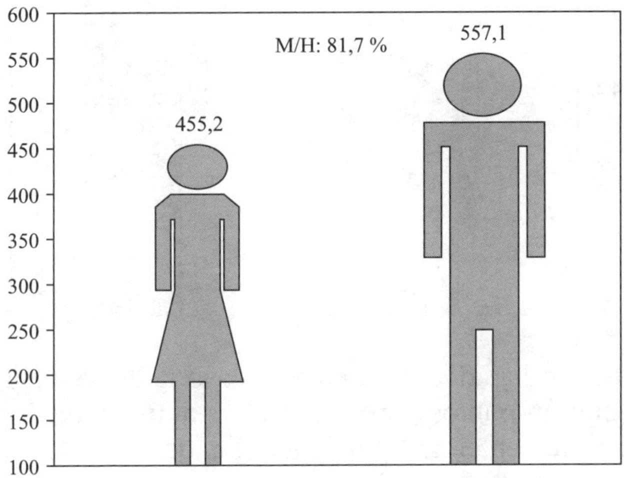

En el caso de las e-habilidades, no se ha realizado una agrupación previa de categorías, ya que resulta más aventurado establecer los límites de clasificación entre ellas. Sí ha sido posible asignar valores distintos de manera consecutiva en función del progresivo incremento de conocimiento o habilidad tecnológica que implican, y se obtiene así una gradación sencilla de seis categorías con valores del uno al seis:

— Utilizar buscadores de información. Valor: 1.
— Enviar correo-e con ficheros adjuntos. Valor: 2.
— Participar en *chats,* grupos de noticias, foros. Valor: 3.
— Realizar llamadas telefónicas por Internet. Valor: 4.
— Compartir ficheros. Valor: 5.
— Crear páginas web. Valor: 6.

GRÁFICO 3
E-habilidades

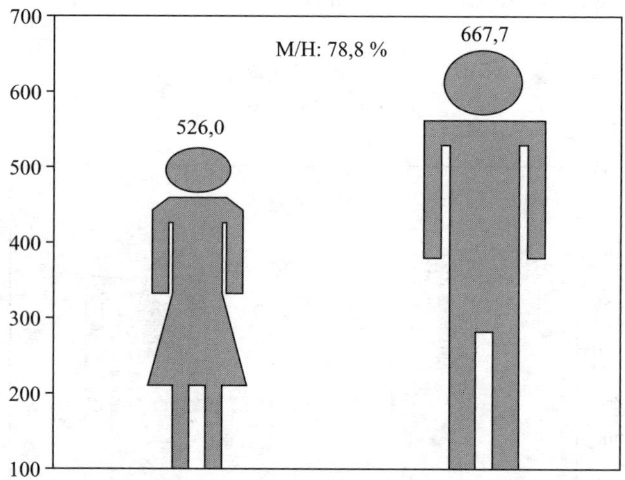

Como se ha advertido, en este caso la desventaja femenina (veintiún puntos porcentuales) es aún mayor —aunque similar— que en el de las info-habilidades.

3.3. *E-intensidad*

Para el análisis de la intensidad de uso de Internet, o e-intensidad, se consideran tres variables cuyos resultados se combinan, a su vez, en función de la mayor o menor valoración relativa que se les otorga según la valoración cualitativa de su significatividad sobre dicha intensidad de uso. Se trata del momento de última utilización de Internet, la frecuencia semanal de uso y el tiempo aproximado de uso, medido en número de horas de conexión.

Primero se calculan sus respectivos coeficientes y puntuaciones, y se asignan valores de acuerdo con la siguiente estructura:

TABLA 3
E-intensidad: variables

Variable	Categoría	Valor
Última utilización	En el último mes	4
	Más de 1 mes-menos de 3	3
	Más de 3 meses-menos de un 1 año	2
	Más de 1 año	1
Frecuencia de uso	Diariamente-5 días por semana	4
	Todas las semanas pero no diariamente	3
	Al menos una vez al mes-no todas las semanas	2
	No todos los meses	1
Tiempo de uso	Más de 20 horas	4
	Entre 5 y 20 horas	3
	Entre 1 y 5 horas	2
	1 hora o menos	1

Como se puede comprobar en los gráficos que siguen, la diferencia en detrimento de las mujeres tiende a aumentar desde la primera a la última de estas tres variables consideradas: es de apenas tres puntos en cuanto al momento de última utilización de Internet, de seis puntos para la frecuencia semanal y de diez puntos en el caso del número de horas empleadas.

GRÁFICO 4
Intensidad de uso de Internet

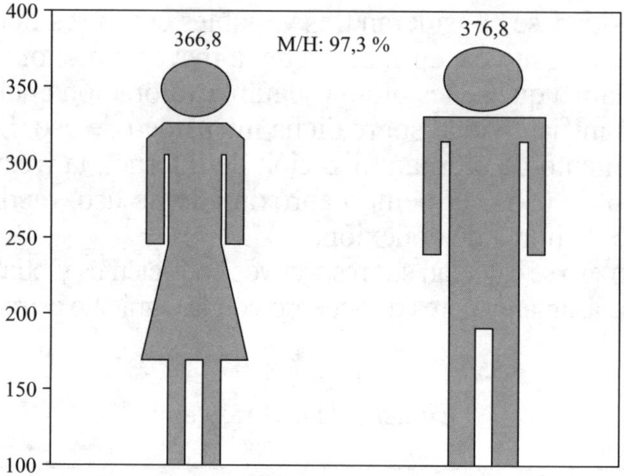

Última utilización

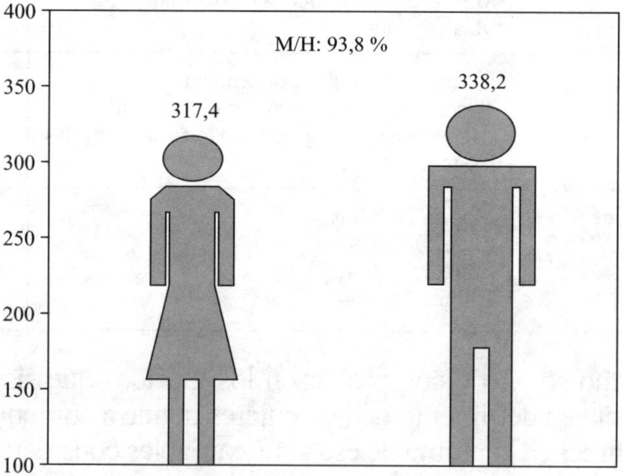

Frecuencia de uso

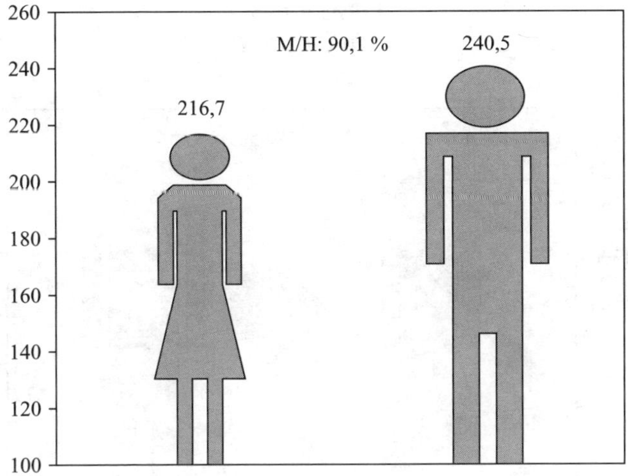

Tiempo de uso

Para el cálculo agregado de la e-intensidad a partir de esas tres variables, se combinan sus resultados, y se les asignan, a su vez, valores de forma consecutiva: momento de última utilización (valor 1), frecuencia semanal de uso (valor 2) y tiempo aproximado de uso (valor máximo de 3 puntos).

Como resultado, la valoración de la e-intensidad en su conjunto indica la existencia de una diferencia de siete puntos porcentuales entre usuarias y usuarios, por supuesto, en contra de las mujeres (Gráfico 5).

3.4. *Los usos de Internet: e-comunicación, e-información/ocio y e-administración*

En el análisis de los usos que se hacen de Internet (e-comunicación, e-información/ocio y e-administración), y ante las ya aludidas dificultades para establecer diferencias cualitativas entre unos usos y otros, se ha optado por atender al número de servicios utilizados como indicador del grado de *diversificación* de su utilización. Lo cual podría, por exten-

Gráfico 5
E-intensidad

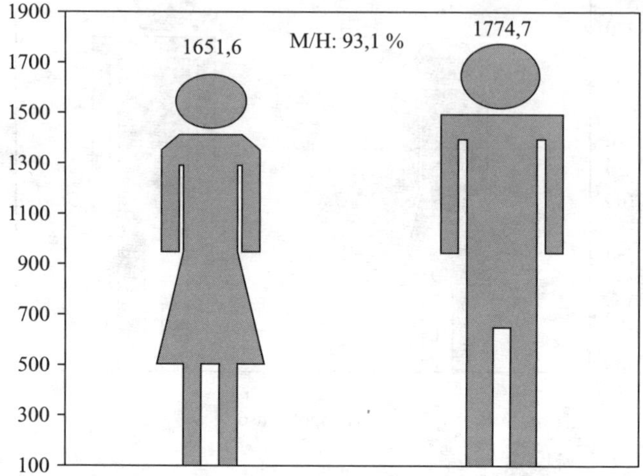

sión, entenderse como indicativo del grado de *penetración* de Internet como vía de acceso a tales servicios.

El procedimiento seguido —que queda recogido en la Tabla 4— ha consistido, en primer lugar, en la agrupación de los casos en categorías diferenciadas, en función de la acumulación de menciones que presentan, para, a continuación, asignarles valores de manera consecutiva.

Los resultados así obtenidos muestran que las diferencias entre usuarias y usuarios en cuanto al uso que hacen de Internet son menos acusadas que en el caso de las condiciones de acceso anteriormente expuestas. No obstante, también aquí se mantienen las ventajas de los usuarios sobre las usuarias, con unos márgenes que oscilan entre los cinco puntos de diferencia a favor de los hombres en el caso de la utilización de servicios de información y ocio —los más asociados con el tiempo libre y el consumo— y la práctica igualdad en los trámites con las Administraciones Públicas (Gráficos 6 a 8).

TABLA 4
Usos de Internet

Variable/Categoría		Valor
E-comunicación: número de servicios utilizados	1 2 3 4	1 2 3 4
E-información/ocio: número de servicios utilizados	1 2 3 4 5	1 2 3 4 5
E-administración: número de servicios utilizados	1 2 3 4 o más	1 2 3 4

GRÁFICO 6
E-comunicación

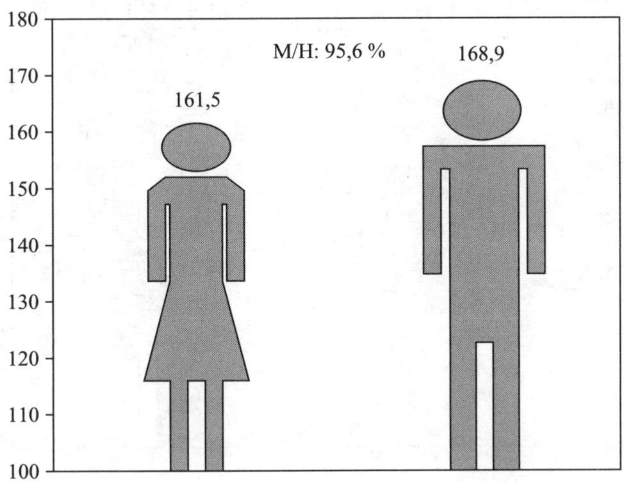

GRÁFICO 7

E-información/ocio

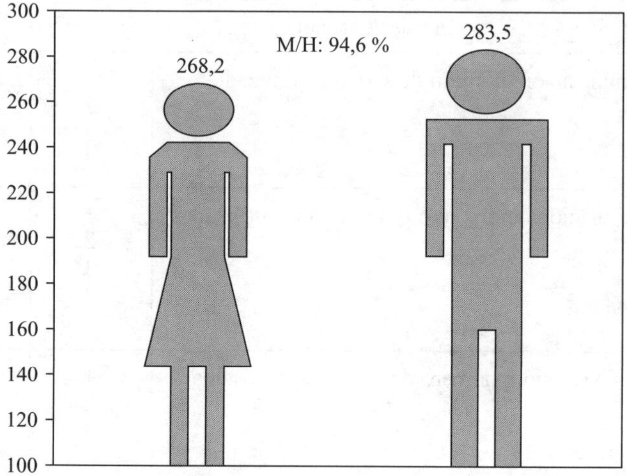

GRÁFICO 8

E-Administración

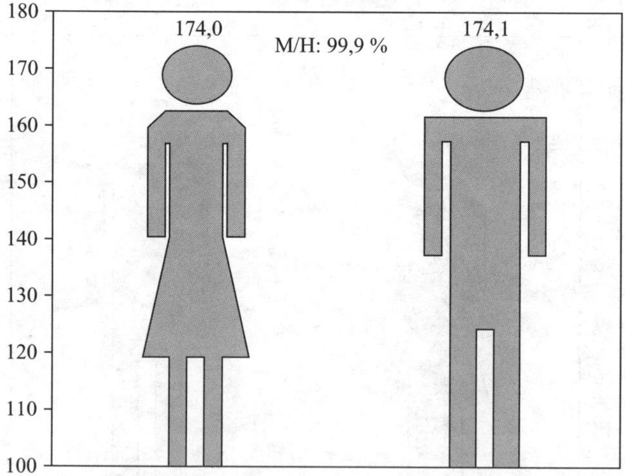

3.5. *E-comercio*

En el caso concreto del comercio por Internet, hemos empleado dos variables de características diferentes, como son el momento en que se realizó la última compra y el tipo —o mejor dicho, la cantidad— de productos adquiridos, para llegar a una valoración final agregada del e-comercio.

En el primer caso, se trata de una variable de tipo ordinal, con una diferenciación clara entre categorías en función del tiempo transcurrido desde la última adquisición, de lo que se deduce que a menor tiempo transcurrido, mayor valoración asignada.

En el segundo, volvemos a encontrarnos con una variable cardinal en la que es especialmente arriesgado establecer diferencias de valor entre productos adquiridos. Por esa razón empleamos de nuevo el método seguido en los otros usos de Internet anteriormente descritos y que se basa en el número acumulado de menciones —en este caso, número de productos comprados— como indicador del grado de diversidad o penetración.

De esta manera, puede comprobarse que, mientras que apenas existe diferencia entre las mujeres y los hombres que han realizado e-comercio en cuanto al momento de la última compra, sí que se detecta una importante diferencia de catorce puntos porcentuales en detrimento de las usuarias al considerar el número de productos adquiridos, esto es, el grado de diversificación del comercio por Internet (Gráfico 9).

Combinando ambas variables mediante la suma de sus respectivas puntuaciones, podemos establecer una valoración conjunta del e-comercio en nuestro país desde una perspectiva de género, según la cual las mujeres se encuentran casi siete puntos por debajo de los hombres en este terreno (Gráfico 10).

GRÁFICO 9
E-comercio: momento de la última compra y productos adquiridos

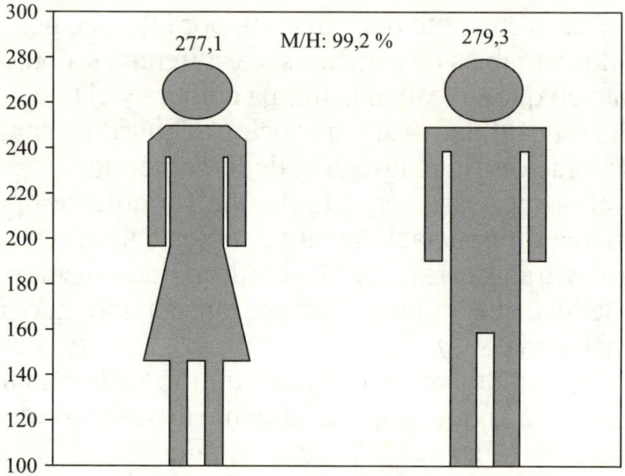

Última compra

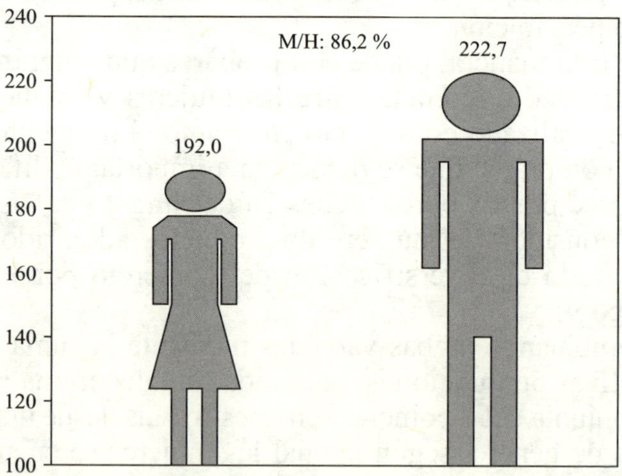

Cantidad de productos

Gráfico 10
E-comercio

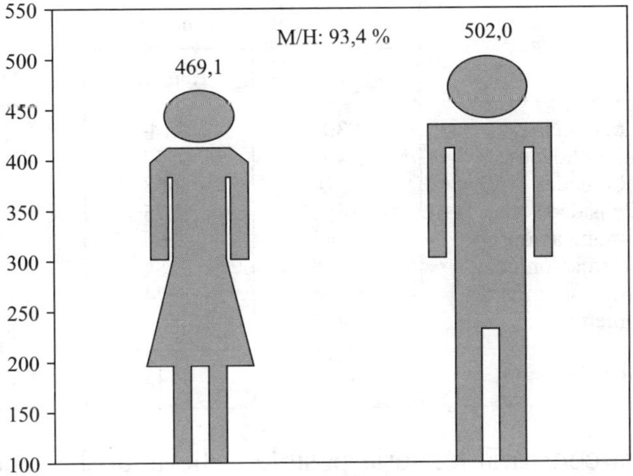

4. Conclusiones

A tenor de los datos mostrados, podemos afirmar que vuelve a ponerse de manifiesto la existencia de una situación de desventaja de las mujeres respecto de los hombres en el campo de las TIC y, de manera concreta, en el acceso y uso de Internet, que —como se detalla en la Tabla 5— se refleja en la totalidad de las variables analizadas.

Y lo que es más importante, que no se trata sólo de una desventaja cuantitativa, determinada por la proporción de personas que acceden a las TIC, sino también de una desventaja *cualitativa* que afecta de manera decisiva a quienes ya están incorporados a estas tecnologías y que marca una situación de desigualdad, de desigualdad de género.

Las implicaciones de dicha situación son, por tanto, más significativas de lo que en primera instancia reflejan los datos que se emplean habitualmente.

TABLA 5
Resumen de resultados

Concepto	Puntuación		
	Mujeres	Hombres	M/H
E-experiencia	300	314	95,5 %
Info-habilidades	455	557	81,7 %
E-habilidades	526	668	78,8 %
E-intensidad	1652	1775	93,1 %
E-comunicación	162	169	95,6 %
E-información/ocio	268	284	94,6 %
E-administración	174	174	99,9 %
E-comercio	469	502	93,4 %
Total e-inclusión	4006	4443	90,2 %

Para confirmarlo, sería posible —llevando la aplicación de la metodología SIGTIC hasta sus últimas consecuencias— llegar a otorgar una valoración o calificación final a la situación de mujeres y hombres en relación con las TIC en España[6], expresión de su nivel de inclusión. Como se aprecia en la Tabla 5 y en el Gráfico 11, existen diez puntos porcentuales de desigualdad en el grado de e-inclusión, esto es, en el grado de incorporación efectiva a Internet de mujeres y hombres.

Se confirma de esta manera no sólo la existencia de la brecha digital de género, sino la presencia, sustanciada en el diferente grado de e-inclusión de mujeres y hombres, de una segunda brecha digital, de alcance muy superior.

Igualmente, se reafirma la importancia y la necesidad de contar con estadísticas adecuadas, capaces de aportar información veraz con la que describir la desigual situación de mujeres y hombres en la SI y sus repercusiones. Ello supone incidir en los esfuerzos por disponer de más y mejores fuen-

[6] Centrada en las variables consideradas en este capítulo, y, por tanto, limitada a ellas.

GRÁFICO 11
E-inclusión

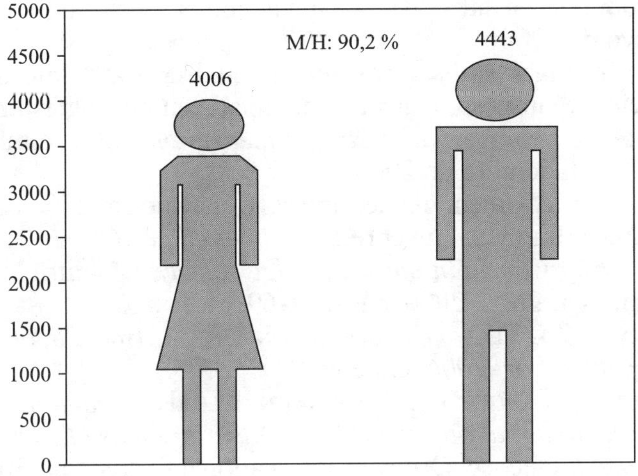

tes de datos y por la elaboración de indicadores capaces de proporcionar toda la información que de ellos puede extraerse.

La meta, conviene no olvidarlo, no es otra que construir una SI en igualdad, lo cual, en definitiva, revertirá en una sociedad más eficiente y, sobre todo, más justa.

BIBLIOGRAFÍA

CAPRILE, M. (ed.), «Measuring progress towards the knowledge-based society, quality of working life and gender equality», en *From welfare to knowfare: a European approach to employment and gender mainstreaming in the Knowledge Based Society,* informe núm. 3, diciembre de 2004, http://www.bifrost.is/wellknow/Files/Skra_0006771.pdf [fecha de consulta: mayo de 2008].

CASTAÑO, C., MARTÍN, J. y VÁZQUEZ, S., «La «e-inclusión» y el bienestar social: una perspectiva de género», *Revista de Economía Industrial,* núm. 367, *Retos y oportunidades para el sistema productivo español,* 2008, págs. 139-152.

Disponible en http:/www.mityc.es [fecha de consulta: mayo de 2008].

Castaño, C. *et al., Observatorio e-igualdad. Informe final,* 2007, disponible en http://www.e-igualdad.net [fecha de consulta: mayo de 2008].

Eurostat, «ICT skills measurement in Eurostat's Information Society Statistics», ponencia presentada en el congreso *Knowledge economy: challenges for measurement,* Luxemburgo, 8-9 de diciembre de 2005.

Hafkin, N., «Women, gender and ICT statistics and indicators», en N. Hafkin y S. Huyer (eds.), *Cinderella or Cyberella?: empowering women in the knowledge society,* Bloomfield (CT), Kumarian Press, 2006, págs. 51-69.

International Telecommunication Union, *World Information Society Report 2006,* Ginebra, ITU, 2006.

Sciadas, G., Guiguière, P. y Adarn, L. (eds.), *From the digital divide to digital opportunities: measuring infostates for development,* Quebec, Orbicom International Secretariat, 2005.

Sibis Consortium, *New eEurope Indicator Handbook,* Statistical Indicators Benchmarking the Information Society, WP 6, noviembre de 2003, http://www.sibis-eu.org/files/SIBIS_Indicator_Handbook.pdf [fecha de consulta: mayo de 2008].

CAPÍTULO 4

La diversidad de las mujeres ante Internet

SUSANA VÁZQUEZ
y SARA AÑINO

1. INTRODUCCIÓN

La brecha digital de género no se reduce, sino que tiende a estancarse. Aumenta el número de personas usuarias pero hay menos mujeres que hombres, y, además, ellas se conectan a la red con menos frecuencia y durante menos tiempo. Sin embargo, las oportunidades de acceso (que implican tecnología, información y conocimiento), así como el control que las mujeres tienen sobre las nuevas tecnologías, varían en función del colectivo de usuarias en el que centremos nuestra atención.

Las mujeres forman un colectivo heterogéneo. No todas tienen las mismas necesidades, experiencias e intereses. Sus realidades son diferentes con respecto a los hombres, pero también entre sí. La diversidad es la seña de identidad en los colectivos de hombres y de mujeres, y por eso las estrategias son plurales y variadas. El análisis de los testimonios de diversos perfiles de usuarias pretende huir de simplificaciones y de explicaciones deterministas que vinculan a las mujeres a roles estereotipadamente femeninos, al tiempo que permite tomar conciencia de una amplia gama de matices respecto a la relación de las mujeres con las nuevas tecnologías.

2. Metodología

Con el fin de profundizar en las oportunidades y retos que la sociedad de la información plantea a las mujeres, en el Observatorio e-igualdad[1] realizamos un análisis de su presencia, usos, aptitudes y actitudes en relación con las tecnologías que considera la diversidad de las mujeres. Para ello, se organizaron seis grupos de discusión *(focus groups),* es decir, entrevistas colectivas semiestructuradas, realizadas en grupos de entre seis y nueve participantes. Esta técnica, de acuerdo con guías previamente diseñadas y a través del análisis de los discursos, nos permitió hacer acopio de una valiosa información para investigar similitudes y diferencias en las actitudes y opiniones de las mujeres, así como la magnitud del impacto que las TIC están produciendo en la sociedad.

Los criterios para elegir a la población objetivo *(target population)* se realizaron teniendo en cuenta la necesidad de incluir, de forma representativa, al heterogéneo colectivo de mujeres que viven en áreas urbanas. Para ello, se seleccionaron diversos perfiles de usuarias: estudiantes universitarias, profesoras de secundaria, teletrabajadoras, emprendedoras y empresarias, e ingenieras e informáticas. Además de estos cinco grupos, se formó un grupo de discusión heterogéneo,

---

[1] Más detalles en C. Castaño *et al., Observatorio e-igualdad. Informe final,* 2007. Disponible en http://www.e-igualdad.net/.

compuesto por hombres de perfiles similares a los mencionados anteriormente. La selección de estos diferentes perfiles de usuarias, así como del grupo de control de usuarios, nos permite aproximarnos tanto a la naturaleza de las brechas digitales de género como a los retos y oportunidades que la sociedad de la información supone para las mujeres desde la perspectiva de su diversidad.

En el apartado siguiente presentamos una relación sintética de los distintos perfiles de usuarias TIC que analizamos desde el Observatorio e-igualdad, con objeto de ofrecer una visión comparada y directa de sus principales peculiaridades. Para ello, además de una serie de datos sociodemográficos de los colectivos considerados, hemos creado una tipología de usuarias tomando como referente la experiencia, las habilidades y los usos respecto a las nuevas tecnologías, en función de cuatro categorías: usuarias elementales, básicas, avanzadas y especialistas. Esta clasificación se ha realizado sobre la base de las tres categorías de usuarios que establece la OCDE (básicos, avanzados y especialistas)[2]. No obstante, y con objeto de adaptarla a la realidad y diversidad del colectivo de mujeres entrevistadas, hemos considerado necesario añadir una cuarta categoría (previa a las anteriores). La nueva categoría de usuarias elementales nos permite referirnos a aquellas mujeres que hacen uso de algunas herramientas genéricas (por ejemplo, los entornos de *software* más usuales, tipo Microsoft Office u otros similares), pero carecen de e-habilidades básicas (por ejemplo, pueden escribir en Word pero apenas conocen las posibilidades del programa y de los distintos menús interactivos).

Este capítulo incluye, además, un análisis que gira en torno a dos ejes fundamentales: las actitudes y las opiniones de las mujeres usuarias, por un lado, y el impacto de las nuevas

---

[2] Mas información en OECD, *ICTs and Gender,* 2007. Disponible en http://www.oecd.org/dataoecd/16/33/38332121.pdf.

tecnologías y las tendencias de cambio que se apuntan en la relación entre las TIC, la sociedad de la información y la igualdad de género, por otro. De las actitudes y opiniones nos interesa explorar las posturas de las mujeres respecto a las nuevas tecnologías, en concreto, su grado de dependencia y satisfacción, así como las ventajas y los riesgos que perciben respecto a su uso. Tras investigar las diferencias de género en el acceso, uso y habilidades respecto a las tecnologías, analizamos el impacto de las TIC y las tendencias de cambio. Para ello, exploramos el efecto de las nuevas tecnologías en la vida profesional y personal de las mujeres; en concreto, examinamos su influencia sobre las posibilidades de conciliación de la vida profesional y de la vida privada, así como respecto a la autonomía personal de las mujeres. Indagamos por último en los cambios generados por las nuevas tecnologías en el ámbito laboral, en particular en sus actitudes frente a formas emergentes de flexibilidad laboral, como el teletrabajo, así como en la relación entre la sociedad de la información y el empoderamiento de las mujeres en el sector TIC.

3. Perfiles de mujeres usuarias de TIC

3.1. *Estudiantes universitarias*

Las estudiantes universitarias que participaron en nuestra investigación tienen edades comprendidas entre los dieciocho y los veinticuatro años, cursan estudios universitarios de primer o segundo ciclo en diversas especialidades, algunas compatibilizan estudios y trabajo remunerado (tres de ocho), pero ninguna de ellas tiene menores a su cargo.

La mayoría está altamente familiarizada con las nuevas tecnologías, en gran medida porque han crecido con un ordenador en el hogar. Como consecuencia, y pese a su poca edad, tienen una e-experiencia media relativamente alta (en torno a los diez años).

Las estudiantes universitarias utilizan las TIC diariamente, entre dos y cinco horas, en relación con sus intereses académicos y de búsqueda de empleo. A diferencia de investigaciones previas que detectaban una cierta actitud pasiva de las estudiantes universitarias respecto a las TIC (Castaño, 2003 y 2005), hoy conciben Internet cada vez más como un medio de ocio, de comunicación y de búsqueda de la información que les interesa. Puesto que pertenecen a una generación que ha crecido con estas tecnologías, suelen, en términos generales, tener destreza en el manejo de las TIC, y, como consecuencia, entre este grupo de mujeres jóvenes predominan los perfiles de usuaria básica y avanzada.

3.2. *Profesoras de secundaria*

El perfil sociodemográfico correspondiente a las mujeres dedicadas a la docencia en Institutos de Educación Secundaria (IES) que participaron en nuestra investigación es el de usuarias con edades comprendidas entre los treinta y los cincuenta y cinco años, con estudios universitarios y especialización profesional tanto en áreas técnicas como sociales, la mayoría sin menores a su cargo (sólo dos de ellas tienen hijos).

Debido probablemente a cuestiones generacionales, su e-experiencia media es menor que la de las estudiantes universitarias, ya que oscila entre cuatro y diez años. Las profesoras de secundaria disponen de tecnologías de la información y comunicación en su entorno laboral, como herramienta fundamental para desempeñar su trabajo, pero cuando consideramos su nivel de conocimiento de las TIC, el perfil predominante es el de usuarias elementales. La explicación la encontramos al advertir que, si bien estas usuarias hacen uso de herramientas de naturaleza genérica y de determinados programas que necesitan para el desempeño de su trabajo (por ejemplo, para hacer presentaciones, buscar o mostrar información, redactar documentos o controlar la asistencia del alumnado), carecen de las habilidades básicas que les permitirían extraer mayor partido de las TIC. Es más, a diferencia de las profesoras universitarias (Castaño, 2003 y 2005), este grupo de mujeres usuarias, de acuerdo con el análisis de sus discursos, apenas utiliza el ordenador e Internet en su hogar o para cuestiones personales.

3.3. *Teletrabajadoras*

Un perfil interesante de usuaria de nuevas tecnologías corresponde a las mujeres teletrabajadoras, con edades comprendidas entre los veinticinco y los cuarenta y cinco años, profesionales independientes, con estudios universitarios o FP de grado superior, en áreas de conocimiento diversas. Sus modalidades de empleo y las situaciones profesionales son también heterogéneas y, mientras que algunas trabajan en su hogar de forma autónoma, otras lo hacen por cuenta ajena. A excepción de tres de ellas, las participantes no tenían menores a su cargo.

La mayoría tienen una experiencia en torno a diez años y hacen un uso diario del ordenador e Internet, por motivos profesionales y en tanto herramienta básica de comunicación y búsqueda de información. En el grupo de teletrabajadoras se detecta cierta diversidad de perfiles, si bien predomina el de usuaria básica o avanzada, ya que, además de manifestar interés por las nuevas tecnologías, no sólo manejan herramientas avanzadas del *software* genérico, sino también programas de Internet específicamente vinculados a los sectores en los que trabajan. Unido a las múltiples info-habilidades y e-habilidades que han desarrollado, conocen y desarrollan distintas utilidades respecto al teléfono móvil (por ejemplo, *bluetooth,* cámara de fotos o agenda), que les resultan especialmente beneficiosas en su actividad profesional cotidiana.

3.4. *Emprendedoras y empresarias*

Profesionales independientes con edades comprendidas entre veinticinco y cincuenta y cinco años, con estudios universitarios, diplomatura o licenciatura, e incluso estudios de posgrado o doctorado, tanto en especialidades técnicas como sociales. Su iniciativa les ha permitido establecer un negocio propio en ámbitos que van desde el sanitario, la consultoría y la investigación social a la informática, la logística o la artesanía. La mayoría no tiene menores dependientes a su cargo (sólo una de ellas tiene un hijo).

Su experiencia media en el uso del ordenador e Internet oscila entre ocho y quince años, pero es su edad y la generación a la que pertenecen lo que marca su experiencia con las TIC, y, por tanto, explica las diferencias en usos y habilidades entre unas y otras. En términos generales, este grupo de emprendedoras y empresarias hace un uso intensivo de las tecnologías en el desempeño de su trabajo, ya que son una herramienta de trabajo diaria indispensable. Si bien todas se encuentran familiarizadas con estas tecnologías y manejan con soltura los programas de su ámbito laboral, usan las TIC en menor medida para cuestiones personales y como herramienta de comunicación y ocio. En consecuencia, a excepción de una de ellas, que se puede considerar usuaria avanzada, el resto de las integrantes de este grupo presenta un nivel de info-habilidades y e-conocimiento propio de usuarias básicas, pues tienen la capacidad para usar las herramientas genéricas (tipo Office) que se necesitan para participar en la sociedad de información, el e-gobierno y la vida profesional, pero no van más allá.

3.5. *Ingenieras e informáticas*

Representan al grupo de mujeres jóvenes, entre treinta y treinta y cinco años, procedentes de ingenierías técnicas o superiores y de informática, si bien alguna de ellas también posee formación adicional de posgrado. Trabajan como ingenieras o informáticas en empresas nacionales, multinacionales o bancos. La mayoría de ellas no tiene menores a su cargo (sólo dos los tienen).

Pertenecen a una generación en la que aparecen considerables diferencias respecto a la familiaridad en el uso de las TIC. De esta manera, mientras que algunas de ellas han crecido con las nuevas tecnologías, otras no han tenido ordenador en el hogar hasta que comenzaron sus estudios universitarios. En consecuencia, su info-experiencia varía entre seis y veinte años, si bien la mayoría afirma haberse iniciado en Internet desde el momento de la eclosión de esta herramienta para usos privados. Estas mujeres usan las TIC a diario de manera intensiva en y para su trabajo. El tiempo que dedican al uso privado varía, aunque todas usan las nuevas tecnologías desde sus hogares para cuestiones relacionadas con la búsqueda de información, ocio (sobre todo viajes y espectáculos) y la comunicación con otras personas. El perfil de las ingenieras e informáticas es de usuarias avanzadas o especialistas, ya que, además de utilizar las tecnologías como herramienta indispensable para el desempeño de su trabajo, manejan también *software* avanzado y están capacitadas para desarrollar, operar y mantener sistemas TIC.

4. Actitudes y opiniones de las mujeres usuarias respecto a las nuevas tecnologías

La mayoría de las mujeres entrevistadas comparten una alta motivación y valoración de las oportunidades que ofrecen las nuevas tecnologías. Esta motivación está condicionada en gran medida por el hecho de disponer de las habilidades y soltura suficientes como para que la experiencia sea grata. Al analizar los discursos respecto a esta cuestión, observamos similitudes y diferencias, así como la importancia de los disparadores de necesidad (mecanismos impulsores que incentivan el acceso, uso y disfrute de las tecnologías) entre los diversos colectivos de usuarias.

Para la mayoría de las mujeres participantes en los grupos de discusión, los principales disparadores de necesidad han sido los estudios y el empleo. Para las más jóvenes, las estudiantes universitarias y las informáticas e ingenieras, los juegos han constituido una vía para aproximarse e iniciarse en las tecnologías desde la infancia. A diferencia de las investigaciones anteriores, en las que se adivinaba una actitud pasiva entre las estudiantes universitarias hacia las nuevas tecnologías (Castaño, 2003 y 2005), las mujeres que han participado en nuestro grupo se muestran altamente motivadas. La mayoría ha crecido con las TIC, por lo que se ha familiarizado rápidamente y ha aprendido a servirse de ellas. Todo ello a pesar de una cierta tecnofobia detectada entre sus referentes, las profesoras de secundaria, y, como consecuencia, de una formación informática y navegadora recibida en el colegio y en el instituto poco satisfactoria.

El entorno familiar, apoyo y referencia básico, es el que más ha favorecido y motivado el aprendizaje de las estudiantes. La libertad para explorar y la actitud de la familia para estimular el manejo de las tecnologías, enseñar y reconocer las habilidades aprendidas, se constituyen como elementos impulsores para las estudiantes universitarias. En este sentido, estas usuarias comparten con las informáticas e ingenieras el gusto por adentrarse en el mundo de las nuevas tecnologías, sin que la posibilidad de que se generen imprevistos o problemas al trastear sea un elemento desmotivador. Ambos grupos consideran las equivocaciones como parte del proceso de aprendizaje, y muestran una actitud aventurera que en cierta medida se asemeja a la de los hombres entrevistados.

La excepción son las profesoras de secundaria, que generalmente han desarrollado su trabajo haciendo un uso muy elemental del ordenador y de Internet. Ha sido el contacto y las necesidades generadas por el alumnado lo que ha impulsado su aproximación a las nuevas tecnologías. Entre ellas predomina, sin embargo, una actitud de recelo y malestar al percibir que las tecnologías y los sistemas implantados en los IES no se adecuan a sus necesidades cotidianas. En este sentido, y en tanto el profesorado se constituye como un grupo estratégico, que desempeña un papel fundamental en la educación y sirve como modelo de referencia, la tensa relación de las profesoras de secundaria con las TIC requeriría el desarrollo de un estudio de caso en profundidad sobre este colectivo, especialmente desde el punto de vista de la transmisión de estereotipos negativos acerca de las tecnologías.

La tecnofobia es el miedo irracional y exagerado a la tecnología. En el imaginario colectivo existe una visión idílica de la relación entre hombre y máquina (la tecnofilia masculina). De forma paralela, se atribuye a las mujeres una especie de resistencia patológica, consciente o inconsciente, a la cibercultura dominante (la tecnofobia femenina). Pero las generalizaciones conducen a errores y simplifican la realidad. Prueba de ello es que el mito de la supuesta tecnofobia femenina, o cierta computofobia, sólo se alimenta de los discursos y experiencias de las docentes entrevistadas.

Estas usuarias, con edades comprendidas entre los treinta y los cincuenta y cinco años, reconocen su resistencia a las tecnologías (bien porque no les resultan atractivas o porque no saben cómo lidiar con ellas). Algunas llegan a describir esta relación en términos de enemistad, al percibirlas cómo una amenaza, lo que conlleva en muchos casos la pérdida de autoestima y el rechazo de la cultura tecnológica. Otras, por su parte, manifiestan que las nuevas tecnologías parecen tener algo en su contra, y advierten que se sienten forzadas a doblegarse ante esta especie de imposición. A pesar de que es sólo una minoría de mujeres la que muestra una actitud claramente anti-tecnológica, los mecanismos culturales y los estereotipos y prejuicios sexistas se generalizan a todas las mujeres. Esto influye en los patrones educativos y puede conllevar, en algunos casos, la autoexclusión de las mujeres de la sociedad hipertecnificada en la que vivimos.

Los hombres, situados en el polo opuesto al de las profesoras de secundaria, usan las TIC con una finalidad tanto práctica como lúdica. Ellos muestran un extraordinario interés e incluso proclaman una cierta fascinación por las tecnologías y su funcionamiento. Puede decirse que son usuarios entusiastas del ordenador y de Internet, y no esconden que para ellos las tecnologías son la puerta a un mundo lleno de posibilidades.

Las jóvenes estudiantes universitarias y las informáticas e ingenieras son, por tanto, las usuarias que muestran mayor interés por el funcionamiento de las tecnologías, al tiempo que despliegan una soltura considerable en su manejo dentro de sus respectivos niveles de conocimientos. Sin embargo, y a pesar de responder al perfil de usuarias avanzadas y, en algunos casos, especialistas, no llegan a manifestar el mismo grado de fascinación por las TIC que los hombres entrevistados. Por todo ello, la evolución de las actitudes y aptitudes de estos colectivos en el futuro, en concreto entre las estudiantes universitarias, constituye todavía una incógnita.

Los tres puntos de vista más representativos manifestados por las mujeres entrevistadas respecto a las nuevas tecnologías se pueden sintetizar de la siguiente forma. En primer lugar, una actitud subraya la importancia de las tecnologías en cuanto que valiosas herramientas de trabajo y de ocio. A ello se suma, entre las usuarias y usuarios que se encuadran en esta categoría, un gusto manifiesto por trastear o explorar su funcionamiento y posibilidades. Esta es la actitud predominante entre los hombres entrevistados, así como entre las estudiantes universitarias y las ingenieras e informáticas, ambas usuarias más avanzadas que otros colectivos de mujeres.

Una segunda perspectiva considera que las nuevas tecnologías de la comunicación y de la información son una herramienta de trabajo esencial e imprescindible en la sociedad actual. Este punto de vista es mayoritariamente defendido por el grupo de teletrabajadoras y de emprendedoras y empresarias, usuarias básicas que aprovechan las ventajas que ofrecen las TIC para desarrollar, en beneficio propio, multitud de tareas cotidianas y profesionales.

En tercer lugar, emerge una actitud de desconfianza hacia las TIC y, por tanto, de escasa motivación respecto a su uso. Esta postura es predominante entre las profesoras de secundaria, usuarias elementales que, además de escasas info y e-habilidades, muestran un cierto recelo hacia las tecnologías.

5. Grado de satisfacción y dependencia de las tecnologías

Las diferencias de género en las aptitudes y actitudes respecto a las nuevas tecnologías son percibidas tanto por hombres como mujeres. Teniendo en cuenta la diversidad de los colectivos de mujeres participantes en los grupos de discusión, podemos señalar también diferencias respecto a su grado de satisfacción y dependencia.

Las teletrabajadoras, las ingenieras y las informáticas, así como las emprendedoras y las empresarias entrevistadas, afirman que en sus circunstancias actuales no podrían prescindir de las TIC. Estas usuarias muestran su preferencia por Internet y el ordenador en el ámbito laboral, y por el teléfono móvil en su vida personal, si bien muestran un alto grado de satisfacción con las posibilidades que ofrecen estas tecnologías.

Asimismo, a la mitad del grupo de estudiantes universitarias le cuesta imaginar su vida sin TIC, pues han crecido con ellas, mientras que la otra mitad señala que tendría que hacer un esfuerzo para acostumbrarse en el caso de que tuviera que prescindir de éstas. Para este grupo de mujeres jóvenes el teléfono móvil ocupa un lugar prioritario, y manifiestan su gusto por entablar largas conversaciones a través de esta herramienta. Por el contrario, los hombres entrevistados, que manifiestan un cierto «enganche» con las TIC, señalan que si bien no podrían prescindir de Internet y del ordenador, sí podrían hacerlo del teléfono móvil.

El único grupo que no tendría problemas para imaginar su vida sin tecnologías es el de las profesoras de secundaria. Gran parte de las profesoras entrevistadas pertenecen a generaciones que han crecido y se han desarrollado profesionalmente al margen de las nuevas tecnologías. A diferencia de otras mujeres, ni se han familiarizado con las TIC desde su infancia ni consideran que las tecnologías sean un soporte fundamental para el desempeño de su trabajo. Por tanto, su falta de satisfacción puede estar vinculada no sólo a que perciben riesgos derivados de las TIC, sino también al escaso uso que hacen de ellas; este último aspecto se deriva probablemente de una tradición educativa que vincula la tecnología con los hombres y desalienta a las mujeres. De hecho, ellas mismas atribuyen las diferencias de género en el uso de las TIC a la educación diferente que han tenido las mujeres. Así, la ausencia de familiaridad con las tecnologías, unida al consiguiente menor desarrollo de e-habilidades, genera desapego, al tiempo que dificultades para disfrutar de las ventajas de las TIC, lo que en última instancia puede reforzar la desmotivación.

En términos generales, la satisfacción con el uso de las nuevas tecnologías tiende a ser alta en todos los grupos, salvo entre las profesoras de secundaria. Predomina una alta estima de las ventajas que éstas ofrecen aunque, como veremos más adelante, la satisfacción depende de factores como las condiciones laborales, la valoración del tiempo de las mujeres y la demanda de disponibilidad procedente de su entorno.

6. Riesgos e inconvenientes relacionados con las TIC

Respecto a las desventajas, riesgos e inconvenientes que unas mujeres y otras perciben en relación con las nuevas tecnologías, comenzamos explorando el discurso de las profesoras de secundaria. Si bien hemos tratado de integrar de forma coherente los testimonios más relevantes de los diversos colectivos de mujeres, los de este grupo, el que más riesgos e inconvenientes destaca al hablar de las nuevas tecnologías, nos sirve como referencia para sintetizar los aspectos negativos que se asocian a las TIC.

Las profesoras de secundaria señalan, en primer lugar, que en los centros educativos se ha producido un aumento de control sobre el profesorado con la implantación de ciertos sistemas. De acuerdo con su testimonio, estas tecnologías, lejos de facilitar y agilizar el trabajo, tienden a hacerlo más arduo y espinoso. Así, por ejemplo, una incidencia técnica o un virus puede a menudo suponer la paralización o la pérdida de un día de trabajo completo.

Existe también una cierta preocupación, tanto por parte de las docentes como de la mayoría de informantes de los diversos grupos de discusión, por el riesgo de que las TIC afecten negativamente a las relaciones personales. Algunas mujeres señalan, incluso, que pueden llegar a sustituir las relaciones cara a cara por las relaciones virtuales. Las estudiantes universitarias manifiestan un cierto temor ante los riesgos que conllevaría de deshumanización de las relaciones. Para justificar su argumentación describen situaciones reales de acoso escolar a través del *chat,* así como cierta tendencia al abuso de las tecnologías por parte del alumnado, lo que a menudo les conduce a un individualismo excesivo y al aislamiento social.

Asimismo, y debido fundamentalmente a la naturaleza de su trabajo, las profesoras de secundaria señalan un cierto deterioro del lenguaje entre el alumnado, consecuencia del uso de ciertas tecnologías (por ejemplo, el envío de mensajes de texto a través de los teléfonos móviles, o sms). Al mismo tiempo, subrayan su preocupación ante la abundancia de información en la red, lo que supone una pérdida de tiempo en filtrar datos y dificultades a la hora de discernir las fuentes fiables de las que no lo son. Este problema se agudiza entre el alumnado debido a su falta de criterio para filtrar la información (info-intoxicación) y a su exceso de credibilidad respecto a Internet.

Al hablar de los riesgos digitales, la mayoría de las integrantes de los grupos de discusión también mencionan que resulta fácil, especialmente para los y las menores, acceder a información potencialmente dañina (por ejemplo, pornografía y contenidos violentos). A esta crítica se une la inquietud por otros riesgos a los que se enfrentan las y los internautas (por ejemplo, los fraudes y los timos). Como consecuencia, y principalmente entre las informáticas e ingenieras, se aboga por una urgente regulación de los contenidos en la red. Aunque no parece sencillo ofrecer una propuesta que elimine los problemas que genera Internet sin renunciar a sus ventajas.

La mayoría de las y los informantes señalan la exigencia social de permanente disponibilidad que implican algunas tecnologías (por ejemplo, el teléfono móvil), especialmente los integrantes del grupo de hombres. También se señalan las dificultades para poner límites al propio trabajo.

Se advierte del potencial adictivo de las nuevas tecnologías, una inquietud manifestada principalmente por emprendedoras y empresarias. Emerge, por tanto, una conciencia creciente respecto a la aparición de nuevas adicciones, tanto a Internet, al teléfono móvil, a los *chats,* como al reforzamiento de otras tradicionales (como la ludopatía o la adicción a las compras).

Si bien es cierto que las profesoras de secundaria tienen mayor capacidad que otros grupos para conocer los problemas que están surgiendo en el uso de las TIC entre la juventud, sus recelos parecen ir incluso más allá de las situaciones que están percibiendo y viviendo en las aulas. Así, algunas consideran que las tecnologías y, en concreto, Internet, su «columna vertebral», pueden amenazar la supervivencia de otro tipo de ocio como el cine, el teatro y ciertos espectáculos que pueden ver peligrar su futuro debido a las frecuentes descargas de música y cine en la red.

7. La brecha digital de género: ¿una cuestión de oportunidades?

Una vez constatada la brecha digital de género desde el punto de vista del acceso, observamos que también existen diferencias importantes entre hombres y mujeres desde el punto de vista de los usos. Respecto al teléfono móvil, por ejemplo, predomina la opinión, ratificada por los datos del capítulo 2, de que las mujeres lo utilizan en mayor medida que los hombres para conversar y relacionarse con fines lúdicos y de ocio, mientras que los hombres tienden a hacer un uso más práctico, con carácter profesional y menos intenso. Asimismo, y si bien entre las generaciones más jóvenes se aprecian menos diferencias, se observa la tendencia contraria respecto a Internet. Frente a usos más prácticos de las mujeres, se asocia a los hombres con un uso más intensivo y lúdico, relacionado con el ocio y el consumo (Castaño, Martín y Vázquez, 2008). La pregunta que nos planteamos es: ¿a qué se deben estas diferencias? ¿Son consecuencia de una divergencia de actitudes y aptitudes o es una cuestión de diferencia de oportunidades?

Los usos que hacen las jóvenes estudiantes universitarias y las informáticas e ingenieras incluyen tanto cuestiones prácticas como lúdicas. De hecho, las estudiantes señalan una cierta evolución en su relación con las TIC, al reorientar un uso puramente lúdico de estas tecnologías hacia otros vinculados a cuestiones prácticas (desarrollo de tareas escolares) y relacionales (comunicarse con otras personas). La mayoría de las estudiantes universitarias no percibe grandes diferencias de habilidades entre chicas y chicos de su generación, aunque sí en las que les preceden.

Algunos hombres consideran, asimismo, que las diferencias se deben más a la edad y a la forma de vida que al género. Entre los hombres que perciben diferencias de uso entre uno y otro sexo predominan tanto los argumentos que apuntan al mayor interés y destreza de los hombres respecto a las tecnologías como los que mencionan el uso de la red de naturaleza más pragmática que tienden a hacer las mujeres. Pero, si bien señalan la diferencia de roles entre hombres y mujeres, matizan que hay mujeres, sobre todo en las generaciones jóvenes, que también muestran gran interés y destreza con las TIC.

La mayoría de las informantes coinciden, sin embargo, en que los usos que hacen las mujeres son todavía eminentemente prácticos y vinculados al desarrollo de tareas relacionadas con su profesión o estudios, la comunicación, la búsqueda de información, la lectura de prensa o la compra de viajes y espectáculos. Subrayan su menor disponibilidad de tiempo para dedicar a las nuevas tecnologías (debido a que tienden a asumir la mayor parte del trabajo doméstico y las responsabilidades familiares). Éste es uno de los factores que influyen, en opinión de las mujeres entrevistadas, en el desigual acceso y uso de las TIC por razón de sexo. Pero además de la asignación de roles de género señalan que son las diferentes oportunidades que tienen unos y otras (asociadas a cuestiones históricas, socio-educativas o laborales) lo que marca las diferencias.

Varios son, por tanto, los motivos a los que se atribuyen las diferencias de género con respecto a las tecnologías. En primer lugar, los factores socio-educativos e históricos y la incorporación tardía de la mujer al empleo. Tradicionalmente se ha estimulado a los hombres a utilizar la tecnología y se les ha transmitido más confianza en las máquinas, sin que la educación haya motivado a las mujeres de la misma manera. Los hombres, asimismo, han tenido más acceso a las TIC a través del empleo, mientras que la incorporación masiva de las mujeres es más reciente. Estas barreras culturales así como la estructura de oportunidades contribuyen a un menor acceso y uso de las nuevas tecnologías por parte de las mujeres con respecto a los hombres y, por tanto, a reforzar la brecha digital de género.

Señalan también, en segundo lugar, factores individuales propios de las mujeres. A excepción de las más jóvenes, manifiestan que las mujeres suelen tener menor interés por las tecnologías que los hombres. La mayoría de las informantes que sostienen este argumento lo vinculan a factores socio-educativos, como que las mujeres tienden a delegar en los hombres las tareas relacionadas con las tecnologías o, al menos, las más sofisticadas.

En tercer lugar, una minoría atribuye a factores biológicos la brecha digital de género. Los estereotipos sociales desempeñan aquí un papel crucial, ya que la creencia de que las mujeres no son buenas en ciencias y tecnología se suele atribuir a limitaciones biológicas del sexo femenino. Este grupo de informantes apela, por tanto, al mito de la mayor inteligencia verbal y disponibilidad hacia las relaciones humanas de las mujeres, frente a la mayor habilidad tecnológica de los hombres para explicar las diferencias.

Frente a este argumento de naturaleza esencialista, algunas informantes del grupo de profesoras de secundaria presentan explicaciones relacionadas con el diseño de las propias tecnologías. La innovación tecnológica no lleva necesariamente aparejada la superación de las desigualdades. Las tecnologías no son neutrales en materia de género, y la mayoría de los contenidos de Internet están pensados para hombres, lo que excluye a muchas mujeres. Como consecuencia, persiste el dominio masculino sobre un ciberespacio a cuyos parámetros, diseñados y configurados a imagen y semejanza de los hombres, se espera que se adapten las mujeres (convirtiéndose en meras usuarias pasivas).

Por último, se señalan factores económicos. El acceso a las nuevas tecnologías está indiscutiblemente ligado a una cierta capacidad adquisitiva. Hombres y mujeres han disfrutado tradicionalmente de niveles diferentes de acceso a los recursos financieros y al control sobre ellos, tanto en la esfera pública como en la privada. En tanto en cuanto los hombres suelen tener más poder adquisitivo y recursos económicos que las mujeres, tienen más facilidades de consumo y apropiación de las TIC.

8. Impacto de las TIC y tendencias de cambio

De acuerdo con Bonder (2002), las visiones más optimistas sobre las nuevas tecnologías subrayan su potencial para estimular la participación, la transparencia y la movilización y les adjudican unas virtudes democratizadoras y emancipadoras. Frente a lo anterior, visiones más pesimistas ponen el énfasis en los peligros de potenciar la sociedad de consumo, el desempleo, el control social de la vida privada, la homogeneización cultural, la discriminación y la alienación. Es cierto que, a pesar de la difusión de Internet, sólo determinados colectivos de mujeres tienen acceso a esta herramienta y disfrutan de todas las ventajas que ofrece. Queda por ver hasta qué punto las nuevas tecnologías ayudan a mejorar las oportunidades laborales de las mujeres o facilitan la conciliación profesional y la autonomía personal. En el siguiente apartado tratamos de aproximarnos a estas cuestiones, así como a los retos y oportunidades que ofrecen las TIC en términos de empoderamiento femenino.

8.1. *¿Facilitan las TIC la conciliación de la vida familiar y profesional? Autonomía personal, disponibilidad y usos del tiempo*

Los hombres entrevistados describen una relación compleja entre nuevas tecnologías y conciliación, si bien señalan que el resultado final es más bien una cuestión de autodisciplina, de saber poner límites y del valor que se otorgue al trabajo. Ellos manifiestan gran autonomía personal respecto al uso de su tiempo, una visión que difiere cuando la comparan con las mujeres de su entorno. Las tecnologías pueden tener efectos contradictorios en la vida personal y laboral de ellas, y al mismo tiempo que les permiten estar en casa con sus hijos *[sic],* también pueden conducirlas a una especie de esclavización, pues la empresa les exige estar disponibles siempre que lo requiera y, además, apenas disponen de tiempo de ocio propio.

Respecto a la cuestión de si las TIC facilitan la conciliación de la vida laboral y personal, observamos dos puntos de vista claramente diferentes. Un primer grupo de mujeres considera que las nuevas tecnologías facilitan la conciliación, en tanto en cuanto agilizan el desarrollo de determinadas tareas, al tiempo que permiten ahorrar tiempo (por ejemplo, en desplazamientos o trámites) y organizar la agenda en función de las propias necesidades.

Un segundo grupo de informantes argumenta que las nuevas tecnologías generan efectos contradictorios sobre el empleo y la conciliación en los términos siguientes. Si bien consideran que las TIC permiten agilizar determinadas tareas y ahorrar tiempo, reconocen que a veces implican nuevas tareas y, a menudo, generan sobrecarga de trabajo. No sólo porque se difuminan las fronteras entre la esfera privada y la laboral, sino también porque contribuyen a alargar la jornada (por autoexigencias de la persona o por exigencias de la empresa). Si la jornada laboral se extiende demasiado o si se tienen dificultades para poner límites a las demandas de la empresa o de la familia, las TIC pueden afectar a la vida personal y limitar el tiempo de ocio personal.

Se apunta también que la difusión de las nuevas tecnologías puede conllevar el riesgo de confinamiento de las mujeres en el hogar. Esto supondría, empleando la expresión de la socióloga M.ª Ángeles Durán, volver a recluirlas «de puertas adentro». Como consecuencia, las nuevas tecnologías ayudarán o, por el contrario, dificultarán la conciliación en función de las condiciones laborales, así como de factores relacionados con la autonomía personal, la disponibilidad y los usos del tiempo.

La autodisciplina, la capacidad para aprovechar los momentos de mayor productividad o el reparto del trabajo doméstico entre los diferentes miembros del hogar son, por tanto, factores que determinan la capacidad personal para organizar el tiempo propio y beneficiarse de las nuevas tecnologías. Respecto a esta cuestión, la mayoría de los hombres se describen como autónomos y dueños de su tiempo, y manifiestan separar claramente su vida familiar y profesional (aunque obvian cualquier referencia al desempeño del trabajo doméstico o de las responsabilidades familiares). En consecuencia, señalan que hacen un uso de las TIC adecuado a sus necesidades (con la excepción de uno de ellos, que manifiesta estar enganchado al móvil), al tiempo que atribuyen la dependencia respecto a las tecnologías al mal uso (que observan, sobre todo, entre los jóvenes) y a las excesivas demandas sociales.

En el discurso de las mujeres entrevistadas, por el contrario, la cuestión del trabajo doméstico y la dedicación a las relaciones personales está mucho más presente. En muchos casos, su tiempo está ligado a la disponibilidad para otros (familia, empresa o amistades) más que para ellas mismas. De hecho, mientras que la mayoría de los hombres entrevistados indica que desconecta el móvil cuando lo desea, entre las mujeres (con la excepción de las profesoras de secundaria) es más corriente que exista malestar ante la posibilidad de no estar disponible cuando alguna persona requiera su atención.

Entre las estudiantes universitarias, las informáticas e ingenieras, las teletrabajadoras, y las emprendedoras y empresarias entrevistadas, existen diferencias entre quienes manifiestan hacer un uso de las TIC adecuado a sus necesidades y quienes consideran que no resulta tan fácil poner límites a las demandas ajenas (de la empresa o de otras personas). A diferencia de éstas, las profesoras de secundaria entrevistadas, que apenas utilizan las nuevas tecnologías, no se sienten obligadas a estar disponibles permanentemente, por lo que tampoco muestran una gran dependencia de ellas. Las posibilidades de conciliación personal y profesional de unas y otras, en función de la naturaleza de su trabajo y de sus actitudes y aptitudes respecto a las tecnologías, son a todas luces divergentes. Como consecuencia de lo anterior, además de trabajar para aproximar la tecnología a las mujeres y desarrollar empatías (por ejemplo, adaptando los contenidos y usos de las TIC a sus necesidades y demandas actuales), no debemos olvidar que la relación de las mujeres con las tecnologías está supeditada a su autonomía, a la organización de su tiempo y a las posibilidades de conciliación familiar y laboral.

8.2. *El teletrabajo*

La organización del trabajo ha sufrido importantes transformaciones como consecuencia de la implantación de las nuevas tecnologías. Éstas permiten trabajar desde cualquier lugar y, en principio, pueden facilitar el equilibrio entre la vida laboral y la familiar, todo un reto para empresas cada vez más conscientes del valor del capital humano y la diversidad de los recursos humanos. Las TIC, en la medida en que permiten flexibilizar el entorno de trabajo y adoptar nuevos modelos de interacción, pueden constituir una herramienta fundamental en el camino hacia la igualdad. La dificultad radica en que el desarrollo de modelos flexibles, como el teletrabajo, está ligado a la cultura organizativa de las empresas e instituciones, que, como veremos en el capítulo siguiente, está basada en el presentismo y en un profundo gregarismo.

Entre los efectos positivos y cuantificables del teletrabajo pueden señalarse el ahorro de costes para la empresa, la reducción de la contaminación, un mayor equilibrio entre el trabajador o trabajadora y su entorno familiar, la incorporación al trabajo de colectivos de difícil inserción laboral, así como la mejor optimización del tiempo. Pero ¿cuál es la opinión de las informantes sobre el teletrabajo? ¿Lo consideran como una panacea, solución a los problemas de conciliación de la vida familiar y laboral, o, por el contrario, lo perciben como un arma de doble filo para las mujeres?

Respecto a los cambios que han generado las nuevas tecnologías de la información en el empleo, el grupo de emprendedoras y empresarias subraya la extensión de un modelo de desarrollo demasiado centrado en el trabajo y que infravalora el papel de las relaciones personales. Por un lado, valoran altamente las ventajas de las TIC para el desarrollo de sus negocios. Consideran que las nuevas tecnologías han supuesto un gran avance, en tanto en cuanto herramienta fundamental e indispensable para el desarrollo de sus respectivas profesiones, y subrayan que han transformado radicalmente su forma de trabajar (al facilitar, por ejemplo, la autonomía para el desarrollo de determinadas tareas desde un lugar remoto o la posibilidad de atender a clientes desde ventanas virtuales).

Las emprendedoras y empresarias entrevistadas observan, por otro lado, efectos contradictorios de las TIC con respecto al empleo, y destacan la tendencia a la precarización de las condiciones laborales y la pérdida de capacidad de trabajadores y trabajadoras para defender sus derechos en un contexto de aislamiento e individualización de las relaciones laborales. Añaden, además, determinadas incidencias que suponen en ocasiones una duplicidad de trabajo (por ejemplo, al preparar alternativas para un posible bloqueo de lo que se había preparado), al tiempo que fomentan un modelo que deja poco espacio para familia y amistades.

La mayoría de las informantes de los distintos grupos expresan cierta inquietud e incluso malestar respecto al teletrabajo. Lo perciben como un arma de doble filo. Varias informantes del grupo más cercano a esta realidad, el de las teletrabajadoras, al igual que se ha observado en otros estudios previos (Castaño, 2003), muestran satisfacción hacia esta modalidad de trabajo. Señalan que las nuevas tecnologías facilitan la organización del tiempo en función de las propias necesidades y posibilitan trabajar desde casa evitando desplazamientos, por lo que mejoran la calidad de vida. No todas, sin embargo, subrayan sus bondades, sino que más bien lo presentan como una trampa, al ser una modalidad de empleo que se ofrece como medida de conciliación casi en exclusiva a mujeres. En consecuencia, el trabajo doméstico y de cuidados sigue atribuyéndose a éstas.

La mayoría de las informantes del grupo de informáticas e ingenieras sostiene también que la posibilidad de continuar el trabajo desde el hogar se puede convertir en un arma de doble filo, ya que facilita demandas abusivas por parte de la empresa, al tiempo que dificulta desconectar de las responsabilidades laborales durante el tiempo de ocio. El teletrabajo, apuntan, comparte la devaluación que tiene el trabajo doméstico, pues al ser realizado desde el hogar no recibe el mismo reconocimiento social que el empleo presencial en las organizaciones.

Las teletrabajadoras entrevistadas, conscientes de esta falta de valoración, señalan otros inconvenientes entre los que podemos destacar: las dificultades para poner fin a la jornada laboral; el riesgo de confinamiento de las mujeres en el hogar; su ausencia de los espacios donde se maneja información importante para la promoción o el mantenimiento del puesto de trabajo, y las reducciones del salario que en ocasiones conlleva. Sin embargo, las nuevas tecnologías están teniendo un papel protagonista a la hora de buscar soluciones de conciliación en las empresas, aunque siempre teniendo en cuenta las particularidades de cada sector. Consideran, por tanto, las teletrabajadoras que esta modalidad de empleo podría beneficiar a las mujeres si se ofreciera como medida de conciliación para uno y otro sexo (y no sólo para las mujeres). Consideran, asimismo, que facilitaría el empleo autónomo a aquellas que no encuentran trabajo dentro del mercado laboral asalariado.

El teletrabajo y el horario flexible como herramientas que facilitan la flexibilidad de tiempo y espacio tienen efectos diferentes sobre empresas y personas empleadas. La clave radica en la evolución de la gestión y la organización del trabajo hacia modelos comprensivos que eviten el aislamiento y favorezcan la interacción y la mejora de las condiciones laborales.

8.3. *Las TIC y el empoderamiento de las mujeres*

Respecto a la relación entre la sociedad de la información y el empoderamiento de las mujeres, en cuyo análisis se profundizará en el capítulo siguiente, existe el peligro de que se produzca un trasladado de los roles habituales de género al campo de las nuevas tecnologías. Las mujeres todavía no se han aproximado de forma masiva a las tecnologías, no existen muchas especialistas en estas áreas de conocimiento y les cuesta alcanzar puestos de dirección.

La mayoría de las informáticas e ingenieras entrevistadas, el grupo que tiene un contacto más directo con la realidad de la situación de las mujeres en el sector TIC, ponen de relieve tanto su presencia minoritaria, especialmente en puestos directivos, como su diferente estatus profesional, generalmente más vinculado a la atención al cliente y menos al desarrollo de *software* y a la creación de contenidos. Ante esta observación, el grupo ofrece dos tipos de explicaciones. Por un lado, atribuyen la escasa presencia de mujeres en puestos directivos a la discriminación sexista (sostenida por la mayoría). Así, independientemente de sus méritos, rendimiento y horas de dedicación al puesto de trabajo, sugieren que las mujeres encuentran más obstáculos que los hombres. Estas dificultades, argumentan, aumentan cuando tienen hijos (o mayores) a su cargo, debido a la falta de ayudas e infraestructuras necesarias para facilitar la conciliación. Como consecuencia de lo anterior, aun en el caso de que las mujeres puedan conciliar la vida privada y la profesional, la discriminación (directa o indirecta, de naturaleza sutil o explícita), dificulta que logren sus aspiraciones profesionales y puedan competir en igualdad de oportunidades con sus homólogos masculinos.

Por otro lado, algunas explicaciones atribuyen la desigualdad a decisiones de las propias mujeres, ya sea porque éstas suelen optar por carreras vinculadas a humanidades y ciencias sociales o debido a su mayor dedicación a la vida privada y la maternidad. En el sector TIC prima una cultura del presentismo basada en largas jornadas —aunque resulten menos productivas— y en estereotipos de género. Se asume que las mujeres dan prioridad a la maternidad, a las relaciones y a la vida privada. Por esa razón, el empresariado tiende a contratar preferentemente a hombres, presuponiendo que suelen mostrar más interés y disponibilidad para el empleo. Este argumento vincula además la conciliación de ambas esferas a la presión social que se ejerce sobre las mujeres (además de la que ellas ejercen sobre sí mismas). Las mujeres han de ser *superwoman,* o, lo que es lo mismo, buenas profesionales y mejores madres, lo que a menudo conlleva frustraciones al producirse el choque entre las expectativas y las posibilidades de realización (Vázquez, 2007). Según esta postura, si una mujer quiere ser directiva, puede hacerlo siempre que renuncie a su vida privada o a parte de ella.

Este punto de vista es contestado por la mayoría de las informantes, que consideran que es posible conciliar la esfera personal y la profesional. Atribuyen las dificultades para la conciliación a la discriminación y a una cultura organizativa que premia las largas jornadas en lugar de la organización del tiempo de trabajo en función de objetivos y resultados. De hecho, la mayoría de la ingenieras e informáticas entrevistadas describen casos de discriminación hacia mujeres que, independientemente de sus aptitudes y actitudes, han dejado de ser promocionadas con el argumento de que van a ser madres o, en el caso de que ya lo fuesen, de que van a dar prioridad a la maternidad frente al empleo.

9. Conclusiones

¿Cómo es posible que hoy en día se generalice el acceso a Internet y a las TIC, mientras que la brecha digital de género no sólo persiste, sino que, además, se diversifica? ¿Se debe esto a la menor incorporación de las mujeres al mercado laboral? ¿A que están en entornos menos informatizados? ¿Es consecuencia de que disponen de menos recursos financieros para hacer frente a los costes de equipamiento, acceso y alfabetización tecnológica? ¿Tienen las mujeres un problema de actitud y de falta de motivación por las nuevas tecnologías, o el principal obstáculo con el que se encuentran es superar las dificultades que conlleva conciliar vida familiar y profesional? Como se ha señalado, no hay respuestas universales y es en los testimonios y discursos de los diferentes colectivos de mujeres entrevistadas donde encontramos algunas claves.

Resulta evidente que el volumen de población usuaria ha aumentado de forma considerable en los últimos años. Pero este aumento se ha producido fundamentalmente entre las generaciones jóvenes, donde las diferencias entre unas y otros son menores. La alfabetización digital y la formación tecnológica, tanto en la escuela como en el ámbito familiar o en el contexto laboral, han permitido que las jóvenes estudiantes universitarias, al igual que las ingenieras e informáticas, se adentren sin miedo en el mundo de las nuevas tecnologías. Estas mujeres, que responden al perfil de usuarias avanzadas, además de hacer un uso intensivo y caracterizado por una gran fluidez, se interesan por la tecnología en sí misma y por conocer su funcionamiento. Ellas disponen de las actitudes y aptitudes necesarias para moverse con soltura en un mundo que hasta ahora se consideraba ajeno a las mujeres.

En el polo opuesto encontramos a las profesoras de secundaria. Este grupo de mujeres, que responden al perfil de usuarias elementales, mantiene un discurso que nos permite constatar que la tecnología no es suficiente. El conocimiento, el interés y la adaptación de las TIC a las necesidades de las mujeres también son necesarios. Las aptitudes y actitudes digitales condicionan la relación con las tecnologías. De esta manera, mientras que estudiantes, informáticas e ingenieras consideran que las tecnologías facilitan la vida, ya que se pueden usar en función de las propias necesidades, las profesoras de secundaria las perciben como generadoras de control y de exigencias abusivas.

La actitud ante nuevas formas de empleo, como el teletrabajo, revela una vez más matices diversos. Para algunas informantes puede contribuir a mejorar la calidad de vida, favorecer la creación de redes y aumentar las oportunidades de participación social. Por el contrario, una visión menos optimista subraya que las nuevas tecnologías han intensificado la carga laboral, además de ampliar la jornada y el control por parte de las empresas. Se constituyen en nuevos «guetos» para las mujeres. De esta forma, se pone de manifiesto que, si bien las tecnologías pueden contribuir a mejorar la calidad de vida de las mujeres, también pueden convertirse en un elemento de desigualdad.

La realidad muestra que persisten barreras que inhiben y dificultan el uso de las nuevas tecnologías por parte de las mujeres, así como su acceso a puestos de poder y responsabilidad en las cúpulas directivas de las grandes empresas del sector TIC. Todas las informantes coinciden en que son los roles de género y las diferentes oportunidades que tienen unos y otras (asociadas a factores históricos, socio-educativos, laborales o culturales) lo que marca las diferencias respecto a las nuevas tecnologías.

Los discursos de las mujeres usuarias señalan que la brecha digital de género es, en primer lugar, consecuencia de su desigual acceso a la educación y formación. La tardía incorporación de las mujeres al mercado laboral, en concreto a aquellos sectores más informatizados, es también un obstáculo importante. Las mujeres carecerían, por tanto, de esos disparadores de necesidad que las empujarían a adquirir habilidades tecnológicas para desempeñar sus empleos. Como consecuencia de su menor incorporación al mercado de trabajo y de las diferencias salariales, afirman, las mujeres también disponen de menos recursos financieros que los hombres, lo que dificulta su plena participación en el ciberespacio. Asimismo, la mayoría se enfrenta diariamente a una doble jornada, por lo que su disponibilidad de tiempo y su autonomía personal son menores que las de sus homólogos masculinos. Estas desventajas se relacionan, además, con los patrones de socialización en tanto en cuanto refuerzan imágenes que adjudican a las mujeres una actitud pasiva frente a las tecnologías, las representan como poco hábiles y, en resumen, refuerzan el mito de la tecnofobia femenina.

La sociedad de la información entraña nuevos retos, al tiempo que ofrece la oportunidad de construir una igualdad real entre hombres y mujeres. Las TIC no son neutrales respecto al género. El ciberespacio está dominado y controlado por hombres, y da poca cabida a los intereses y deseos de las mujeres. Se apunta en el *Plan estratégico de igualdad de oportunidades (2008-2011)* que es esencial «el acceso en igualdad al núcleo de la práctica científica y tecnológica, para remodelarla, añadiendo la perspectiva y las necesidades de las mujeres» (pág. 50). Es, por tanto, necesario transformar la realidad virtual en la que nos encontramos y abrir nuevos horizontes que permitan que las mujeres aporten su propia mirada.

No es posible dar la espalda a las mujeres. En primer lugar para evitar que su tradicional exclusión de la vida política, económica, social y cultural se transfiera al ciberespacio. En segundo lugar, porque las diferencias se pueden agravar con el paso del tiempo, y las brechas digitales pueden ahondarse. Por último, porque no podemos permitirnos desperdiciar el talento femenino. Para ello, es necesario dar respuesta a sus demandas y expectativas. Las mujeres no pueden ser usuarias pasivas, sino que deben emerger como generadoras activas y creadoras. Las mujeres deben integrarse como agentes de cambio y ser verdaderas protagonistas en la sociedad hipertecnificada.

Bibliografía

Bonder, G., *Las nuevas tecnologías de la información y las mujeres: reflexiones necesarias,* Santiago de Chile, Comisión Económica para América Latina y el Caribe (CEPAL), División Mujer y Desarrollo, Serie Mujer y desarrollo, núm. 39, 2002, http://www.eclac.cl/publicaciones/xml/6/10626/lcl1742e.pdf [fecha de consulta: mayo de 2008].

Castaño, C. (dir.), *Las mujeres andaluzas y la sociedad de la información,* Sevilla, Instituto Andaluz de la Mujer, 2003.

— *Las mujeres y las tecnologías de la información: Internet y la trama de nuestra vida,* Madrid, Alianza, 2005.

Castaño, C., Martín, J. y Vázquez, S., «La "e-inclusión" y el bienestar social: una perspectiva de género», *Revista de Economía Industrial,* núm. 367, *Retos y oportunidades para el sistema productivo español,* 2008, págs. 139-152. Disponible en http://www.mityc.es [fecha de consulta: mayo de 2008].

Castaño, C. *et al., Observatorio e-igualdad. Informe final,* 2007, disponible en http://www.e-igualdad.net [fecha de consulta: mayo de 2008].

Ministerio de Trabajo y Asuntos Sociales, *Plan estratégico de igualdad de oportunidades (2008-2011),* 2007, http://www.mtas.es/igualdad/PlanEstrategico.pdf [fecha de consulta: mayo de 2008].

OCDE, *ICTs and gender,* DSTI/ICCP/IE(2006) 9/Final, París, OCDE, 2007, http://www.oecd.org/dataoecd/16/33/38332121.pdf [fecha de consulta: mayo de 2008].

— *Working party on the information economy,* Directorate for Science, Technology and Industry, Committee for Information, Computer and Communication Policy, 29 de marzo de 2007.

Vázquez, S., «Mujeres jóvenes: retos y oportunidades», *Criterios Res Publica Fulget: Revista de Pensamiento Político y Social,* 8, 2007, págs. 121-146.

Capítulo 5

El discurso de las mujeres líderes

Susana Vázquez

1. Introducción

La creatividad y el talento son factores que las empresas manifiestan tener muy en cuenta en la selección y promoción del personal. Investigaciones previas han constatado que las empresas en cuya cúpula directiva y consejos de administración participan hombres y mujeres mejoran su funcionamiento, ya que no sólo se cuenta con diversidad de puntos de vista, sino que ello estimula la creatividad y la innovación empresarial (Robinson y Dechant, 1997; Tyson, 2003). Así mismo, se aprecia una correlación estadística entre presencia femenina y mejora de la rentabilidad económica/financiera de la empresa (Adler, 2001; Carter *et al.,* 2003; Catalyst, 2004; Redondo y Jimeno, 2005). La estrategia parece ser, por tanto, aumentar, tanto cuantitativa como cualitativamente, la participación de las mujeres, en cuanto factor de cambio e impulsor del sector TIC. Pero la presencia de las mujeres en la toma de decisiones es minoritaria, tanto en los consejos de administración como en los puestos de alta dirección de las empresas punteras del sector tecnológico.

El peso económico del sector de las nuevas tecnologías es evidente. Los datos más recientes de la Comisión Europea revelan que el sector de las empresas tecnológicas representa el 5,3 por 100 del PIB y un 4 por 100 de los puestos de trabajo (Comisión Europea, 2007). La proporción de mujeres que trabajan en empresas del sector TIC es, sin embargo, variable, y oscila entre el 6 por 100 de Luxemburgo y el 41 por 100 de Lituania[1]. En España, el peso de las mujeres en el sector de las tecnologías de la información constituye el 34,5 por 100, una cifra que se aproxima a la que representan las mujeres en el conjunto de los sectores de la economía (IFEMA e Infoempleo, 2008).

Al igual que en el resto de los ámbitos profesionales, persiste la denominada segregación horizontal en todos los niveles jerárquicos, de forma que las mujeres directivas están más representadas en las áreas de calidad, auditoría y organización y recursos humanos, pero son menos numerosas en áreas de informática, servicios generales y producción:

> Existen diferencias significativas entre mujeres y hombres en cuanto al empleo relacionado con las TIC, pues las mujeres tienden a tener bajas tasas de empleo en ocupaciones especializadas (por ejemplo ingenieras de sistemas, especialistas en tecnologías de la información), y entre las usuarias intensivas de las TIC cuentan con una mayor representación las secretarias y mujeres ocupadas en tareas de oficina que las que tienen ocupaciones profesionales (OCDE, 2007, pág. 41).

[1] Más detalles en «La participación profesional de la mujer y las TIC: un gran potencial por aprovechar», IP/07/305, Bruselas, 8 de marzo de 2007. Disponible en http://europa.eu/rapid/pressReleases Action.do?reference=IP/07/305&format=PDF&aged=0&language=ES &guiLanguage=en.

Se calcula que en el futuro habrá escasez de mano de obra con cualificaciones TIC: unas trescientas mil personas en 2010. Esto podría suponer una gran oportunidad para las mujeres. Sin embargo, un estudio de la OCDE (2007) revela que la proporción de mujeres diplomadas en TIC ha disminuido en Europa (en informática, por ejemplo, se ha pasado de un 25 por 100 en el año 1998 a un 22 por 100 en 2006) y advierte de la brecha de género en el acceso a empleos cualificados en el sector. Asimismo, en un momento de aumento de la demanda de profesionales en el sector TIC, la Comisión Europea ha alertado sobre el interés decreciente de las mujeres hacia este tipo de carreras[2]. Una tendencia que no contribuirá a que aumente (ni cuantitativa ni cualitativamente) la presencia de las mujeres en empresas TIC.

Es también creciente la preocupación por la escasez de mujeres en puestos de responsabilidad directiva en el sector. El número de mujeres que ocupa puestos de responsabilidad directiva es todavía muy bajo y, como muestra la Tabla 1, tiende a disminuir a medida que aumenta la categoría profesional.

TABLA 1

Mujeres directivas en empresas del sector TIC

	Hombres	Mujeres
Directivos TIC	87,8 %	12,2 %
Mandos TIC	75,2 %	24,8 %
Técnicos TIC	85,6 %	14,4 %

Fuente: Observatorio Salarial de ICSA Recursos Humanos, 2007.

---

[2] Para frenar esta falta de interés la Comisión ha organizado una serie de *shadowing days,* jornadas que consisten en grupos de seis mujeres estudiantes que se reúnen durante un día con una mujer con una trayectoria de éxito en el sector de las TIC, con objeto de conocer la verdadera naturaleza de las carreras tecnológicas. Más detalles en http://ec.europa.eu/information_society/activities/itgirls/index_en.htm. (2008).

Pero ¿están las mujeres mejor o peor situadas que en otros sectores? Hace una década, y de acuerdo con los datos de la Organización Internacional del Trabajo, la presencia de las mujeres en los puestos de responsabilidad no superaba el 3 por 100 (OIT, 1998). En el año 2006, datos elaborados por el Instituto de la Mujer a partir de los aportados por la Comisión Nacional del Mercado de Valores muestran que en España sólo hay un 2,8 por 100 de mujeres en la presidencia de las empresas del IBEX 35. La escasa representación de las mujeres es incluso más llamativa en el caso de las vicepresidencias y de los puestos en los consejos de administración, ocupados por el 2,4 y el 3,6 por 100 de mujeres respectivamente[3]. En empresas fuera del IBEX-35 aumentan los porcentajes de mujeres directivas: el 18,9 por 100 en empresas con más de diez trabajadores y el 27,1 por 100 en empresas con menos de diez empleados. Estos datos no son demasiado halagüeños, pero confirman que los valores medios de las empresas españolas están ligeramente por encima de las empresas del sector TIC, donde sólo uno de cada diez puestos directivos es ocupado por una mujer (IFEMA e Infoempleo, 2008).

Las mujeres encuentran todavía barreras que les impiden romper el techo de cristal. Conocer la realidad a la que se enfrenta la generación de mujeres que ocupan puestos directivos en las empresas tecnológicas es el primer paso para promover la igualdad en el sector, y, para ello, hemos analizado los discursos, las experiencias y las estrategias de estas mujeres que ocupan puestos de liderazgo en empresas TIC.

2. Aspectos metodológicos

A partir de la revisión de fuentes documentales y datos estadísticos de referencia, en el Observatorio e-igualdad di-

[3] Mas detalles en Instituto de la Mujer, *Mujeres en la presidencia y en los consejos de administración de las empresas del IBEX-35*, http://www.mtas.es/mujer/mujeres/cifras/tablas/W779.XLS (2007).

señamos los ejes temáticos que han vertebrado las entrevistas en profundidad con directivos y directivas de empresas tecnológicas. Los guiones fueron adaptados a cada entrevista con el fin de extraer el máximo partido de los discursos y experiencias respectivos; pero en todas ellas nos aproximamos al perfil de las directivas, a las barreras (visibles o invisibles) que frenan el acceso de mujeres con capacidad y motivación a las estructuras de decisión de las empresas TIC, así como a las medidas de igualdad de oportunidades.

La muestra de informantes se diseñó a partir de la identificación de personas clave en puestos directivos de empresas del sector. Entendemos por puestos directivos aquellos cargos ejecutivos en organizaciones o empresas del sector de producción de bienes o servicios TIC, cuyas tareas impliquen la toma de decisiones y la coordinación de un equipo de trabajo. El término alude en primer lugar al nivel de alta dirección (nivel de presidencia), aunque también se consideraron los mandos inmediatamente inferiores en la jerarquía (por ejemplo, el nivel directivo de Recursos Humanos). Se consideró que no era imprescindible que estas personas ocupasen la presidencia o vicepresidencia (aunque en algunos casos sea así) de sus respectivas compañías. Sin embargo, a la hora de hacer la selección se ha tenido en cuenta su responsabilidad directiva en la empresa (pública o privada), factores de prestigio y estatus, así como de responsabilidad funcional y salario.

La captación de los informantes fue el siguiente paso y, para ello, contactamos con las personas que conformaban nuestra muestra siguiendo un protocolo (carta o correo electrónico y contacto telefónico). Entre mayo y noviembre de 2007 se realizaron nueve entrevistas a siete mujeres y dos hombres que ocupan puestos directivos en empresas punteras del sector TIC:

— Una compañía internacional de servicios de tecnologías de la información.

— Una consultoría de gestión líder en *management consulting*, integración de sistemas y tecnología y *outsourcing*.
— Una empresa constituida como un mercado de subastas *online*.
— Una multinacional de telecomunicaciones.
— Una compañía española líder en tecnologías de la información y sistemas de defensa.
— Una empresa líder mundial en el sector de *online dating*.
— Una asociación de empresas TIC.
— Una multinacional que fabrica y comercializa herramientas, programas y servicios informáticos.
— Una consejera independiente en empresas TIC.

Tras hacer las transcripciones correspondientes, procedimos al análisis tomando como referencia temática la misma estructura del guión aplicado.

3. El perfil de las directivas

En consonancia con estudios anteriores (Círculo de Progreso, 2005), los testimonios de las directivas y directivos entrevistados apuntan a una evolución profesional bastante heterogénea, con múltiples cambios de trayectoria y un desarrollo discontinuo. La mayoría ha trabajado en distintas empresas, puestos y sectores, tanto en España como en el extranjero. En consecuencia, poseen una vasta formación y amplias destrezas y competencias, además de una gran capacidad de iniciativa. El siguiente testimonio lo ejemplifica:

> Estuve un tiempo en esta empresa de capital riesgo, y unos compañeros míos del máster estaban fundando una empresa que hace subastas por Internet. Es un mo-

> delo como eBay, de subastas *online,* pero para el mercado hispano. Y buscaban una persona que montara la operación en España, y yo me lancé a la aventura... ¡y montamos la empresa en España! La verdad es que era una época muy loca, había muchas empresas en este sector. Fue una experiencia muy enriquecedora porque tampoco había profesionales, había poca gente que supiese de negocios digitales porque estaban emergiendo. Cualquier persona, entre comillas, con ganas de hacerlo y poca aversión al riesgo, podía hacerlo. Aprendí muchísimo (OI1).

El sector de las nuevas tecnologías, que emerge y se desarrolla en el marco de la sociedad de la información, está marcado por el crecimiento rápido y el cambio continuo. Muy acordes con está dinámica de cambio, los discursos de las directivas entrevistadas también revelan capacidad de adaptación. Ellas no tienen miedo a dar un giro a su profesión. El desarrollo profesional está condicionado en gran medida por el entorno familiar y las circunstancias personales, que pueden favorecer o dificultar el salto a un puesto directivo. El siguiente testimonio así lo muestra:

> Yo estaba recién casada en ese momento, no tenía hijos y llevaba trabajando como técnico en diferentes materias. Yo qué sé, podría llevar seis años, y pensé que era el momento y además yo tenía ganas, es lógico (OI5).

Sus trayectorias profesionales no se estructuran en torno a metas previamente definidas, sino, más bien, siguen un hilo conductor, una pasión que se manifiesta a través de una doble dimensión: el elemento vocacional y la capacidad de sacrificio. Estudios anteriores ya han empleado la terminología religiosa y han aludido a la pasión en cuanto elemento conductor de la experiencia vital de las mujeres directivas (Rogg, 2002; Zawadzka, 2003; Vázquez, 2006). Una primera dimensión de esta metáfora, sugerida en bastantes ocasiones por parte de las propias entrevistadas, implica que el trabajo que desempeñan constituye *per se* una pasión. Aluden no sólo a un elemento vocacional, sino también a aspectos gratificantes del trabajo, aquellos que determinan que lo que hacen «les compense» y les resulte satisfactorio (casi como un *hobby)*. Su trabajo es para ellas una auténtica pasión y entre los aspectos motivadores, que hacen de su pasión una vocación, podemos señalar:

1. Trabajar en un sector cuyas empresas y estructuras se caracterizan por el cambio y la transformación continua.
2. La dimensión humana del puesto, trabajar en equipo y ser testigos activos de su evolución (ver cómo el equipo crece y aprende, bajo su atenta mirada y supervisión, combinando el *coaching* y la libertad de acción).
3. Trabajar y luchar para ayudar a promocionar la carrera profesional de «los de abajo» (equipo de trabajo), así como para no defraudar la confianza que «los de arriba» han puesto en ellas.
4. La naturaleza del trabajo que desempeñan (por lo que se consideran afortunadas, con «suerte»), lo que les hace sentir una especie de pasión que se presenta a veces en torno a la idea de «misión». Es decir, una tarea que, además de resultar apasionante, tiene un sentido último (por ejemplo, la posibilidad de cambiar la vida de las personas).

La otra cara de la pasión está marcada por el dolor y el sufrimiento, así como por los sacrificios que se han visto, y aún hoy en día se ven, obligadas a hacer. Las renuncias, tanto en el ámbito personal como profesional (por ejemplo, tiempo de ocio o renuncias en términos de responsabilidad o remuneración), llevan incluso a algunas de ellas a cuestionarse hasta qué punto merece o no la pena lo que hacen:

> Mi sensación es que llega un momento en que no hay dinero que lo pague. A mí ya no me compensa el dinero. Lo que necesito es más tiempo y más equilibrio personal. Es decir, hay veces que el sacrificio es demasiado (OI3).

Los siguientes elementos conforman, a modo de resumen, la dimensión más dolorosa de su pasión:

1. Los compromisos asumidos implican «pagar un precio», que generalmente se traduce en renuncias familiares y escaso tiempo de ocio para dedicar a cuestiones personales (facetas también consideradas muy importantes).
2. En algún momento, hay que hacer sacrificios también en el ámbito profesional, al dar prioridad a su bienestar personal y dejar de lado la «lucha sin cuartel» que implica un puesto de responsabilidad.
3. La lucha encarnizada, a la que a veces hay que enfrentarse en un puesto de estas características (competitividad), así como la dedicación. Es decir, el elevado número de horas que tienen que dedicar para poder sacar adelante su tarea y lograr los objetivos propuestos.
4. La necesidad de estar físicamente en la empresa, debido a la naturaleza del puesto y a las culturas empresariales (en lo relativo, por ejemplo, a los horarios en los que se fijan las reuniones). En consecuencia, muchas se sienten «víctimas de los horarios».
5. Las altas demandas y expectativas, unidas al ritmo trepidante de trabajo (horario, viajes, etc.) hacen que algunas señalen las consecuencias que supone tanto sacrificio (por ejemplo, una gran carga de estrés).

6. Entre los elementos más costosos destacan también el sacrificio personal, agravado por el sentimiento de soledad y la ausencia de modelos positivos que seguir *(role models)*. Esto se ve acrecentado también por la escasa tendencia a asociarse con otras mujeres que se encuentran en la misma situación.

En la mayoría de las entrevistas se alude a la mentoría institucional (ocasionalmente mencionan los programas de *coaching* implantados en sus propias empresas). Reconocen también el papel de los mentores, esas personas que «apadrinan» o «amadrinan» durante el curso del desarrollo profesional y en el acceso a los puestos de dirección. Destaca, sin embargo, que los directivos entrevistados niegan haber tenido mentores propiamente dichos, aunque hablan de diversos referentes, mientras que las mujeres reconocen que en ocasiones su mentor y su jefe han sido la misma persona, y lo presentan como un elemento potenciador del desarrollo profesional. Este testimonio lo ejemplifica:

> Mi jefa ha sabido muy bien cuáles son mis motivaciones. Ha sido muy consciente de lo que me motiva o lo que no me motiva porque al trabajar cinco años juntas nos conocemos muy bien. Obviamente, ha sido el motor. Es ella quien me propuso el puesto y es agradable saber que tiene confianza. En ese momento pensé que ella tenía más confianza en mí que yo misma, porque tienes esta duda existencial cuando vas a coger más responsabilidad. Los mentores, normalmente, no son tus jefes directos. Normalmente es bueno tener un mentor fuera. Yo también tuve mentores fuera. Creo que es muy útil, más bien para algo más preciso, igual no hablar todos los meses, o más bien por si tienes dudas sobre propuestas diferentes igual es interesante. A mí me gusta también tener otro tipo de opinión, de alguien que opina algo diferente, porque al mentor lo puedes elegir, al jefe no (OI4).

El estilo directivo de las mujeres entrevistadas se identifica claramente con los modelos de liderazgo *transformador,* que alcanzan sus objetivos a través del convencimiento, y generan confianza en los equipos (cooperación, trabajo en equipo, atención a las cuestiones personales) y en la idea de *misión* del líder (en este caso, la mujer directiva). Esto marca un agudo contraste con los modelos tradicionales de liderazgo *transaccional,* basados en la recompensa y el castigo individuales y el seguimiento estricto de las órdenes emanadas de la dirección.

Destacan la consagración a su trabajo y la ambición, aunque entreverada con la contradicción de dedicarse a dos pasiones: la empresa y la familia. Así mismo, insisten en la solidez profesional, *ser competentes más que competitivas,* como requisito para desenvolverse en el complicado mundo de la alta dirección. En la Tabla 2 se presentan los rasgos más característicos del perfil de las mujeres directivas de las empresas tecnológicas:

TABLA 2
Perfil de las mujeres directivas en empresas del sector TIC

- Tienen gran ambición y están consagradas a su trabajo y a su familia.
- Hacen muchos sacrificios, principalmente en el ámbito personal.
- Optan por ser competentes más que competitivas.
- No tienen sentimiento de culpa por sus renuncias; su visión es pragmática.
- Reconocen la falta de modelos positivos a seguir *(role model).*
- Hablan de una cierta soledad.
- No tienen un espíritu gregario ni asociacionista («después del trabajo...»).
- No siempre tienen «padrinos» y casi nunca «madrinas».
- Su estilo directivo se define fundamentalmente en torno a:
  - El trabajo en equipo.
  - La cooperación más que la competitividad.
  - La «dirección de puertas abiertas» (atención al mundo emocional y las cuestiones personales).
  - Persuasión para estimular y seducir a los equipos.
  - Defienden el discurso de la igualdad (aunque diferencian entre desigualdad y discriminación).

4. Las apariencias y la realidad

El discurso predominante tiende a hacer invisibles los problemas de discriminación por razón de género. Resulta evidente que estas mujeres han superado barreras personales y han roto el techo de cristal para ocupar puestos directivos de máxima responsabilidad en empresas punteras del sector de las TIC. Una de las entrevistadas señala: «En España está esa idea [de discriminación] pero hay una directiva en Google, en eBay, en IBM, en Yahoo, en Match... Yo creo que hay muchos ejemplos» (OI5).

Este hito, que no puede ignorarse, las lleva a rechazar que exista discriminación. No niegan que pueda existir cierta desigualdad debido a actitudes (discriminación implícita) y prejuicios respecto a las mujeres, pero sólo una de las directivas entrevistadas, muy concienciada respecto a las cuestiones de igualdad en la cultura organizativa de su empresa, reconoció que a menudo son objeto de conductas discriminatorias fuertemente ancladas en la sociedad. Así lo muestra el siguiente testimonio:

> Yo creo que existe la desigualdad y existe además mucha pseudomisoginia no reconocida y encubierta. Los tópicos estos de que si yo me cabreo dicen que es que a ésta lo que le hace falta es un buen tal... ¿eh? Mientras que si se cabrea un señor dicen: «!Uf, es que fíjate que energía tiene!»... Eso existe y eso es muy complicado de cambiar porque eso es un tema muy ancestral (OI2).

A pesar de que las mujeres son minoría en los puestos directivos del sector TIC y de que no constituyen una verdadera «masa crítica», la mayoría considera que se desarrollan profesionalmente en un contexto igualitario. En consecuencia, la explicación más frecuente ante la constatación de la diferente representación de mujeres y hombres en los puestos directivos es la falta de efectivos femeninos. Una cuestión que, consideran, se resolverá automáticamente «con el paso del tiempo». Pero esta respuesta resulta algo ingenua, ya que al denominado efecto temporal se unen otros tres factores: personales, familiares y organizativos.

4.1. *Las barreras personales o autoimpuestas*

Las mujeres, pocas, que han optado por el mundo de las tecnologías se han encontrado con obstáculos relacionados con el techo de cristal y esto ha dificultado que ocupen puestos de poder y responsabilidad en las cúpulas directivas de las grandes empresas del sector. Tradicionalmente, además, se ha educado a las niñas para cuidar a los demás y, en consecuencia, no se las ha estimulado a emprender carreras tecnológicas o ingenierías. La educación y los estereotipos, unidos a la falta de referentes, determinan que en ocasiones sean las propias mujeres las que se autoimpongan barreras y limiten sus posibilidades.

Los testimonios de los hombres y mujeres entrevistados advierten del peso del proceso de socialización, así como de la naturaleza de la educación recibida en el seno de la familia, obstáculos a los que todavía se enfrentan las mujeres en su desarrollo profesional. La mayoría de las directivas pone el énfasis en lo que se denomina la cronología de la incorporación de la mujer (factores históricos) y en la escasez de *role models*. El siguiente testimonio así lo manifiesta:

> También está tipificado el hecho de que no existan demasiados referentes, que dificulta que las mujeres avancen. Muchos dicen que es imposible, pero ¿por qué es imposible? Porque sinceramente no hemos visto a nuestro alrededor muchas mujeres que lo hayan conseguido. Entonces, en la medida en que vayamos siendo más las mujeres que estamos en los puestos de responsabilidad y que tengamos hijos, y que seamos gente normal y huma-

> na, y que no seamos tampoco necesariamente ricas de familia, ese tipo de atributos; yo creo que en la medida en que esto se normalice y se vayan viendo, eso también fomentará esa mayor dedicación o esa mayor vocación, por la carrera directiva dentro de la empresa (OI8).

Existe la opinión de que los obstáculos están desapareciendo y de que son las propias mujeres las que los imaginan o se los imponen a sí mismas. La mayoría de las directivas, no obstante, confirma que por ser mujeres se enfrentan a disyuntivas respecto a sus compromisos profesionales y personales. El siguiente testimonio es un ejemplo de este tipo de discurso:

> Lo que sí es cierto es que cuando llegas a los puestos más altos, ahí ya no sabemos qué pasa. Yo creo que, probablemente, algunas no han tenido más remedio que apearse y decir: «pues mira, yo no puedo estar a las siete o a las ocho de la noche en una reunión». Entones, no es que no sepamos o no podamos, es que algunas tienen que decidir... Yo creo que hay muchas, y muy buenas, pero hay un problema que les impide saltar, y yo creo que el problema es que llega un momento en que no pueden comprometerse hasta donde quieren, o tienen que decidir (OI3).

Las mujeres directivas se enfrentan, por otra parte, a actitudes de rechazo tanto por parte de mujeres como de hombres. Esto ocurre porque se apartan del modelo de acción que se espera de ellas y ratifican sus propias prioridades personales o profesionales (por ejemplo, aceptar el permiso de maternidad en un momento de posible promoción o, por el contrario, no hacerlo, lo que supone dejar al menor a cargo de otras personas). Las consecuencias son estrés, soledad y contradicciones.

La mayoría señala que se ven avocadas a sacrificar ciertos aspectos personales, debido a la demanda de tiempo y responsabilidad que implica el desempeño de este tipo de puestos. Reconocen, al mismo tiempo, que en determinados momentos han tenido que renunciar a un desarrollo profesional pleno debido a los compromisos y exigencias familiares. Si las mujeres hacen malabarismos para conciliar, los hombres directivos se sitúan en el polo opuesto: encuentran menos obstáculos y, a pesar de admitir haber realizado ciertos sacrificios en el ámbito personal, afirman «pagar gustosamente el precio» (OI9). En resumen, a los directivos entrevistados el trabajo les compensa cualquier otro tipo de renuncias.

Por último, los testimonios también señalan que determinados atributos se perciben de forma diferente al asociarse a hombres o a mujeres. El ejemplo de la ambición es clásico. Cuando se asocia con los hombres tiene generalmente connotaciones positivas, pero cuando se atribuye a las mujeres suele ocurrir lo contrario. La ambición se presenta, por tanto, como una cualidad problemática para las mujeres. Una de las directivas señala, al referirse a mujeres con grandes dosis de ambición: «Entre las mujeres hay mucho cinismo... en la vida también hay opciones personales, seas hombre o seas mujer, y tú no puedes pretender tener cuatro hijos, jornada reducida y llegar a ser presidente. No puede ser» (OI2).

Así, y a pesar de que se ha apuntado que si las mujeres no alcanzan puestos directivos es por su falta de ambición, esta directiva subraya que el problema es el contrario. De acuerdo con este discurso, las mujeres son demasiado ambiciosas y tienen demasiadas expectativas, tanto en el ámbito personal como en el profesional, y por eso no pueden llegar en la misma medida que los hombres. En definitiva, para las mujeres es imposible tenerlo todo. Cabría preguntarse: ¿se ven condicionadas las mujeres porque tienen demasiadas expectativas o porque la sociedad espera demasiado de ellas? ¿Por qué los hombres pueden tenerlo todo?

4.2. *Las barreras familiares: la corresponsabilidad para la conciliación*

Los modelos familiares y las formas de convivencia han experimentado numerosos cambios en la última década. Pero España es todavía un país donde, a pesar de la relativa flexibilización de los roles de género asignados a uno y otro sexo, la conciliación es una preocupación casi exclusiva de las mujeres. Prueba de ello es que encontrar el equilibrio para conciliar vida personal y profesional es todavía una ilusión[4].

Estudios previos han señalado que la apreciación del problema de la conciliación difiere en función de las características demográficas y la posición social de los sujetos implicados (Instituto de la Mujer, 2007). El que las tareas domésticas sean asignadas casi automáticamente a las mujeres determina que los directivos entrevistados se enfrenten a menos problemas de conciliación que sus homólogas femeninas. No obstante, las directivas tampoco reconocen tener (o haber tenido) grandes dificultades a la hora de conciliar vida personal y profesional. Esto es posiblemente debido a su estatus socioeconómico, que permite contratar ayuda externa para llevar a cabo las tareas del hogar, el cuidado de los hijos, etc.

A medida que profundizamos en el análisis de sus discursos detectamos, sin embargo, una serie de patrones de

---

[4] La conciliación constituye un problema para el 46 por 100 de la población, una apreciación mayor entre las mujeres que entre los hombres (51 por 100 y 40,6 por 100, respectivamente), que además asciende al 55 por 100 entre las mujeres ocupadas. Mas detalles en GPI Consultores, *Estudio sobre la conciliación de la vida familiar y la vida laboral: situación actual, necesidades y demandas,* Madrid, Instituto de la Mujer, 2005.

comportamiento ante la disyuntiva ámbito productivo/ámbito reproductivo, que merecen ser señalados. En primer lugar, las directivas se enfrentan a la permanente búsqueda de equilibrio. Ambas facetas son complementarias e igualmente importantes para ellas. No están dispuestas a dejar su vida privada a las puertas de las empresas, y afirman que es necesario tomar conciencia de que no se puede vivir para trabajar. Son conscientes de que hay vida más allá del trabajo y tratan de enfrentarse a posibles sentimientos de culpabilidad de la forma más pragmática posible. En consecuencia, reconocen que tratan de disfrutar de lo que hacen en cada momento, en el trabajo y en casa, sin pensar en que podrían estar haciendo algo diferente.

Pero alcanzar ese equilibrio no es tarea fácil, y no todas las directivas entrevistadas lo consiguen. Entre algunas mujeres aparecen sentimientos de culpa y arrepentimiento, principalmente por haber renunciado a facetas de la vida personal y familiar a favor del desarrollo profesional. El siguiente testimonio así lo manifiesta:

> Yo he renunciado a tener más tiempo libre. Pero no he renunciado a las relaciones de pareja que he podido tener. He podido llevar en la mochila parte del estrés que venía de aquí, una carga de estrés ¡que me gustaría poder trabajar menos! Yo cuando no quedo después de salir de trabajar me pongo como objetivo llegar a casa a las nueve para verme un telediario ¡y ni siquiera consigo eso! No sé, mi padre falleció el año pasado... y he tenido mis arrepentimientos. Tenía que haberme cogido días de vacaciones y haber estado ahí, a su lado. Entonces eso es lo que no compensa. Y ahora yo también tengo una edad en la que ya acaricio la posibilidad de poderme prejubilar. No me imagino trabajando a este ritmo hasta los sesenta y cinco años. No creo que lo aguante. Viajo mucho. No, no creo que lo aguante (OI3).

La mayoría reconoce, en segundo lugar, la importancia del «factor pareja» para gestionar el «factor tiempo». Estudios anteriores han subrayado el papel de los aspectos sociofamiliares en el desarrollo y posterior éxito profesional de muchas mujeres (Husu, 2001; Bagilhole, 2006; Vázquez, 2006). El matrimonio, se ha dicho: «Es una de las empresas vitales en la cual, casi generalizadamente, los varones profesionales obtienen grandes beneficios» (García de León, 2002, 169). Sin embargo, las mujeres entrevistadas también obtienen gran apoyo, sea de su marido o de su pareja. Como consecuencia, además de vocación y pasión por su profesión, reparan en los beneficios de tener una pareja comprensiva que facilite el desempeño del puesto ocupado y los problemas de gestión del tiempo, que a menudo se traducen en tener que dedicar más horas al trabajo en detrimento de su vida personal y familiar.

En tercer lugar, advierten de las repercusiones negativas que para las mujeres puede tener, en términos de carrera y de desarrollo profesional, el estar un tiempo «fuera del mercado» por necesidades de conciliación. El siguiente testimonio lo ejemplifica:

> Hay que construir un currículo y no puedes darle término porque tengas hijos. Igual durante un tiempo puedes pedir un sabático de un año, pero si tú quieres seguir trabajando no creo que sea bueno estar fuera del mercado más de dos años. Yo estuve durante el MBA, que vamos era estar fuera del mercado pero estando también, y sí que lo ves porque el sector sigue creciendo, sigue cambiando, tú ya no estás y no sabes cuáles son las últimas tendencias. Yo creo que eso es importante, no hacer ese tiempo demasiado largo (OI4).

Las mujeres han entrado más en lo público que los hombres en lo doméstico. Como consecuencia, las directivas deben estar consagradas tanto a su trabajo como a su familia (función multitarea). Son ellas las que, a través de mayores o menores sacrificios personales y/o profesionales, se ven obligadas a resolver las tensiones que genera la necesidad de conciliación. Así, las entrevistadas afirman que son ellas las que aplican las políticas de conciliación y «mientras que los hombres promocionan, las mujeres concilian» (0I5).

Advierten, en consecuencia, de la necesidad de apostar por políticas avanzadas y basadas en una idea de conciliación que no esté exclusivamente dirigida a las mujeres. Las políticas deben ayudar a las personas (hombres y mujeres), a las familias y a la sociedad en general. Tanto los directivos como las directivas afirman que España todavía se encuentra a la cola de los países europeos en materia de conciliación, y defienden la necesidad de poner en marcha políticas, o medidas de acción positiva, tomando como referencia los países del norte de Europa (en busca de las denominadas *best practices)*. El siguiente testimonio resume esta percepción:

> Yo creo que incentivar positivamente la conciliación, y, en concreto, la flexibilidad en el trabajo, es una magnífica noticia. Lo que pasa es que eso debería formar parte de un programa más amplio. Yo creo que en España, por ejemplo, tenemos las relaciones laborales más inflexibles del mundo civilizado; no tenemos *part-time* y no tenemos oportunidades para que la gente organice su vida y su trabajo de manera adecuada. En ese sentido nos dan mil lecciones los países del norte de Europa, que han sido capaces de combinar dos cosas maravillosas, progresismo, una palabra que no me gusta, y libertad. En España tenemos la libertad justita y somos muy progresistas, a la antigua usanza (OI7).

Tanto el gobierno (el rol del Estado) como las empresas del sector tecnológico tienen, por tanto, un papel crucial a la hora de ayudar a las mujeres a afrontar su doble lealtad: el trabajo y la familia. Es más, es necesario facilitar la corresponsabilidad para la conciliación de hombres y mujeres, y así promover la igualdad de género. En el apartado 5 nos aproximaremos a los avances que, desde el punto de vista de nuestros informantes, se están haciendo desde las empresas y analizaremos también su opinión sobre la recién implantada Ley de Igualdad.

4.3. *Las barreras organizativas*

4.3.1. Las redes informales de poder

Internet, al igual que otras tecnologías, constituye un nuevo canal de comunicación que puede contribuir a expandir y explotar redes de contactos. La mayoría señala la importancia de los contactos personales y de las redes sociales en el desarrollo y la promoción profesional. Sin embargo, la necesidad de buscar apoyos y de cultivar contactos puede llegar a ser un obstáculo para el desarrollo profesional de las mujeres.

La mayoría de los testimonios señalan que tanto la homosociabilidad como la naturaleza de la cultura organizativa y empresarial constituyen factores clave a la hora de entender la desigual representación de hombres y mujeres en puestos directivos de empresas tecnológicas. La noción de homosociabilidad, acuñada por Kanter (1977), expresa la avidez de los hombres por establecer relaciones entre sí (excluyendo a las mujeres), al sentirse más cómodos entre pares. La homosociabilidad y, por ende, las poderosas redes informales masculinas que contribuye a generar, perpetúan (generación tras generación) la selección y promoción de los *old boys,* y definen el modelo de progresión profesional (de marcado carácter masculino). El siguiente testimonio así lo manifiesta:

> Lo que no se explica es lo que pasa en posiciones medias porque hace mucho tiempo que hay muchas mujeres ¡y además tienen los mejores expedientes! Así que no hay ninguna razón para que todavía seamos tan reticentes. ¡Pero bueno, es la cultura! Yo creo que el hecho de que sean hombres los que eligen marca las pautas de elección

claramente, buscan una imagen parecida a la suya, y con un planteamiento de vida parecido al suyo (OI5).

Los beneficios de cultivar contactos y redes de apoyo (formales e informales) son innegables. Pero hombres y mujeres no tienen las mismas posibilidades de disfrutar de los favores que éstas generan. Las dificultades que afrontan las mujeres para poner en marcha esta estrategia están generalmente relacionadas con problemas de conciliación. Ellas no disponen del tiempo que estas prácticas requieren. Además, las directivas tampoco sienten interés por involucrarse en ese tipo de prácticas. De hecho, los testimonios traslucen un manifiesto rechazo al «politiqueo», al tiempo que optan por una cultura organizativa limpia (basada en aspectos explícitos y formales). Así, las mujeres no se benefician de las redes informales de poder en la misma medida que sus homólogos masculinos (Lipman-Blumen, 1976), bien porque son excluidas o porque se autoexcluyen, por falta de tiempo o falta de interés. Esto tiene, sin duda, consecuencias en términos de desarrollo profesional: una menor dedicación al trabajo «informal» puede influir en la percepción del grado de compromiso y exigencia profesional atribuido a hombres y mujeres, debido al peso que se otorga a las horas que se pasa en la oficina y en reuniones, y no al trabajo realizado o a los resultados obtenidos.

4.3.2. La cultura del presentismo

Respecto a la naturaleza de la cultura empresarial, las informantes señalan contradicciones respecto a los nuevos modelos de gestión. Con frecuencia, las cargas familiares se perciben como una amenaza potencial para el rendimiento laboral. Los informantes señalan que las largas jornadas laborales son propias de la función directiva, a lo que se une que todavía es una práctica común en el sector convocar reuniones en un horario que dificulta la conciliación.

Para hacer frente a lo anterior, en algunas empresas del sector TIC se está impulsando un modelo organizativo basado en la confianza y materializado a través de la gestión por objetivos y la flexibilidad de horarios. No se valora tanto la presencia física, es decir, pasar muchas horas en la oficina (al menos de forma institucional) y se promueve la flexibilidad laboral (especialmente a través del uso de ordenadores portátiles, Internet y teléfonos móviles). El objetivo es superar las dificultades impuestas por la «cultura del presentismo» que todavía reina en la mayoría de las empresas[5].

Pero la mayoría insiste en que lo que actualmente existe es sólo una «conciencia» emergente que lucha por transformar una cultura organizativa tremendamente perjudicial para las mujeres. Es más, el concepto de flexibilidad requerido por la empresa puede traducirse en dificultades para la conciliación, ya que implica disponibilidad para prolongar jornadas, realizar viajes o cambiar de residencia. Asimismo, a pesar de que se habla de flexibilidad (que debería ser sinónimo de mayor productividad y de menor absentismo)[6], las empresas todavía premian al último que se va, al que posterga la vuelta a casa.

Las directivas señalan que lo que se prima son los resultados, «dan igual las horas, lo que importa es el trabajo hecho». Pero no ignoran que trabajan en organizaciones creadas a «imagen y semejanza» de los hombres, donde se recompensa la disponibilidad, la visibilidad y el «calentar la silla». El siguiente testimonio lo explica muy claramente:

> Si la pregunta que me quieres hacer es si aquí se premia el estar, yo te digo que la respuesta es que sí. La res-

---

[5] España es uno de los países europeos con jornadas laborales más largas y productividad más baja. Más detalles en *Plan estratégico de Igualdad de Oportunidades (2008-2011).* Disponible en http://www.mtas.es/igualdad/PlanEstrategico.pdf.

[6] *El País,* 30 de septiembre de 2007, Gestión y formación, «Hartos de "calentar" la silla», pág. 36.

> puesta es clara. Yo creo que si estás es mejor que si no estás. Si estás más rato y te ven más tiempo es mejor que si no. Es decir, la disponibilidad, el ser percibido como absolutamente disponible, o muy disponible, yo creo que eso es importantísimo... [¿Y cree que eso puede ser perjudicial para las mujeres?] Sí, sí, lo es de hecho, ¡claro que es perjudicial, absolutamente perjudicial! Los hombres se dedican más a estar en la empresa, muchas veces porque no quieren estar en la casa, muchas veces porque tienen ideas culturales de sus antepasados, por los motivos que sea, y eso se premia; porque como el que premia es un hombre, entonces valora a su imagen y semejanza, busca gente similar, entonces eso se premia, ¡es hasta humano, si quieres! (OI5).

Las nuevas tecnologías implican nuevas formas de organización y trabajo. Todos los informantes coinciden en señalar que el hecho de que muchos servicios se lleven a cabo en red y que emerja «las empresa red» va a facilitar las cosas para las mujeres, ya que, además de disfrutar de mayor flexibilidad horaria, no habrá, en teoría, diferencia entre trabajar desde el despacho o desde casa. Sin embargo, quedarse más horas en la oficina, asistir a reuniones convocadas en horario tarde-noche (a partir de las 19 horas) en la mayoría de los casos no es una opción. Hay momentos en que es necesario estar en casa (fundamentalmente debido a las necesidades de conciliación) y otros en que es ineludible estar en la oficina. De esta forma, uno de los problemas que emerge es la falta de oficialidad de las medidas de conciliación, cuya puesta en marcha se deja generalmente al arbitrio de los gestores. Esto puede producir importantes perjuicios para las mujeres, al ser ellas las que hacen un mayor uso de fórmulas como la reducción de jornada, principalmente en empresas que todavía no parecen estar preparadas para premiar o promocionar a empleados que «no están».

Como ya se ha apuntado, algunas de las directivas entrevistadas se sienten «víctimas de los horarios» establecidos y otras señalan que la flexibilidad es un arma de doble filo: al no estar en la oficina se cuestiona su profesionalidad, al tiempo que «se pierden la película» (el politiqueo organizado de acuerdo con la jornada de los hombres) y los beneficios que genera la creación de redes. En este sentido, apunta el siguiente testimonio:

> No es que se valore la visibilidad, el problema es que si no estás, te pierdes la película. Aquí se trabaja mucho por objetivos. Entonces, si tú cumples tus objetivos y das lo máximo que puedas dar, no hay ningún problema con tus horarios. El problema es que luego, por otro lado, se siguen poniendo reuniones a las siete de la tarde, y si tú no estás a las siete de la tarde, te pierdes la película. Se siguen haciendo comidas de dos horas y media, y si tú no estás dos horas y media comiendo, te pierdes parte de la película. Ése es el problema. Entonces, no es que nadie te pida que estés, es que si no estás te estás bajando del barco. Por eso, hay que tomar la decisión, o estoy en estas comidas eternas y estoy en la gestión política. Hay una gestión de relaciones, que son muy importantes en cualquier empresa. Creo que son importantísimas, y más en una empresa con tanto hombre. Entonces, hay que optar (OI3).

El compromiso con la empresa sigue vinculándose con las horas de permanencia en el puesto de trabajo, por lo que el desarrollo de modelos flexibles de trabajo, y, en concreto, la opción del teletrabajo, no está exento de dificultades. Se plantea la necesidad de un cambio de mentalidad (control de resultados del trabajo), de compleja aceptación debido a la vigente cultura de la visibilidad y al papel de las redes informales de poder en la promoción profesional. El testimonio de un directivo expresa las contradicciones que rodean el teletrabajo:

> La idea es desarrollar unas nuevas formas de trabajo. Por ejemplo, hay un porcentaje de personas que se su-

pone que no tienen que tener su pucsto dc trabajo permanente en la empresa y se va a potenciar el teletrabajo, y, por lo tanto, hay un grupo o unas áreas donde hay mesas de trabajo que no son de nadie, son del primero que llega. ¡Pucs está sobrando lugar! Porque no todo el mundo se anima a hacer eso, o mejor dicho, se animan menos de lo que se esperaba. Posiblemente porque hace poco tiempo que ha empezado, pero también yo creo que, en el fondo, la gente no acaba de estar convencida de que si no le ve el jefe le van a considerar que está trabajando. Yo creo que con el teletrabajo pasa como con la videoconferencia, resuelve muchas cosas pero no todas; y es necesario siempre un porcentaje de actividad presencial y de contacto porque no sólo se resuelven las cosas en la mesa, sino que tomando un café también se resuelven. En ese sentido, nos falta mucho por hacer en las empresas, ya que es más fácil controlar la presencia que controlar la calidad del trabajo, pero por ahí habrá que ir avanzando (OI9).

Los modelos de flexibilidad laboral deben enfocarse, por tanto, como opción dirigida igualmente a hombres y mujeres. Lo contrario puede tener consecuencias nefastas para las segundas. Asimismo, las informantes señalan las dificultades que emergen a la hora de delimitar los horarios cuando se desempeña el trabajo en casa. Esta dificultad, que también sufren los y las *workaholics,* podría asociarse al hecho de que para muchos la profesión es, como hemos visto, una pasión (en el sentido de vocación y *hobby).* En consecuencia, no siempre es fácil marcarse límites y diferenciar claramente el tiempo de trabajo y el tiempo de ocio. A modo de resumen, y de acuerdo con los testimonios, podemos decir que es la pasión de las mujeres directivas, en la doble dimensión de vocación y sacrificio, lo que les permite llegar y mantenerse. Así, ellas pueden, pero con dificultad.

5. La legislación a favor de la igualdad de género: ¿son las empresas tecnológicas un referente de igualdad?

España está haciendo progresos importantes en materia de igualdad de género en los últimos años. La Ley Orgánica para la Igualdad Efectiva entre Mujeres y Hombres (LOIEMH) pretende la igualdad en todos los ámbitos de la vida social, económica, cultural y política a través de la exigencia de planes de igualdad en las empresas, de permisos de paternidad exclusivos, así como acciones positivas y de transversalidad (LOIEMH, 2007). La Cámara Nacional del Mercado de Valores (CNMV) ha elaborado, asimismo, un *Código de recomendaciones de buen gobierno de las sociedades cotizadas* en el que se incluyen propuestas sobre diversidad de género por motivos ético-políticos y de eficiencia (aprovechamiento del potencial y del talento) (CNMV, 2006; Conthe, 2007).

Pero la evaluación que las directivas y los directivos entrevistados hacen de la recién estrenada Ley de Igualdad y del sistema de cuotas está llena de matices. De hecho, los testimonios no son unánimes, y puede hablarse de dos posturas en cierto modo contrapuestas. Un primer discurso expresa reticencias y rechazo bien de aspectos concretos de la ley que podrían ser mejorados o de su totalidad, debido a los «efectos perniciosos» que puede tener en una sociedad «felizmente desigual». Se considera que lo ideal sería no tener que regular, y existe un rechazo manifiesto respecto a las medidas de discriminación positiva: las cuotas, incluso en las candidaturas, «atentan contra la igualdad» (OI7). Otro discurso, más sensible desde una perspectiva de la diversidad de género, reconoce la necesidad de esta ley para promover el cambio. Además de apoyar la ley, se reconoce la funcionalidad y la necesidad de las cuotas femeninas como medida transitoria para lograr la igualdad entre hombres y mujeres.

Atendiendo a los testimonios de los directivos y directivas entrevistados encontramos, a grandes rasgos, tres puntos de vista diferenciados respecto a las cuotas femeninas:

1. Un discurso minoritario que mantiene que las cuotas son funcionalmente admisibles y, en términos generales, no sólo buenas, sino necesarias para lograr la igualdad entre hombres y mujeres.
2. Otro discurso, defendido por la mayoría, que está a favor de las cuotas, pero sólo con carácter transitorio o únicamente en las candidaturas.
3. Un tercer discurso minoritario que rechaza las medidas de discriminación positiva al apreciar que las cuotas femeninas son más perjudiciales que beneficiosas para las mujeres porque provocan que se cuestione que hayan alcanzado su puesto por méritos propios y por valía personal. Además, las cuotas se consideran innecesarias al tiempo que discriminatorias.

Algunos testimonios contrarios a la ley y a las cuotas enfatizan el principio corporativo. Señalan que la competitividad empresarial se produce cuando se gestiona de manera eficaz el talento de la plantilla, independientemente de su sexo. Y subrayan que en las empresas del sector TIC no se discrimina, ya que se apuesta por la competencia y la idoneidad, y no por el género. Pero ¿qué ocurre realmente en el seno de las empresas del sector? ¿Son las empresas tecnológicas un referente de igualdad?

Como hemos visto, las mujeres se incorporan paulatinamente al sector de las nuevas tecnologías. No obstante, todavía son minoría en puestos directivos y están lejos de lograr la igualdad en ámbitos como el de la conciliación o las condiciones salariales. Resulta evidente que existe discriminación de género en las retribuciones por el desempeño de una misma categoría profesional y nivel de responsabilidad. Si bien la totalidad de las mujeres entrevistadas para nuestra investigación afirma sentirse satisfecha con sus retribuciones, el reciente informe ICSA, *Estudio sobre la retribución de la mujer directiva en España,* advierte de que la diferencia salarial media en España es del 16,5 por 100 entre mujeres y hombres directivos. En el sector TIC las diferencias entre hombres y mujeres directivas disminuyen al 8,5 por 100. El 24 por 100 de las cien profesionales entrevistadas por ICSA se declara «muy o bastante satisfecha» con su sueldo, mientras que el 69 por 100 considera que no se ajusta al trabajo que desarrolla (ETSEEI e ICSA, 2007).

Todos nuestros informantes señalan que sus respectivas empresas son de alguna forma pioneras en materia de igualdad. Manifiestan que se están implantando medidas novedosas, como hemos visto fundamentalmente en materia de flexibilidad, y perciben que son el espejo en el que empresas de otros sectores pueden mirarse. En este sentido, debemos subrayar la excepcional labor que está llevando a cabo una de estas empresas punteras del sector tecnológico, dentro del IBEX-35, en materia de igualdad de género. Esta multinacional, anticipándose a la ley promovida por el gobierno, ha implantado su propio *Plan de igualdad de oportunidades 2007-2010.* Además, ha puesto en marcha programas pioneros para promover de forma sistemática la mentalización de los empleados en materia de igualdad; ha impulsado cambios en la cultura organizativa (tradicionalmente masculina) a través de conferencias y foros con empleados; ha premiado la flexibilización y las conductas no discriminatorias, mediante la regulación de conductas no deseadas como el acoso sexual o el *mobbing;* ha estimulado iniciativas desde el Departamento de Selección para atraer mujeres; y, entre otras medidas, ha apoyado publicaciones periódicas respecto a avances en materia de igualdad.

El esfuerzo de esta empresa, que no parece encontrar reticencias a la hora de implantar los programas, constituye un ejemplo, tanto dentro como fuera del sector, que ni puede ni debe ser ignorado. Pero los informantes saben que todavía queda un largo camino que recorrer, por ejemplo, en materia de sensibilización, flexibilidad real, ayudas o guarderías. Es más, admiten que las empresas tecnológicas no pueden dejar escapar el tren de la igualdad entre hombres y mujeres, ya que esto supondría una pérdida de talento que las empresas no se pueden permitir. Así, la cuestión que más preocupa en la actualidad, más allá de las barreras educacionales y legales, es evitar la infrautilización del talento. En el *Plan estratégico de Igualdad de Oportunidades (2008-2011)* del gobierno se expresa de manera clara y concisa:

> La participación económica de las mujeres es esencial, no sólo por razones de equidad e igualdad, sino por cuestiones estratégicas. Los países que no utilizan el talento de la mitad de su población realizan una asignación de recursos poco eficiente, crecen menos y ponen en riesgo su competitividad [...] Es preciso lograr que la competitividad económica sea sostenible socialmente, de manera que el incremento de la productividad y la mejora de las expectativas y el empleo sean compatibles con la vida privada de las personas y con el mantenimiento, en definitiva, del modelo social y el modo de vida europeos (pág. 22).

No es posible, por tanto, ignorar la situación de desigualdad de la que parten hombres y mujeres. Es más, se hace necesario promover un entorno que facilite la igualdad de oportunidades para hombres y mujeres, no sólo para aprovechar el talento de más de la mitad de la población, sino también por un argumento de equidad social.

En este sentido, las directivas entrevistadas son conscientes de la necesidad de autolimitar las exigencias profesionales y personales, y de asumir que toda elección conlleva renuncias y no está exenta de costes. Reconocen que es necesario hacer esfuerzos, y los hacen, para no plegarse a una cultura organizativa pensada por y para hombres. La conclusión fundamental que se puede extraer de sus discursos es:

hay que estar dentro para cambiar las cosas y hay que cambiarlas desde dentro.

6. Conclusiones

Las mujeres se incorporan paulatinamente al sector de las nuevas tecnologías. No obstante, los discursos, experiencias y estrategias de las directivas entrevistadas revelan que todavía se enfrentan a barreras (visibles o invisibles) que frenan su acceso a puestos de liderazgo en empresas punteras del sector de las TIC.

Las trayectorias profesionales de las directivas entrevistadas se caracterizan por una gran capacidad de iniciativa y de adaptación, aunque están condicionadas por el entorno familiar y las circunstancias personales. Su estilo directivo se define en torno al trabajo en equipo, la seducción, la cooperación y la «dirección de puertas abiertas». El hilo conductor de su desarrollo profesional está marcado por la pasión, una metáfora que alude en primer lugar a un elemento vocacional y a los aspectos gratificantes del trabajo que desempeñan y, en segundo lugar, a la capacidad de sacrificio y a las renuncias personales y profesionales que se ven obligadas a realizar. Muchas veces sienten una cierta soledad, pero son mujeres competentes y ambiciosas, consagradas tanto a su trabajo como a su familia.

Su discurso tiende a hacer invisibles los problemas de discriminación por razón de género, aunque no niegan que exista cierta desigualdad debido a factores personales, familiares y organizativos. Ellas ratifican sus prioridades personales o profesionales, pero el peso del proceso de socialización hace que se enfrenten a actitudes de rechazo debido a prejuicios fuertemente instalados en la sociedad. En consecuencia, admiten que tienen que hacer frente a disyuntivas respecto a sus compromisos profesionales y personales, lo que implica estrés y renuncias.

A diferencia de sus homólogos masculinos, ellas no parecen poder tenerlo todo. Coinciden en que su marido o pareja es un factor impulsor en el desarrollo profesional, principalmente a la hora de facilitarles la gestión del tiempo. Pero, a pesar de que hacen malabarismos para conciliar, no siempre encuentran el equilibrio entre vida personal y profesional, por lo que en ocasiones aparecen sentimientos de culpa y arrepentimiento. Señalan, por tanto, la necesidad de promover, por parte del gobierno y de las empresas del sector tecnológico, políticas de conciliación dirigidas a personas, hombres y mujeres.

Al tiempo que reconocen su escaso espíritu gregario, advierten de la importancia de las redes de apoyo y de los contactos en el desarrollo profesional. No obstante, la cultura organizativa y empresarial, dominada por las poderosas redes de poder masculinas, dificulta su desarrollo profesional. Se coopta a los hombres, mientras que las mujeres son excluidas (o se autoexcluyen) de los favores que genera este tipo de prácticas informales.

Señalan también contradicciones en los nuevos modelos de gestión empresarial. La cultura del presentismo todavía está fuertemente instalada a pesar de que se esté impulsando un modelo organizativo basado en la confianza, en la gestión por objetivos y en la flexibilidad horaria. En consecuencia, las directivas entrevistadas todavía se sienten «víctimas» de los horarios y de unos modelos de flexibilidad (laboral y horaria) que carecen de la oficialidad necesaria. Se plantea la necesidad de promover un cambio de mentalidad respecto a la cultura de la visibilidad en las empresas, y de adaptar estas nuevas fórmulas organizativas tanto a hombres como a mujeres.

Respecto a la legislación a favor de la igualdad de género, los testimonios muestran dos posturas diferenciadas. Frente a un discurso que se manifiesta contrario a la regulación y rechaza las medidas de discriminación positiva, otro discurso reconoce la necesidad de esta ley y de las cuotas femeninas para promover la igualdad real entre hombres y mujeres. Nuestras informantes señalan que sus respectivas empresas son de alguna forma pioneras en materia de igualdad. Reconocen, sin embargo, que todavía queda un largo camino que recorrer y que no pueden dejar escapar el tren de la igualdad (por una cuestión de equidad social y para evitar la pérdida de talento). Su papel en este sentido es transformar, desde dentro, una cultura organizativa pensada por y para hombres.

El empuje actual de las mujeres, unido a que los hombres puedan estar «echando el freno», se debe a que nos encontramos ante un modelo de igualdad todavía emergente. El futuro es percibido con esperanza e incluso con ilusión y sin contiendas dialécticas. Pero es fundamental que las empresas tecnológicas continúen avanzando en materia de corresponsabilidad para la conciliación. Para ello, además de mirar al norte de Europa, donde encontramos países mucho más avanzados y ejemplares en esta materia, deben aplicar la actual Ley de Igualdad y promover al mismo tiempo cambios en la cultura organizativa que permitan adaptarse a sus realidades diferentes. El desequilibrio de género actual no es ni sostenible ni admisible. Las mujeres deben tener garantizada su participación en todas las esferas y fases de adopción de decisiones, ya que esto beneficiará a las propias mujeres y a la sociedad en su conjunto. Las empresas que triunfen serán las que tengan el mejor capital humano y recluten y promocionen a personas desde una perspectiva de igualdad de género.

Bibliografía

Adler, R. D. A., *Women in the executive suite: correlate to high profits,* 2001, http://glassceiling.org/InTheNewsFolder/HBRArticlePrintablePage.html [fecha de consulta: mayo de 2008].

BAGILHOLE, B., «Family friendly policies and equal opportunities: a contradiction in terms?», *British Journal of Guidance and Counselling,* 34 (3), 2006, págs. 327-343.

CARTER, D. A. *et al.*, «Corporate governance, board diversity, and firm value», *Financial Review,* 38, 2003, págs. 33-53.

CASTAÑO, C. *et al., Observatorio e-igualdad. Informe final,* 2007, disponible en http://www.e-igualdad.net [fecha de consulta: mayo de 2008].

CATALYST, *The bottom line: connecting corporate performance and gender diversity,* Nueva York, Catalyst, 2004, http://www.catalyst.org/files/full/financialperformancereport.pdf [fecha de consulta: mayo de 2008].

CÍRCULO DE PROGRESO, *Mujer y empleo: opciones y decisiones,* 2005, http://www.infoempleo.com/publicaciones/mujer_empleo/inicio.htm [fecha de consulta: mayo de 2008].

COMISIÓN EUROPEA, *La participación profesional de la mujer y las TIC: un gran potencial por aprovechar,* IP/07/305, Bruselas, 8 de marzo de 2007, http://europa.eu/rapid/pressReleases Action.do?reference=IP/07/305&format=PDF&aged=0&language=ES&guiLanguage=en [fecha de consulta: mayo de 2008].

— *IT girls: great careers for great women,* European Commission, Information Society and Media, 2008, http://ec.europa.eu/information_society/activities/itgirls/index_en.htm [fecha de consulta: mayo de 2008].

COMISIÓN NACIONAL DEL MERCADO DE VALORES (CNMV), *Informe del grupo especial de trabajo sobre buen gobierno de las sociedades cotizadas,* 2006, http://www.cnmv.es/publicaciones/CUDefinitivo.pdf [fecha de consulta: mayo de 2008].

CONTHE, J. M., «El Código del Buen Gobierno de la CNMV», en C. Martínez Ten y P. González Ruiz, *Las mujeres en la dirección de las empresas,* Seminario celebrado por la Universidad Internacional Menéndez Pelayo en Santander, del 3 al 7 de julio de 2006, Santander, Universidad Internacional Menéndez Pelayo, 2007.

DURÁN, M.ª A., *De puertas adentro,* Madrid, Ministerio de Cultura, 1988.

GARCÍA DE LEÓN, M.ª A., *Herederas y heridas: sobre las élites profesionales femeninas,* Madrid, Cátedra, 2002.

GPI Consultores, *Estudio sobre la conciliación de la vida familiar y la vida laboral: situación actual, necesidades y demandas,* Madrid, Instituto de la Mujer, 2005.

Husu, L., *Sexism, support and survival in academia: academic women and hidden discrimination in Finland,* Helsinki, University of Helsinki, 2001.

ICSA Recursos Humanos, *Estudio sobre la retribución de la mujer directiva en España,* 2007, disponible en http://www.icsarrhh.com/wages/informe.asp [fecha de consulta: mayo de 2008].

IFEMA e Infoempleo.com, *Mujer profesional y sectores económicos: tecnologías de la información y de la comunicación,* Madrid, IFEMA / Infoempleo.com, 2008.

Instituto de la Mujer, *Mujeres en la presidencia y en los consejos de administración de las empresas del IBEX-35*, 2007, disponible en http://www.mtas.es/mujer/mujeres/cifras/tablas/W779.XLS [fecha de consulta: abril de 2008].

Kanter, R., *Men and women of the corporation,* Nueva York, Basic Books, 1977.

Ley orgánica 3/2007, de 22 de marzo, para la Igualdad Efectiva de Mujeres y Hombres, http://www.boe.es/g/es/bases_datos/doc.php?coleccion=iberlex&id=2007/06115 [fecha de consulta: mayo de 2008].

Lipman-Blumen, J., «Toward a homosocial theory of sex roles: an explanation of the sex segregation of social institutions», *Signs,* 1 (3/2), primavera de 1976.

Ministerio de Trabajo y Asuntos Sociales, *Plan estratégico de igualdad de oportunidades (2008-2011),* 2007, http://www.mtas.es/igualdad/PlanEstrategico.pdf [fecha de consulta: mayo de 2008].

OCDE, *Working party on the information economy,* Directorate for Science, Technology and Industry, Committee for Information, Computer and Communication Policy, 29 de marzo de 2007.

OIT, «¿Se acabarán superando las barreras invisibles? Mujeres en puestos directivos: son pocas las elegidas», *Trabajo,* 23, febrero de 1998, http://www.ilo.org/public/spanish/bureau/inf/magazine/23/glass.htm [fecha de consulta: mayo de 2008].

REDONDO, M. y JIMENO, J., «Sobre el techo de cristal empresarial», *Revista de la Asociación Española de Contabilidad y Administración de Empresas,* 71, 2005, págs. 42-46.

ROBINSON, G. y DECHANT, K., «Building a business case for diversity», *Academy of Management Executive,* 11, 1997, páginas 164-177.

ROGG, E., «Passion and pain in academia», *Nora,* 1, 2002, páginas 154-161.

TYSON, L., *The Tyson report on the recruitment and development of nonexecutive directors,* Londres, London Business School, 2003, http://facultyresearch.london.edu/docs/TysonReport.pdf [fecha de consulta: mayo de 2008].

VÁZQUEZ, S., *Passion, consecration and confessions in academia: gendered opportunity contexts and merita academica in England and Spain,* tesis doctoral inédita, University of London, 2006.

ZAWADZKA, B., «From social role to self-identity: a cross-national study on PH.D.-students' representation of the academe and sexual harassment», 2003, http://csn.uni-muenster.de/women-eu/download/TP%2003-08%20Zawadzka.pdf [fecha de consulta: mayo de 2008].

CAPÍTULO 6

La segunda brecha digital: educación e investigación

MILAGROS SAINZ y ANA GONZÁLEZ

1. INTRODUCCIÓN

La participación de las mujeres en las diversas esferas relacionadas con la tecnología es menor que la de los hombres. La literatura que ha abordado este tema en nuestro país utiliza el término «estudios tradicionalmente femeninos» y «estudios tradicionalmente masculinos» para hacer alusión a aquellos estudios donde los hombres y las mujeres no alcanzan respectivamente un 30 por 100 de participación (López-Sáez, 1995; Elejiabeitia y López-Sáez, 2003). La metáfora de la cañería que gotea se utiliza para referirse al potencial de mujeres que se pierde a lo largo de las etapas de formación y promoción en sus carreras profesionales. En este capítulo se hará un recorrido por la situación de las mujeres en los estudios relacionados con la tecnología, que comprenden los niveles de secundaria y de educación superior. En un segundo momento, se abordará el papel desempeñado por las mujeres en las primeras etapas de formación en las áreas tecnológicas, así como en sus posteriores carreras investigadoras dentro de ese mismo ámbito de conocimiento.

Comenzaremos haciendo un análisis de la elección de estudios en la educación secundaria, así como de la situación de las mujeres en los estudios de Bachillerato y de Formación Profesional (FP) de grado medio. En segundo término, realizaremos un recorrido por los factores socioculturales y psicosociales que explican la menor propensión de las mujeres a elegir los estudios técnicos. Continuaremos, en tercer lugar, describiendo algunas de las implicaciones de lo anterior sobre la futura trayectoria académica y profesional de las mujeres. En cuarto lugar, atenderemos a la posición que ocupa España en relación con los países europeos en cuanto a la presencia de las mujeres en los niveles de estudios superiores y su contribución al sistema educativo. Dada la importancia de los estudios de doctorado, abordaremos en quinto lugar diversos aspectos relacionados con el número de matrículas, graduados y becas de formación para la investigación. En sexto y último lugar, nos referiremos a la fase posterior de desarrollo de las carreras profesionales de las mujeres en la investigación científica y tecnológica.

2. La elección de estudios en la educación secundaria

La etapa de la educación secundaria resulta especialmente importante por tratarse de un momento en el que se toman decisiones cruciales sobre el futuro académico y profesional, decisiones que condicionan la trayectoria vital de cualquier individuo. Los autores que han estudiado este tema han recurrido a estudiantes con edades comprendidas entre los doce y los dieciocho años, es decir, edades en las que realizan estudios de primer curso de la ESO, Bachillerato y módulos de FP. A los dieciséis años se produce la culminación de los estudios obligatorios de la educación secundaria (4.º de la ESO), y las alternativas que tienen los estudiantes de continuar su formación son dos: el Bachillerato y la FP. De esta forma, los alumnos que desean realizar estudios universitarios eligen entre una de las cuatro modalidades de Bachillerato que el sistema educativo les ofrece: Artes, Humanidades y Ciencias Sociales, Ciencias de la Naturaleza y de la Salud o Tecnología.

Por otra parte, aquellos alumnos que prefieren continuar estudios no universitarios eligen entre los diferentes módulos de FP de grado medio. Sin embargo, y a pesar de la importancia de la FP en la profundización de las diferencias de género en la elección de trayectorias académicas de los adolescentes en secundaria de nuestro país, muchos estudios han dejado de lado el análisis de la etapa relativa a la FP, por no estar directamente relacionada con los estudios universitarios (Elejiabeitia y López-Sáez, 2003).

2.1. *La participación femenina en los estudios de secundaria*

Los datos sobre los índices de presencia femenina en la educación secundaria muestran cómo los roles de género y la elección de trayectorias académicas están íntimamente relacionados. Según fuentes del Ministerio de Educación y Ciencia (MEC, 2008), durante el curso académico 2005-2006, el porcentaje de chicas en los estudios de primaria y de la ESO es inferior al de sus compañeros (48,5 por 100). Este panorama cambia en los estudios de Bachillerato y de Formación Profesional, donde el porcentaje de presencia de chicas es, en términos globales, mayor que el de los chicos (54,7 por 100 y 51,3 por 100, respectivamente).

A partir de la elección de modalidad en Bachillerato se producen una serie de diferencias entre los chicos y las chicas, pues —tal y como se puede observar en la Tabla 1— la presencia de chicas en los estudios de tecnología (3,8 por 100) es muy pequeña si la comparamos con el porcentaje de chicas matriculadas en las modalidades de Humanidades y Ciencias Sociales (55 por 100).

TABLA 1
Distribución porcentual por sexo de alumnos de Bachillerato por modalidad de estudios (curso académico 2003-2004)

Modalidad	Chicos	Chicas	Total
Artes	3,1	4,9	4,1
Humanidades y Ciencias Sociales	37,5	55,0	47,2
Ciencias de la Naturaleza y de la Salud	41,8	36,3	38,8
Tecnología	17,6	3,8	9,9

Fuente: Elaboración propia a partir de datos del MEC (2005a).

Por otra parte, y conforme se ilustra en la Tabla 2, se puede observar que las chicas tienen un índice de participación inferior al de los chicos (45,9 por 100) en los módulos de FP de grado medio. Las chicas son, sin embargo, mayoría en los módulos relativos a imagen personal (97,3 por 100), servicios socioculturales y de la comunidad (92,3 por 100), sanidad (90 por 100) y administración (75,1 por 100). A su vez, las chicas son minoría en los módulos relacionados con mantenimiento de vehículos autopropulsados (1,6 por 100), electricidad y electrónica (2,2 por 100), fabricación mecánica (2,3 por 100) e informática (14,7 por 100).

Por último, cabe señalar que las chicas tienen mayor presencia en los estudios universitarios, pues constituyen un 54 por 100 del total de los estudiantes matriculados en universidades de nuestro país. Sin embargo, su presencia es menor en las modalidades científicas y tecnológicas y mayor en las carreras de Humanidades y Ciencias Sociales.

TABLA 2
Distribución porcentual de las chicas en algunos de los estudios de grado medio de FP (curso académico 2005-2006)

Módulo	Mujeres
Artes Gráficas	37,7
Administración	75,1
Comercio y Marketing	71,3
Comunicación, Imagen y Sonido	50,6
Electricidad y Electrónica	2,2
Fabricación Mecánica	2,3
Hostelería y Turismo	45,4
Imagen Personal	97,3
Sanidad	90,0
Informática	14,7
Servicios Socioculturales y de la Comunidad	92,3
Mantenimiento de Vehículos Autopropulsados	1,6
Total	45,9

Fuente: Elaboración propia a partir de datos del MEC (2008).

2.2. *Factores que podrían explicar la escasa propensión de las chicas a matricularse en estudios relacionados con la tecnología*

Según hemos podido comprobar con los datos anteriormente reseñados, las chicas eligen modalidades técnicas en menor medida que los chicos. Entre los factores que explicarían por qué las chicas no se matriculan en estudios y carreras técnicas, podemos aludir a un conjunto de factores de tipo sociocultural y psicosocial. Para la delimitación de dichos aspectos nos hemos basado principalmente en el *modelo de elección de logro* de Eccles y colaboradores (Eccles, 1983; Eccles, Barber y Jozefowicz, 1999), así como en otros modelos teóricos que complementan y amplían diversos aspectos de dicho modelo (véase la Figura 1).

FIGURA 1
Modelo de predicción de estudios técnicos, inspirado en Eccles, Barber y Jozefowicz (1999)

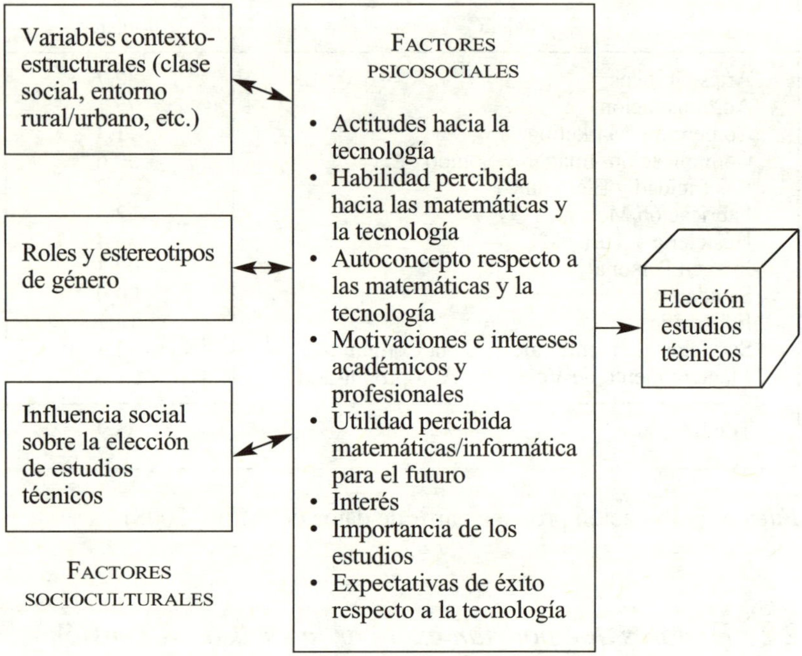

Fuente: Sainz, 2006.

2.2.1. Factores socioculturales

Entre los factores socioculturales que pueden explicar la menor propensión de las chicas para elegir carreras técnicas, cabe destacar los siguientes: la existencia de roles de género y de estereotipos en torno a qué es la tecnología y quién tiene que estar en la tecnología; la influencia de variables contexto-estructurales y el impacto de los agentes de socialización en la determinación de qué estudios elegir. Estos factores se retroalimentan unos con otros y conforman un entramado multidimensional y complejo, que condiciona la elección de estudios y de itinerarios académicos.

2.2.1.1. Roles de género y estereotipos de género en torno a la tecnología

Los roles de género hacen alusión a un conjunto de expectativas socialmente compartidas sobre cómo deben comportarse las personas que ocupan determinada posición o sobre los miembros de un determinado grupo social, según éstos sean hombres o mujeres. Para la *teoría del rol social* (Eagly, 1987), las diferencias de género en la conducta son el resultado de la división social del trabajo y de la consiguiente distribución de los roles de género entre los hombres y las mujeres. De este modo, las mujeres se muestran más proclives que los hombres a asumir los roles de cuidado del hogar y de los hijos, mientras que los hombres asumen roles relacionados con ganar dinero y con ser el proveedor primario de la familia. Dichos roles de género se materializan en un conjunto de creencias estereotípicas o de esquemas mentales sobre cómo deben ser y cómo deben actuar los hombres y las mujeres en los diferentes ámbitos de la vida.

Desde pequeños aprendemos y asumimos dichos roles de género y los desarrollamos a partir de actividades (como los juegos y videojuegos) claramente diferenciadas por sexo. Los anuncios y las campañas de publicidad en época navideña son un ejemplo de cómo los juegos y juguetes son presentados de forma distinta, según se dirijan a niños o a niñas. De esta forma, los niños utilizan legos, coches de carreras, trenes, futbolines o videojuegos que integran los aspectos anteriormente referidos de los roles. Las niñas, por el contrario, juegan con muñecas o con juegos o videojuegos orientados al cuidado de los demás, de su propia imagen personal (maquillaje, peluquería) o del hogar (Martin, 1999).

Los estereotipos tienen un carácter automático, del que muchas veces no somos conscientes, y sirven para reducir la complejidad del mundo que nos rodea y para agilizar el proceso de toma de decisiones. Las mujeres son percibidas con atributos relacionados con dulzura, sociabililidad, emotividad y tendencia a expresar emociones, es decir, se les atribuyen *rasgos expresivo-comunales*. Por el contrario, a los hombres se les atribuyen *características agéntico-instrumentales* que hacen alusión a su capacidad para ser asertivos, agresivos, racionales y tendentes al logro (Eagly y Steffen, 1984). Según estos rasgos estereotípicos, tendemos a pensar que las mujeres están menos cualificadas que los hombres para los estudios y profesiones relacionadas con la tecnología. Prevalece la imagen arquetípica de una mujer ejerciendo de enfermera, en lugar de ingeniera o informática; por el contrario, existe la imagen de un hombre ingeniero o informático, en lugar de la de un hombre enfermero. Todo este conjunto de creencias contribuye a perpetuar los estereotipos existentes en torno al papel de la mujer en nuestra sociedad.

Los estereotipos de género aglutinan, además, una serie de expectativas procedentes de la observación de lo que la gente hace *(la norma descriptiva)* y de lo que se espera que la gente debería hacer *(la norma prescriptiva)*. A través de esos estereotipos se describe el prototipo de hombre y de mujer en diferentes contextos, sobre la base de rasgos que hacen alusión a su capacidad cognitiva, su personalidad, sus habilidades, sus roles y su disposición emocional e incluso su apariencia física. Las normas prescriptivas, por su parte, sirven para delimitar cómo se espera que hombres y mujeres se comporten y para sancionar socialmente a aquellos individuos que no actúan conforme a dichas normas. Tildar a las mujeres que estudian informática o ingeniería de «marimacho» o «poco femeninas» sería una forma de sanción social activada ante la incongruencia entre el rol de género femenino y el hecho de que una mujer estudie una carrera tradicionalmente masculina.

En este sentido, se ha comprobado cómo algunos estudiantes de secundaria de uno y otro sexo asignan mayoritariamente rasgos masculinos a las profesiones relacionadas con la tecnología y la informática (Sainz, 2006). Para estos estudiantes, los informáticos son personas solitarias y grises, extrañas —*freakies*—, que se aíslan del resto del mundo y que prefieren estar en contacto con las máquinas en lugar de con las personas (Castaño, 2005; Margolis y Fisher, 2002). Por otra parte, estos mismos estudiantes perciben que son personas inteligentes, creativas y con un cierto estatus social. Es decir, se utilizan rasgos instrumentales, no agénticos, para definir al prototipo de persona que trabaja en el mundo de la informática o de la tecnología. Se alude, además, a la falta de habilidades sociales de este tipo de profesiones, lo cual denota que no se las asocia con rasgos expresivo-comunales definitorios del rol de género femenino.

Para Hannover y Kessels (2004), los estudiantes tienen una imagen del estudiante «tipo» matriculado en ciertos cursos y estudios (tales como las matemáticas o las ciencias). En este sentido, cuanto menos encaje la imagen que los estudiantes tienen de sí mismos con la imagen que tienen del típico estudiante matriculado en este tipo de estudios, menor es la probabilidad de que elijan esos cursos. Así, si la imagen que se tiene del estudiante prototípico de tecnología (por ejemplo, la de un chico que, además, es inteligente, un *crack* en matemáticas y tecnología y al que le gustan mucho los cacharros) no coincide con la imagen que una chica tiene de sí misma (como de una persona dulce, expresiva emocionalmente y a la que le gusta el trato con otras personas) difícilmente va a elegir tecnología. Se ha utilizado este tipo de argumentos para explicar el importante descenso de estudiantes que se matriculan en estudios técnicos y científicos en las universidades de Alemania.

Por otra parte, la *amenaza del estereotipo* constituye un mecanismo de gran influencia sobre las actitudes y comportamientos que las mujeres muestran respecto a áreas consideradas tradicionalmente como masculinas (Steele, 1997). Dicha amenaza surge de los estereotipos vigentes en torno a distintos grupos minoritarios —tales como las mujeres matriculadas en ámbitos técnicos, donde su presencia es escasa— y hace alusión a que los estereotipos existentes en torno a las mujeres en contextos tradicionalmente masculinos son una barrera para su avance. El hecho de que existan ideas estereotipadas sobre la supuesta falta de capacidad de las mujeres para la tecnología hace que dichos estereotipos se conviertan en una amenaza para ellas y contribuye a que acaben actuando de forma que dichos estereotipos se confirmen. Es decir, la mera «presión» de esas expectativas en torno a la falta de capacidad de las mujeres para la tecnología conlleva que las mujeres terminen obteniendo un rendimiento acorde con ellas y muy por debajo de su verdadero potencial.

2.2.1.2 Influencia de variables contexto-estructurales en la elección de estudios

Estudios metaanalíticos muestran que las diferencias de género en la elección de trayectorias académicas y profesionales se ven moduladas por la influencia de una serie de factores contexto-estructurales, tales como la clase social o el estatus socioeconómico, la procedencia urbana o rural, la raza o el grupo étnico (Hyde, Fennema y Lamon, 1990). Así por ejemplo, se ha demostrado que las estudiantes de raza negra eligen en menor medida estudios relacionados con las TIC que las de raza blanca y que sus compañeros, sean de raza blanca o negra (Zarrett y Malanchuk, 2005; Zarrett *et al.*, 2006).

Los estereotipos de género se hacen más notables en entornos donde la presencia de mujeres constituye la excepción más que la regla (Deaux y Major, 1987). De esta forma, una mujer que estudia informática o telecomunicaciones se hace más visible en una facultad politécnica que una mujer que estudia enfermería en la escuela de enfermería, donde el número de mujeres es dominante. Para Guimond y

Roussell (2001), la decisión de matricularse en estudios vinculados a las matemáticas o las ciencias es menos frecuente en el caso de las mujeres debido a la predominancia del estereotipo masculino en esos ámbitos. Cuando el estereotipo de que los hombres son mejores que las mujeres para las matemáticas y las ciencias se hace patente, ello condiciona en gran medida la manera en que hombres y mujeres evalúan su propia habilidad respecto a esos dominios, tras un proceso de comparación intragupal. De esta manera, cuando las chicas estén en un contexto en el que el estereotipo de las matemáticas y las ciencias sea preponderante, se valorarán a sí mismas por debajo de los chicos. Sin embargo, cuando estén en un contexto en el que predomine el estereotipo de que las mujeres son mejores para las humanidades que los hombres, se valorarán a sí mismas por encima de los hombres.

Todo ello parece activar una serie de actitudes y de comportamientos por parte de las propias chicas, sus profesores y demás compañeros, que contribuye a la reproducción de algunos roles de género en ese contexto. En este sentido, muchas chicas ingenieras o informáticas terminan eligiendo especialidades que —dentro de este ámbito— están más próximas al rol de género femenino. Este argumento serviría para explicar por qué las estudiantes de informática eligen en mayor medida la especialidad de gestión que la especialidad de sistemas, que posee más componentes técnicos (Sainz, López-Sáez y Lisbona, 2004).

2.2.1.3. Influencia del entorno social sobre la elección de estudios

La disímil elección de trayectorias académicas por parte de hombres y mujeres se explica a partir de un proceso de socialización distinto para hombres y para mujeres (Eccles, 1983; Eccles *et al.*, 2000). Los agentes de socialización desempeñan un papel fundamental en la perpetuación de los estereotipos de género (Leaper y Friedman, 2007). La familia, los profesores, los orientadores académicos y el contexto social más inmediato delimitan, de una forma más o menos consciente, cuál es el patrón de conducta adecuado para hombres y mujeres.

2.2.1.4. Entorno familiar

La transmisión de expectativas y valores de los padres y las personas del entorno, distintas para los chicos y para las chicas, explica la menor presencia de mujeres en estudios técnicos. Los padres consideran, por lo general, menos necesaria la autorrealización profesional de las mujeres en áreas tecnológicas, y no conciben la presencia femenina en entornos que no sean tradicionales. Perciben, además, que sus hijas tienen menos talento que sus hijos para asignaturas relacionadas con la tecnología. Por ello, desalientan a las chicas para que sigan trayectorias académicas y profesionales contrarias a los estereotipos, pues ello estaría reñido con la feminidad de las mujeres y con la posible formación de una familia (Bandura, 1999). De este modo, las creencias y los estereotipos que manejan los padres en relación con sus hijos e hijas tienen un efecto importante sobre las expectativas y las metas a las que los hijos aspiran (Eccles *et al.,* 2000). Ello influye sobre la forma en que los padres interaccionan con sus hijos en actividades académicas o de ocio y tiempo libre. Que los padres participen con mayor asiduidad con sus hijos que con sus hijas en actividades de ocio y tiempo libre relacionadas con las habilidades mecánicas, la ciencia y la tecnología, ejerce un enorme impacto sobre la elección de la futura carrera (Eccles, Barber y Jozefowicz, 1999). Afortunadamente, no todos los padres fomentan esa visión estereotipada de la vida, sino que muchos promueven una educación igualitaria entre sus hijos. En este sentido, Updegraff, McHale y Crouter (1996) demostraron que las hijas de padres con educación igualitaria obtenían rendimientos más altos que las chicas de padres tradicionales en asignaturas de secundaria, especialmente en matemáticas y ciencias.

2.2.1.5. Entorno escolar

En el colegio, los profesores y los orientadores académicos ejercen una influencia considerable sobre las elecciones académicas de los niños y los adolescentes. Ellos participan en la consolidación de estereotipos de género existentes y en la activación de las *creencias o profecías que se autocumplen,* de forma que las expectativas de los profesores sobre sus alumnos se convierten en realidad. Algunos autores señalan que muchos orientadores académicos desalientan a las chicas para que se matriculen en cursos y carreras contrarias a los estereotipos de género (Hackett, 1999). Por consiguiente, la influencia negativa de los profesores y asesores académicos, la orientación masculina del currículo de la tecnología, el escaso número de profesoras que sirvan de modelo de referencia a estudiantes más jóvenes, así como las políticas escolares a la hora de asignar estudiantes a cursos avanzados en esas materias, son argumentos utilizados para explicar la segregación de las mujeres en las carreras tecnológicas y científicas dentro del entorno escolar (Ayalon, 2003).

2.2.1.6. Amigos y medios de comunicación de masas

Durante la adolescencia, los chicos y las chicas luchan por alcanzar una identidad acorde con los roles de género, pues ello les va a facilitar ser aceptados socialmente por otros adolescentes de la misma edad y por otras personas de su entorno. Los amigos y el grupo de pares constituyen el principal punto de referencia para los adolescentes. La opinión y la actitud del grupo cobran especial relevancia en el comportamiento de los adolescentes y desempeña un papel importante en la elección de actividades de ocio y tiempo libre, así como en la opción por itinerarios y actividades académicas.

Los medios de comunicación constituyen, asimismo, una poderosa y sutil herramienta de transmisión de roles y estereotipos de género. La exposición a la información ofrecida por los medios de comunicación enfatiza los aspectos más patentes y generalizables de los estereotipos de género, y confirma las actitudes en torno a ellos. En las campañas publicitarias, en las películas y en los programas de televisión no se suele presentar a las mujeres manejando la tecnología ni ocupando puestos destacados dentro del ámbito tecnológico. Estudios experimentales demuestran que los participantes expuestos a información estereotipada tienen puntuaciones más elevadas en las escalas de sexismo que los participantes expuestos a información neutra y contraria a los estereotipos (Ward y Caruthers, 2001).

2.2.2. Factores psicosociales

2.2.2.1. Percepción de competencia y expectativas de éxito respecto a las matemáticas y la informática

En la adolescencia, muchas chicas —incluso teniendo calificaciones y un rendimiento académico similar a sus compañeros en matemáticas o tecnología— se sienten menos competentes que ellos en estos dominios. La percepción de competencia está muy ligada a la construcción del autoconcepto, de forma que cuanto más positiva es la percepción que se tiene de la propia habilidad o capacidad en cualquier dominio (matemáticas, literatura o informática), mejor es el concepto que se tiene de uno mismo en ese dominio. Por este motivo, si las chicas perciben que son menos hábiles para las matemáticas, la informática o la tecnología en general, peor será el concepto que tengan de sí mismas en las asignaturas ligadas a esos dominios.

Ello parece estar muy relacionado con la socialización ejercida por los padres, quienes desde edades tempranas desalientan a las chicas para que cursen carreras y estudios relacionados con las matemáticas y la tecnología y, por el contrario, animan a sus hijos varones para que las sigan. Los padres, asimismo, refuerzan más las capacidades de sus hijos varones para las matemáticas y otras asignaturas cuantitativas, mientras que fomentan las capacidades de sus hijas para las asignaturas más ligadas al rol de género femenino, tales como la lengua, los idiomas o la música. Esto provoca que las chicas perciban que tienen un nivel de competencia para las matemáticas y la tecnología menor que los chicos, lo cual se traduce en un concepto peor de sí mismas y en unas pobres expectativas de éxito en esas asignaturas (Bandura, 1999).

Se sabe que las carreras técnicas requieren un alto nivel de competencia en matemáticas, físicas, dibujo técnico o informática. Numerosos estudios muestran que el hecho de que las mujeres perciban una menor competencia en matemáticas que los chicos influye en la menor tendencia de las chicas a elegir carreras técnicas o actividades de ocio y tiempo libre relacionadas con las matemáticas (Bandura, 1999; Eccles, 1983; Hannover y Kessels, 2004).

Nuevas líneas de investigación vinculan la percepción de la habilidad respecto al ordenador y la informática con la elección de estudios técnicos y sitúan al autoconcepto de habilidad hacia el ordenador y la informática como un importante predictor de la elección de dichos estudios (Sainz, 2006; Zarrett y Malanchuk, 2005; Zarret *et al.,* 2006). Estudios empíricos apuntan a que las mujeres tienen un peor concepto de su habilidad respecto al ordenador y la informática que sus compañeros (Hargittai y Shafer, 2006; Sainz, 2006; Zarrett y Malanchuk, 2005; Zarrett *et al.,* 2006). Esta peor percepción de la competencia de las mujeres con respecto al ordenador y la informática tiene un efecto directo sobre la actitud que se muestra hacia el ordenador, así como sobre el tipo de uso que se hace de éste y de la informática en general (Hargittai y Schafer, 2006). Por último, se ha demostrado que el autoconcepto de habilidad respecto al ordenador y la informática desempeña un papel mediador entre las actitudes hacia estas herramientas y la elección de estudios técnicos (Sainz, 2006). Este aspecto mediador minimiza en gran medida el efecto predictor de las actitudes y de otras variables que también puedan estar influyendo en la decisión de iniciar o no estudios técnicos.

2.2.2.2. Actitudes hacia la tecnología

El ordenador constituye un ejemplo de herramienta tecnológica hacia la que las mujeres muestran una actitud más negativa que los hombres (Dickhäuser y Stiensmeier-Pelster, 2003; Ruiz-Ben, 2002; Shashaani, 1994). En este sentido, se ha comprobado que las chicas adolescentes utilizan el ordenador con menor frecuencia que los hombres; se sienten menos atraídas emocionalmente hacia él que sus compañeros varones y, por último, muestran menos interés que los chicos por algunos aspectos relacionados con la tecnología (Sainz, 2006). Esto no significa que las mujeres no utilicen el ordenador, sino que cuando lo hacen lo usan para fines más instrumentales y menos lúdicos que sus compañeros (Castaño *et al.,* 2007; Sainz, 2006).

Una de las posibles causas de esa actitud negativa está relacionada con el hecho de que algunas mujeres muestran mayor ansiedad hacia la tecnología que los hombres (Dickhäuser y Stiensmeier-Pelster, 2002). En algunos casos llegan incluso a situaciones en las que se sienten indefensas ante las dificultades y las frustraciones asociadas a la tecnología. Dominar la tecnología se sitúa en un continuo en el que las habilidades tecnológicas sirven para solucionar problemas de diversa índole y, por ello, es fundamental tener una actitud positiva hacia las distintas herramientas relacionadas con ellas.

2.2.2.3. Motivaciones e intereses académicos y profesionales

Las motivaciones e intereses profesionales distintos de los hombres y las mujeres giran en torno a los roles de género (Eagly, 1987; Eagly y Steffen, 1984; Eccles, Barber y Jozefowicz, 1999). Durante la adolescencia, las diferencias en las preferencias académicas de chicos y chicas empiezan a hacerse notables. Mientras las chicas muestran más interés por la lengua y la literatura, los chicos prefieren las matemáticas y la informática (Sainz, 2006). Ello confirma que las chicas se sienten más motivadas para cursar estudios e itinerarios académicos congruentes con los roles de género femeninos (Eccles, Barber y Jozefowicz, 1999; López-Sáez, Lisbona y Sainz, 2004). En este sentido, los chicos prefieren profesiones relacionadas con el logro, mientras que las chicas prefieren aquellas a partir de las cuales puedan potenciar la dimensión social tradicionalmente vinculada a las mujeres.

Para Eccles y su grupo de investigación, las personas toman decisiones racionales sobre su futuro académico y profesional, de forma que las elecciones finales dependen del valor que se asigne a los diferentes estudios y las consiguientes profesiones (Eccles, Barber y Jozefowicz, 1999; Wigfield y Eccles, 2000). El valor que se asigna a los estudios depende de cuánto se disfruta con las tareas y las asignaturas relacionadas con ellos —la motivación intrínseca—; de la importancia que dichos estudios tienen para esas personas; de la utilidad que se les atribuye para conseguir metas personales y profesionales, tanto a corto como a largo plazo —la motivación extrínseca—; y de los costes que conlleva embarcarse en dichos estudios, en términos de tiempo y esfuerzo. Según estos investigadores, hombres y mujeres no asignan el mismo valor a las mismas tareas ni a las mismas actividades. Así, por ejemplo, los hombres suelen percibir las clases de tecnología, las matemáticas y la informática como más útiles para su futuro académico y profesional que las mujeres.

Algunas evidencias empíricas señalan, por otra parte, que las mujeres atribuyen sus éxitos en matemáticas o en tecnología a causas externas, mientras que los hombres atribuyen dichos éxitos a causas internas (Dickhäuser y Stiensmeier-Pelster, 2002). Es decir, las mujeres no atribuyen su éxito con la tecnología a que tengan habilidades para ella o a que sean buenas en esas áreas, sino al fruto de su esfuerzo o de la suerte.

3. Implicaciones sobre la futura trayectoria académica y profesional de las mujeres

Todos los factores que hemos señalado con anterioridad ejercen un impacto negativo sobre la elección de carreras técnicas por parte de las mujeres. Ello contribuye a que muchas chicas desechen la tecnología como alternativa académica y profesional porque no se adecua al rol de género femenino y al papel que se supone debe desempeñar la mujer en nuestra sociedad. De esta forma, las chicas optan por elegir trayectorias académicas y profesionales congruentes con los roles de género femeninos, tales como la psicología, la educación o la enfermería. En estas profesiones se supone que las mujeres pueden desarrollar las capacidades vinculadas al rol de género femenino, tales como la sensibilidad, la ayuda y el contacto con los demás. Suelen ser trayectorias profesionales conformistas con las convenciones sociales. Ello, a su vez, implica que las necesidades de las mujeres estén infravaloradas en los ámbitos técnicos, y que no se tenga en cuenta el potencial femenino en el diseño y el desarrollo de la tecnología.

Si aplicáramos la *teoría de congruencia de rol* de Eagly y Karau (2002) a las mujeres que cursan estudios tradicionalmente masculinos o que trabajan en esos ámbitos, veríamos que existe una incongruencia entre el rol de género femenino asignado a las mujeres y el rol profesional que se supone desempeñarán esas mujeres en ámbitos tradicionalmente masculinos. Esta incongruencia produce la activación de ciertos estereotipos por parte de las personas del entorno, que conducen a reacciones negativas hacia esas mujeres cuyo comportamiento no se adecua al rol social que tradicionalmente se les viene asignando. Según esto, la conducta de las mujeres será devaluada y considerada menos valiosa que la de sus compañeros, pues se percibe un desfase entre las características comunales que se presupone que deben desarrollar las mujeres —para así ser congruentes con su rol de género de sensibilidad o sociabilidad— y las características agéntico-instrumentales propias del ámbito de una carrera típica de hombres, de agresividad y orientación hacia el logro.

Las chicas anticipan las dificultades con las que se encontrarán en su vida profesional si eligen una carrera técnica y son conscientes de los requisitos que tendrían que cumplir para consolidarse profesionalmente en el ámbito técnico. Perciben que los estudios técnicos requieren muchas horas de dedicación profesional y de renuncia a la vida personal, mientras que las carreras relacionadas con las Ciencias Sociales y las Humanidades son percibidas como más susceptibles de ser compatibles con la vida privada (Sainz, López-Sáez y Lisbona, 2004). Todo ello conlleva que las chicas elijan trayectorias académicas y profesionales supuestamente compatibles con su vida personal (Cinamon y Rich, 2002; Sainz, 2006). Sin embargo, y como contrapartida, las carreras que terminan eligiendo las chicas conllevan altas dosis de competencia (al tratarse de profesiones muy masificadas) y, por supuesto, llevan asociadas peores condiciones laborales (Brynin, 2006).

Algunos estudios han demostrado que la consecución del equilibrio familia-trabajo es más difícil para las mujeres que para los hombres (Cinamon y Rich, 2002; Osca y López-Sáez, 1996). Se cree que las mujeres deben dar prioridad a las responsabilidades familiares sobre las profesionales. Por este motivo, muchas de ellas se oponen a iniciar trayectorias profesionales que compliquen su vida y les quiten tiempo para disfrutar de su familia y del tiempo libre. Los trabajos y profesiones ligadas a las carreras técnicas y la informática conllevan jornadas laborales inestimables en términos de esfuerzo y dedicación, lo cual hace que estas profesiones sean difíciles de compatibilizar con la vida privada. La maternidad pone, además, en una situación de desequilibrio permanente a las mujeres que quieren ser madres y profesionales a la vez, máxime si quieren alcanzar puestos de responsabilidad. El hecho de que muchas mujeres estudiantes perciban que tendrán que invertir y esforzarse más que los hombres en esos ámbitos para conseguir lo mismo, puede servir de argumento para explicar por qué hay menos mujeres en carreras científicas y técnicas.

Dado que las profesiones técnicas suelen estar vinculadas a puestos de responsabilidad y de liderazgo, las mujeres que no deciden orientarse profesionalmente a estas profesiones tienen menos posibilidades de acceder a dichos puestos en el ámbito laboral. El *techo de cristal* podría ser una consecuencia de lo anterior, pues a pesar de que hay menos mujeres en carreras técnicas, su presencia es todavía menor en los puestos que entrañan responsabilidad y toma de decisiones. Eagly y Karau (2002) tratan de dar una explicación, a partir de su *teoría de la congruencia de rol*, a algunos de los condicionantes a los que se enfrentan las mujeres en puestos de liderazgo. En este sentido, se ha contrastado empíricamente el hecho de que los hombres que despuntan en un ámbito femenino obtienen ventajas de ello; sin embargo, cuando las mujeres despuntan en un ámbito tradicionalmente masculino, esto genera una gran desventaja para ellas (Fassinger, 2001). Las mujeres que triunfan en ámbitos tradicionalmente masculinos afrontan más dificultades y esfuerzos para alcanzar los mismos objetivos que sus compañeros, así como para demostrar que están igualmente capacitadas que ellos para ocupar el mismo puesto de trabajo.

La escasez de mujeres en ámbitos técnicos provoca, por otra parte, la falta de modelos femeninos que sirvan de referencia para que otras chicas más jóvenes puedan barajar la posibilidad de tener más contacto con la tecnología o de elegir estudios y profesiones relacionados con ella. La ausencia de modelos positivos de mujeres en carreras técnicas, que puedan servir como referencia a otras mujeres a la hora de elegir una trayectoria académica y profesional, parece ser una de las barreras más importantes para que las más jóvenes elijan este tipo de carreras. Por este motivo, es fundamental que se exponga a las mujeres desde muy temprana edad a roles femeninos que compensen la ausencia de mujeres en contextos técnicos. A este respecto, existen programas pioneros desarrollados por algunas universidades para incentivar el interés de las estudiantes de secundaria hacia carreras tecnológicas. Dentro de estos programas, cabe destacar los de la Universidad de Carnegie Mellon en Estados Unidos, la Universidad Politécnica de Cataluña y la Politécnica de Berlín (Margolis y Fisher, 2002; Institut Catalá de les Dones, 2003; Greusing, 2006).

Por último, otra de las posibles consecuencias negativas de la falta de mujeres en puestos de liderazgo y responsabilidad en ámbitos técnicos reside en la dificultad para que las mujeres puedan asumir el papel de mentoras de hombres y mujeres más jóvenes. El mentorazgo es esencial a la hora de garantizar la excelencia profesional y el intercambio de experiencias y conocimientos entre la persona mentora y la que recibe el mentorazgo.

4. Representación femenina en los estudios superiores

El número de mujeres que optan por ramas de estudios relacionadas con la ciencia y la tecnología ha aumentado en los últimos años, y ello se refleja en la participación femenina universitaria en el mercado laboral (OCDE, 2006). Pero aunque la tendencia ha ido mejorando, aún existe una importante brecha respecto a los hombres en determinadas ramas del conocimiento y niveles educativos. De modo que, en algunas áreas de conocimiento, las mujeres siguen siendo minoritarias, como también en ciertos niveles educativos o de la carrera profesional.

La FP de grado superior ha sido impulsada en los últimos años, y ha mejorado tanto la variedad de estudios como la calidad de la enseñanza ofrecida. Quizá por ello ha experimentado un crecimiento sostenido en el periodo 2001-2005, tal como se desprende de la información proporcionada por el Instituto Nacional de Estadística. En ese periodo, las chicas que estudiaron cursos de FP de grado superior han pasado a constituir la mitad de todo el alumnado matriculado. Pero las mujeres no están distribuidas en todas las especialidades por igual. Son mayoritarias en las profesiones tradicionalmente feminizadas como administración, comercio y marketing, imagen personal, industrias alimentarias, hostelería y turismo, sanidad, servicios socioculturales y a la comunidad, textil, confección y piel, pero también en otras menos esperadas, como química. En las especialidades relativas a electricidad y electrónica la presencia de la mujer en el curso 2005-2006 supuso un porcentaje del 6,7 por 100 y en los de informática un 20 por 100 (MEC, 2008).

España se sitúa, junto a Dinamarca, Islandia y Nueva Zelanda, entre los países que mantienen una mayor brecha de género en los estudios superiores (OCDE, 2007). Por el contrario, Eslovenia ocupa un puesto equiparable, mientras que en Corea, Suiza y Turquía la diferencia resultante entre los hombres y las mujeres matriculados en este nivel educativo se salda a favor de la población femenina.

En la siguiente tabla (Tabla 3) puede verse el porcentaje de mujeres universitarias en las diferentes ramas del conocimiento, de la cual se desprende la desigual participación de las mujeres en cada una de ellas.

TABLA 3

Distribución porcentual de mujeres por modalidad de estudios universitarios (curso 2004-2005)

Modalidad	Mujeres
Ciencias Sociales y Jurídicas	62,6
Humanidades	64,4
Técnicas	27,1
Ciencias Experimentales	59,3
Ciencias de la Salud	73,5

Fuente: Elaboración propia a partir de datos del MEC (2005b).

El informe PISA ha construido un índice de motivación instrumental en matemáticas a partir de la percepción subjetiva de los estudiantes de quince años. La media para los países de la OCDE muestra que las chicas tienen una percepción de las matemáticas más negativa que los chicos. Encontramos esa misma tendencia entre los chicos y chicas españoles. De los resultados de dicho índice en la población española se desprende, sin embargo, que la respuesta de las chicas españolas es algo más favorable que la mostrada por la media de las chicas de la OCDE (2007). Otro aspecto positivo, que las chicas seguramente desconocen, es que sus cualificaciones en matemáticas e informática en los niveles de doctorado se sitúan dentro de la media de la OCDE, y que incluso las superan en las ramas de ciencias de la salud y de la vida, física y agricultura y en las ingenierías. Estos resultados son equiparables a otros estudios empíricos sobre el caso de la informática en España, donde se establece que las mujeres tienen mejores resultados académicos que los hombres (Sanz, 2008).

Los estudios de doctorado[1] suponen un paso más en la consecución de niveles académicos, puesto que conducen a

[1] Utilizaremos indistintamente los términos «estudios de tercer ciclo», «de doctorado» o «nivel terciario» a lo largo de este apartado.

la obtención del máximo grado académico que puede alcanzarse en cualquier sistema educativo. El número de doctores de un país también refleja, desde un punto de vista global, el grado de formación del capital humano de la región, lo cual está ligado con las posibilidades de crecimiento económico.

Diversos autores (Becker, 1964; Nelson y Phelps, 1966; De la Fuente y Rocha, 1996; Krueger y Lindahl, 2001; Weller, 2003) han puesto de manifiesto que las personas con un mayor nivel de estudios tienen más posibilidades de obtener un empleo y a tiempo completo (Merit, 2007). Alcanzar un nivel de estudios superior es especialmente importante para las mujeres, que presentan tasas de empleo más bajas que sus compañeros varones, por lo que cada factor añadido proporciona nuevas oportunidades de superar su situación de vulnerabilidad en el mercado laboral. En este sentido, las españolas con estudios terciarios consiguen aumentar su tasa de empleo en más de diez puntos respecto a las mujeres que sólo poseen estudios secundarios, y se sitúan casi treinta puntos por encima de las que poseen grados educativos inferiores, según datos de la OCDE (2007).

Si observamos el logro educativo de las mujeres en los países de la OCDE, la población femenina presenta una menor probabilidad de alcanzar las mismas cotas educativas que los hombres. Las mujeres tienen una menor presencia conforme se asciende por las diversas etapas del sistema educativo, tal y como después sucederá en los escalones de su carrera profesional. Por tanto, aunque las mujeres están actualmente bien representadas en la base de la pirámide del sistema educativo, donde incluso superan a los hombres (OCDE, 2007), en los escalones superiores y en los estudios de doctorado están menos representadas.

Este fenómeno se denomina «efecto tijera» debido al perfil trazado por las líneas de tendencia, ascendente en el caso de los hombres y descendente en el caso de las mujeres, cuando se representan los porcentajes de ambos grupos en cada nivel del sistema educativo y de la carrera profesional posterior (véase el Gráfico 1). Aunque el número de mujeres supera al de hombres en los niveles de estudios secundarios y universitarios, la proporción entre sexos va igualándose en los estudios de doctorado, y desciende a medida que se consideran las diversas etapas de promoción en las carreras investigadoras, incluidas las primeras etapas de formación de las mismas. Así pues, en los puestos de mayor relevancia habrá un escaso número de mujeres, mientras que el de varones será mucho mayor. Es precisamente a partir de esa distancia entre hombres y mujeres en las posiciones más elevadas de la carrera profesional desde donde se estima la dimensión de la brecha de género.

GRÁFICO 1
Distribución de hombres y mujeres
en diferentes niveles educativos superiores para el año 2005

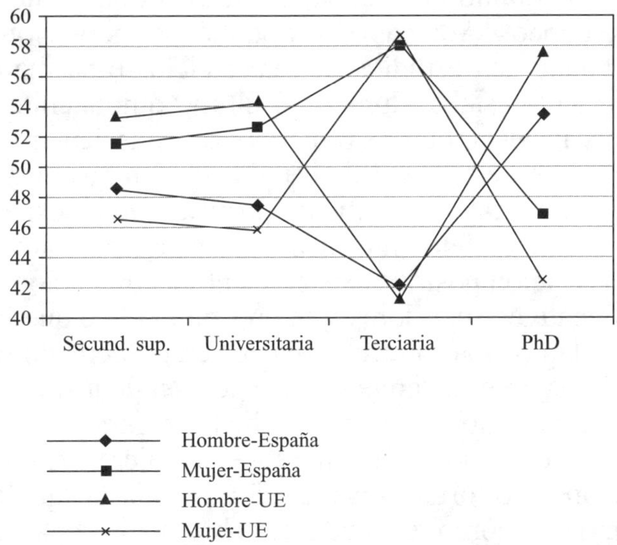

Fuente: Elaboración propia a partir de datos de Eurostat.

Los indicadores educativos básicos del último quinquenio muestran una evolución positiva de la población europea en la consecución de logros educativos, lo que contribuye a una mayor cualificación de la población (Merit, 2007). El número de graduados de tercer ciclo en la Unión Europea (UE-27) experimentó un incremento del 33,4 por 100 en 2005 (si se toma como referencia el volumen de graduados en el año 2000, según datos de Eurostat sobre educación). En España, la tendencia fue similar, aunque tuvo una evolución más moderada (el crecimiento fue tan sólo de un 10 por 100, e incluso en los dos últimos años del periodo observado crece con menor intensidad respecto al año 2000 y decrece respecto al año 2003). El incremento de la tasa de alumnos de tercer ciclo suele asociarse a cambios legislativos en los sistemas educativos y al aumento del esfuerzo de los estudiantes para enfrentarse a un mercado laboral cada vez más competitivo.

En el año 2005, según datos de Eurostat, las mujeres representaban el 58 por 100 de los graduados en tercer ciclo universitario tanto en España como en el conjunto de los países europeos. Además, la proporción de población femenina graduada en estudios de tercer ciclo se ha mantenido prácticamente estable durante el último quinquenio, por lo que podemos decir que las mujeres están suficientemente representadas en este nivel de estudios y competencias. Esto pone de manifiesto la evolución positiva que ha experimentado la población femenina respecto a su formación y, en general, la relación positiva existente entre la obtención de créditos educativos superiores y la oportunidad de que las mujeres puedan ocupar nuevos espacios en el mercado laboral. El problema no es solamente una cuestión de justicia social, sino también de aprovechamiento de los recursos humanos y de la diversidad que aportan hombres y mujeres. Algunas organizaciones se tornan más sensibles hacia la igualdad de oportunidades como resultado de la búsqueda de la excelencia de los candidatos independientemente de su sexo (Addis, 2004; OCDE, 2006).

La distribución de las mujeres, sin embargo, no es homogénea en todas las áreas de conocimiento. En el año 2005, para el conjunto de la Unión Europea (UE-27), el porcentaje de mujeres graduadas en ciencias, matemáticas e informática alcanzó sólo el 39,17 por 100 y en las ingenierías fue la mitad, el 18,32 por 100. Las cifras para España son similares. En ese mismo año, las mujeres representaron el 35,98 por 100 de los graduados en el área de ciencias, matemáticas e informática, y el 19,87 por 100 en las ingenierías. Estos datos muestran que las mujeres se distribuyen desigualmente entre unas ramas y otras, puesto que están menos representadas en las áreas tecnológicas que en las de humanidades y ciencias sociales. Aunque esto sólo es cierto si nos referimos a las grandes ramas del conocimiento, porque dentro de ellas, cada especialidad parece atraer de manera diferente a hombres y mujeres, tal como se verá más adelante.

La decisión de realizar estudios terciarios y completarlos se considera, tanto por parte de la OCDE como de la UNESCO, un indicador del grado de ajuste existente entre el sistema universitario y las expectativas del mercado laboral acerca de sus egresados (OCDE, 2007). No obstante, las tasas de abandono de esta etapa educativa no pueden compararse con las de otros niveles educativos obligatorios o de perfil claramente profesional. La tasa de abandonos en los diecinueve países de la OCDE para los que hay datos disponibles alcanza el 30 por 100, y en el ámbito europeo (UE-27) algo más del 40 por 100 de las personas que han obtenido el grado de doctor son mujeres. Ocurre, sin embargo, que el porcentaje de mujeres en las carreras científico-técnicas es más bajo que en otros campos del conocimiento.

5. Situación de las mujeres en las etapas iniciales de formación para la investigación

El porcentaje de doctores mujeres en 2005 en España es del 46,7 por 100, cifra que supera incluso a la media europea

(42,5 por 100) y Japón (26,2 por 100). Los datos referidos a las carreras técnicas no arrojan una realidad tan positiva para la población femenina. En informática representaron una cuarta parte de los doctores, y en las ingenierías un porcentaje algo menor, del 22 por 100. Pero los porcentajes varían en cada especialidad: casi la mitad de los doctores del área de ciencias, matemáticas e informática son mujeres, pero al observar cada especialidad, la mayoría de las mujeres están presentes en las ramas de ciencias de la vida y de físicas, pero no en matemáticas, estadística e informática. Esto confirma que las mujeres se sienten más atraídas por unas especialidades que por otras, a pesar de formar parte todas ellas de la misma área científico-tecnológica.

El tipo de desigualdad a la que se enfrentan las mujeres no se genera en las estructuras formales de las instituciones sociales o educativas, sino que, por el contrario, se produce de forma sutil, lo que llega a invisibilizarla (Comisión Europea, 2004). Ninguna normativa impide hoy que las mujeres accedan a unas profesiones u otras. Son estereotipos, valores y culturas de trabajo los que pueden estar impidiendo el acceso de las mujeres a ciertas áreas de conocimiento y espacios sociales. Varios trabajos han intentado esclarecer estos motivos, y se han centrado en las redes sociales que presiden el entorno de las mujeres y las relaciones que establecen con sus tutores y compañeros varones (Fox, 2000; Conefrey, 2000; Rosser y Zieseniss, 2000; Grimmer y Röhl, 2005; Gupta, 2007).

Algunos de los obstáculos detectados por estos estudios están relacionados con la asimetría de las relaciones con profesores, tutores y compañeros, debido al hecho de que aún no se considera habitual la presencia de las mujeres en las aulas y espacios de trabajo de las áreas tecnológicas. Y, cuando se produce un incremento significativo de mujeres, en los casos en que no se ha impuesto una normalización de la situación, la percepción de desigualdad por parte de las chicas las lleva a agruparse y, a veces, a autoexcluirse y segregarse de sus compañeros masculinos —véase Gupta (2007) para el caso especialmente vulnerable de las mujeres indias. Las mujeres sienten que su situación minoritaria y excepcional hace que todos se forjen demasiadas expectativas sobre ellas. Incluso si éstas son positivas, el hecho de convertirse en el foco de atención provoca sentimientos de excesiva responsabilidad y presión. Para explicar la menor presencia de las mujeres en las carreras universitarias tecnológicas se han sugerido también rasgos de personalidad diferentes entre uno y otro sexo, referidos a la mayor tendencia de cooperación de las mujeres (rasgos expresivo-comunales), y de competición de los chicos (rasgos agéntico-instrumentales), lo cual está relacionado con las culturas de trabajo que encarnan hombres y mujeres en las organizaciones.

La disolución de las microdesigualdades soportadas por las mujeres en las carreras técnicas debe apoyarse en la acción decidida de las instituciones para impulsar el acceso de la población femenina a los estudios donde están subrepresentadas. Sin el incremento del número de mujeres en estas carreras profesionales será imposible aumentar su proporción en puestos de responsabilidad, la posibilidad de la promoción de modelos positivos para las más jóvenes o la transformación de las culturas organizativas. Pero, como veremos más adelante, pensar que este cambio tendrá lugar como un proceso de evolución natural de transformación social no es una hipótesis sostenible.

En las etapas iniciales de la formación postuniversitaria, los países potencian el incremento de las políticas de recursos humanos a través de becas y contratos. En España, en particular, se lleva a cabo a través de un complejo sistema en el que destaca la actividad de la administración central, que ha puesto en marcha una gran variedad de programas dirigidos a cubrir diversos objetivos y etapas de formación. Se pretende no sólo favorecer la formación predoctoral (entre otras, las becas de Formación del Personal Investigador y de Formación del Personal Universitario), sino también la atracción de científicos españoles formados en el extranjero (como las becas Ramón y Cajal), la incorporación de técnicos y doctores a las empresas (los contratos de incorporación de tecnólogos y doctores Torres Quevedo), el apoyo a jóvenes doctores (becas Juan de la Cierva), la incorporación de investigadores al sistema de ciencia y tecnología (programa I3P) o diversas becas de apoyo a la movilidad de investigadores y docentes.

El peso de las becas de formación entre la población femenina no es tan grande como cabría esperar. A pesar de que el número de mujeres en las etapas de formación de doctorado suponía casi la mitad de los graduados en estudios de tercer ciclo en 2005, como mencionamos antes, las beneficiadas por las becas de formación predoctorales alcanzaron el 21 por 100. Incluso algo menos que en el año 2004, cuando una de cada cuatro becarios era mujer. Conforme subimos por la escala de formación, vemos cómo disminuye la presencia de la mujer. Así, las becas posdoctorales en el año 2005 representaron el 17 por 100 para las mujeres y en 2004 el 12 por 100.

La Dirección General de Investigación del Ministerio de Educación y Ciencia nos proporciona la información necesaria para conocer el grado de representación de la población femenina en las distintas áreas del conocimiento. En el año 2004, como puede apreciarse en el Gráfico 2, las mujeres fueron mayoritarias en las ramas de biomedicina y fisiología (donde incluso doblan a los hombres con una razón del 2,29[2]), el área de ciencia y tecnología de los alimentos (1,97), en biología molecular, celular y genética (1,48), biología vegetal, animal y ecología (1,05), filología y filosofía (1,07) e historia y arte (1,03).

---

[2] Las cifras que aparecen entre paréntesis representan las razones entre mujeres y hombres, de donde se extrae que la proporción de mujeres es mayor que la de hombres para resultados superiores a la unidad y, si éstos son inferiores a la unidad, que la proporción es favorable a los hombres.

GRÁFICO 2

Distribución del personal investigador en formación por áreas de conocimiento y género, 2004

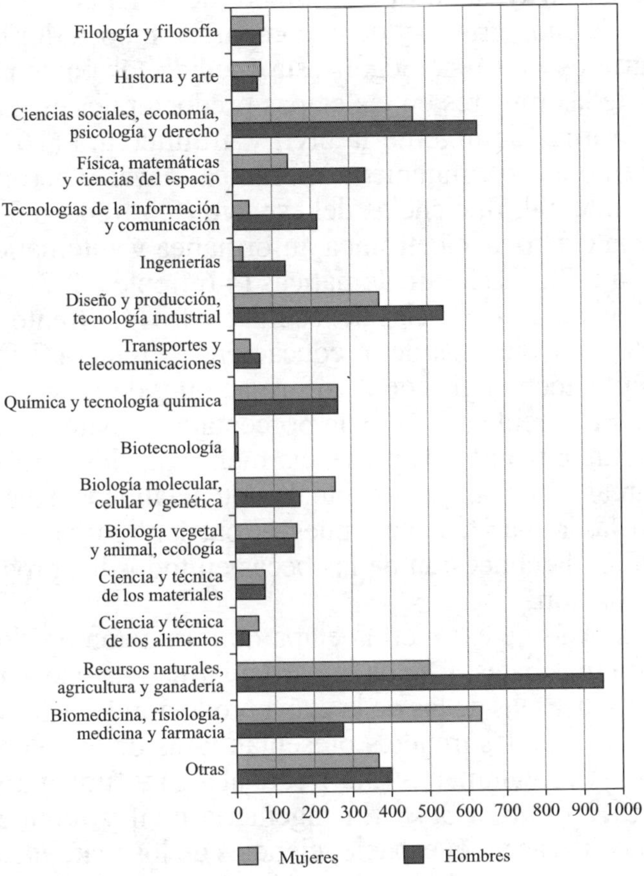

Fuente: Elaboración propia a partir de los datos proporcionados por la Subdirección General de Coordinación del Plan Nacional de I + D + I, Secretaría General de Política Científica y Tecnológica, Dirección General de Investigación del Ministerio de Educación y Ciencia, tomados de González *et al.*, 2007.

El porcentaje de éxito sobre las solicitudes de becas de formación, desagregado por sexo, proporciona una estimación de la desigualdad entre hombres y mujeres. El indicador se construye a partir del número de solicitudes y concesiones de cada grupo, y de la comparación posterior de ambos grupos entre sí. Según esta medida, el porcentaje de éxito de las mujeres en las etapas predoctorales es más alto en las ramas de ingeniería civil y arquitectura (16,5 puntos frente a 4,6), ingeniería mecánica, naval y aeronáutica (8,5 frente a 4,6), ciencias del espacio (5,6 frente a 3,1), ingeniería eléctrica, electrónica, informática y automática (9,2 frente a 6,7), física y matemáticas (4,6 frente a 2,7), energía (5,5 frente a 2,7), ciencias de los materiales (4,3 frente a 3,2), psicología y ciencias de la educación (9 frente a 7,6) y, finalmente, tecnologías de la información y de las comunicaciones (4,8 frente a 3,2). Este porcentaje de éxito no impide que sigan teniendo una presencia menor que los hombres en esas áreas. Prueba, igualmente, la potencialidad de las mujeres en las ramas técnicas, pues el currículum es un factor central en la concesión de las becas en todos los programas de formación.

Sus tasas de éxito en la etapa de formación posdoctoral son aún más bajas, y se da la particularidad de que son altas en áreas distintas de las de la etapa predoctoral. En las etapas posdoctorales, las mujeres presentan tasas de éxito en ciencias sociales y humanas (5,5 frente al 2,6) y filología y filosofía (5,9 frente a 3,4). En ingeniería civil y arquitectura, ciencias físicas y del espacio, ciencias de los materiales, psicología y ciencias de la educación, antes positivas para las mujeres, el porcentaje de éxito es mayor para los hombres. Incluso, en las ingenierías eléctrica, electrónica, informática y automática o en las áreas de tecnologías de la información y de las comunicaciones no hay presencia femenina. Dentro de las especialidades técnicas, las mujeres consiguen mejores resultados en las ingenierías mecánica, naval y aeronáutica, y en matemáticas.

¿Cuál es la razón de que en puestos de mayor nivel de la carrera investigadora la participación de las mujeres disminuya? Sin duda se debe al efecto de las preferencias de las mujeres, relacionadas con los estereotipos y valores asociados a las profesiones, como hemos visto en apartados anteriores de este mismo capítulo, que calan tanto en las estructuras sociales como en las elecciones personales.

6. La presencia femenina en el ámbito de la investigación en ciencia y tecnología

Los datos anteriores nos permiten sintetizar ya algunos rasgos de la situación de la población femenina en el ámbito de la investigación en ciencia y tecnología. En primer lugar, verificamos la brecha existente entre hombres y mujeres, mayor en las posiciones más elevadas de la carrera profesional, tal como sucede en las diversas etapas de formación. En segundo lugar, las mujeres están menos representadas en las áreas de ciencia y tecnología, especialmente en las vinculadas con las tecnologías de la información, la informática y la electrónica, centrales para el desarrollo de la sociedad del conocimiento. En tercer lugar, podemos añadir que la edad y la fase del ciclo vital son variables de influencia en la situación de la población femenina. Encontramos un buen número de mujeres en la base de la pirámide que, sin embargo, va disminuyendo conforme se asciende por la escala profesional.

Merit (2008) ha señalado que las mujeres jóvenes disfrutan de una tasa de empleo más elevada en ciencia y tecnología que las de mayor edad. Las mujeres españolas de veinticinco a treinta y cuatro años disfrutarían de hasta ocho puntos por encima de las mujeres europeas (UE-27) y, por el contrario, las de cuarenta y cinco a sesenta y cinco años estaría por debajo de la media europea (29,7 por 100 frente a 37,8 por 100). Como corolario de lo anterior, hay que añadir que la situación de la mujer mejora conforme aumentan sus credenciales educativas, como ya pusimos de manifiesto en el apartado 4 (OCDE, 2007; Merit, 2008).

La hipótesis optimista haría valer que el aumento significativo del número de mujeres en la base de la pirámide permitiría más adelante un crecimiento de éstas en las posiciones más elevadas. Sin embargo, los datos no parecen avalar esta explicación. No se corresponde, por ejemplo, con el bajo porcentaje de mujeres halladas en los estudios de formación profesional de grado superior en las áreas de tecnologías de la información y la comunicación, que supone algo menos de la cuarta parte del total de los estudiantes. Tampoco la avala el hecho de que muy pocas mujeres accedan a puestos de responsabilidad, tras perder a la gran mayoría de las mujeres en los estadios inferiores de la carrera profesional. Esta pérdida incesante de personas ha hecho que a este fenómeno se le denomine «la tubería que gotea».

Respecto a la situación de las mujeres en la investigación, otro dato que se debe tener en cuenta es que la proporción de mujeres investigadoras es más baja que la de mujeres con empleo en casi todos los países de Europa, excepto en España, Letonia y Portugal (Götzfried, 2004). Esta importancia de las ocupaciones relacionadas con la investigación en nuestro país debería ser un acicate para impulsar, en mayor medida, la educación universitaria superior y el acceso y la promoción de las mujeres a estos empleos cruciales para el futuro de las sociedades contemporáneas.

Los empleos ocupados por mujeres en la investigación suelen concentrarse en mayor medida en el sector público. Impulsar la participación del sector privado en la investigación, para generar un mayor número de puestos de trabajo en ciencia y tecnología es, precisamente, uno de los mayores retos de la política científica española. Los datos de Eurostat para 2004 muestran que el 64,5 por 100 de las investigadoras españolas pertenecen a los sistemas de educación superior, frente al 59,3 por 100 que trabajan en el mismo sector en Europa (UE-25). En cambio, sólo el 17,3 por 100 de las mujeres investigadoras trabajan en el sector empresarial en España, frente al 25,2 por 100 de sus homólogas europeas.

La mayor presencia de las mujeres en estas instituciones se ve favorecida por el hecho de que las condiciones de acceso y promoción están establecidas de antemano. La cultura organizativa permite a las mujeres permanecer, aunque sea en categorías menos relevantes que los hombres, en puestos cualificados y ajustados a su nivel de formación. Parece que la competencia y el riesgo propios de los ámbitos profesionales privados desaniman a las mujeres, convencidas de las dificultades para conciliar sus carreras profesionales con su vida privada. Aunque Fox y Stephan (2001) han ofrecido otra explicación relacionada con la devaluación de las carreras profesionales. Según estas autoras, cuando las profesiones son exitosas en la industria o en el gobierno son los hombres los que ocupan esas posiciones, y dejan vacantes los empleos de la academia para que sean ocupados por las mujeres.

A pesar de que las universidades parecen un espacio proclive a acoger a las mujeres, su rigidez institucional y la falta de adaptación a la diversidad dificultan la promoción de las mujeres en la organización. Los valores de neutralidad y objetividad de la comunidad científica suponen en la actualidad una espesa cortina que impide adoptar cambios en favor de la excelencia. Podremos verificar a continuación algunos de estos efectos negativos y el desequilibrio entre hombres y mujeres.

La Tabla 4 muestra el porcentaje de mujeres en las diferentes categorías de funcionarios en las instituciones públicas de investigación. Los datos reflejan una menor presencia femenina conforme se consideran los puestos más elevados de la escala: las mujeres ocupan un 13,7 por 100 en la categoría catedrático de universidad y un 15,1 por 100 en la de profesor de investigación, que son los niveles superiores de ambas escalas profesionales.

TABLA 4

Porcentaje del personal funcionario en la universidad y en el CSIC distribuidos según escala profesional, 2005

Universidad	Total	Mujeres	CSIC	Total	Mujeres
Catedrático de universidad	8.619	13,7%	Profesor de investigación	471	15,1%
Catedrático de escuela	2.498	32,9%	Investigador científico	590	30,8%
Titular de universidad	27.511	35,9%			
Titular de escuela	11.562	40,8%	Científico titular	1.300	38,9%

Fuente: Los datos del CSIC corresponden a García de Cortázar *et al.*, 2006; los de la Universidad a las estadísticas publicadas por el Consejo de Coordinación Universitario (MEC, 2005b).

Las desigualdades de género en la esfera de la investigación han constituido un campo de estudio sugerente y fructífero. Algunos informes (Comisión Europea, 2004; OCDE, 2006) han constatado la menor presencia de mujeres en los puestos de mayor relevancia. Desde la sociología de la ciencia se ha abordado la concentración desigual del mérito entre los investigadores, estudiada tanto desde una perspectiva carente de la consideración de género (Merton, 1968), como desde otra centrada en esa variable (Rossiter, 1993). La primera, denominada «efecto Mateo», establece la tendencia a la acumulación de méritos por parte de los autores más relevantes; la segunda, conocida como «efecto Matilda», habla de los casos documentados donde los logros de las investigadoras han sido atribuidos a sus compañeros masculinos o subestimados.

Estos trabajos dieron paso a otros, referidos al acceso diferencial a los recursos de la ciencia. Es conocido el artículo de Wenneräs y Wold (1997) que se centraba en el sistema de financiación sueco, y mostraba la menor probabilidad de obtención de financiación por parte de los proyectos liderados por mujeres. Los análisis relacionados con la identificación cuantitativa de las tasas de éxito de hombres y mujeres cubren un amplio panorama de temas y metodologías, desde la consecución de un puesto laboral a la obtención de una beca de formación, la financiación de proyectos o el porcentaje de publicación y el índice de impacto del trabajo científico.

La investigación mide su excelencia a través de indicadores cuantitativos relativos al número de citas que se hace de los artículos y revistas donde publica la comunidad científica. La desagregación por sexo es muy difícil, puesto que la costumbre de utilizar iniciales hace imposible distinguir las publicaciones realizadas por mujeres. Con el objetivo de medir esta productividad en hombres y mujeres, se han llevado a cabo algunos estudios centrados en instituciones científicas concretas, y se ha intentado identificar caso por caso las contribuciones realizadas por hombres y mujeres (Palomba, 2004; Bordons y Mauleón, 2006; González, 2006). Estas investigaciones empíricas muestran la relevancia explicativa de las variables área de conocimiento y categoría profesional de los sujetos. El género, en cambio, no es una variable predictiva del nivel de producción científica alcanzado por los científicos, y tampoco lo es de la relevancia de sus publicaciones atendiendo al factor de impacto de las revistas.

Puesto que el mérito es el mecanismo de acceso al sistema universitario y éste se cumple en el caso de las mujeres, ¿cuál es la base del desajuste entre la producción científica y la posición de las mujeres en la academia? Para responder a esta pregunta se han aportado distintos argumentos relacionados con la desigualdad de trato, las situaciones diferentes que deben afrontar hombres y mujeres, los estilos de trabajo y las características intrínsecas de las organizaciones.

Addis (2004) plantea la dificultad de las mujeres para establecer redes influyentes o para acceder a las redes de excelencia donde, dada la masculinización de la ciencia, predominan los hombres. Esto es especialmente relevante, puesto que la ciencia se organiza a través de grupos de interés o escuelas académicas. Por tanto, la pertenencia a estas redes y la coincidencia de intereses (líneas de investigación y metodologías similares) permite ocupar un puesto reconocido dentro del grupo de pares. Sostener opiniones diferentes, un enfoque distinto o intereses científicos divergentes de los de la corriente dominante implica enfrentarse a mayores dificultades a la hora de obtener el reconocimiento de la comunidad científica (Mählck, 2001).

Debido a la mayor dificultad de encontrar mujeres en estas posiciones es, a su vez, más difícil contar con ellas para que formen parte de comités de selección, evaluación o puestos de liderazgo que permitan el cambio a través de posiciones de influencia ocupadas por las mujeres. El problema tiende a repetirse y convertirse en un círculo vicioso cuya resolución únicamente podrá venir de la mano de la introducción de acciones en favor de la diversidad y claramente positivas hacia la mujer.

7. Conclusiones

Como hemos podido constatar, la desigualdad en los estudios y las carreras profesionales persiste a pesar de los cambios positivos que han experimentado las mujeres, en especial en cuanto a la adquisición de credenciales educativas relacionadas con los estudios técnicos. Además, conforme se asciende en los niveles educativos y profesionales, el peso de las mujeres decrece.

La existencia de una serie de obstáculos socioculturales y psicosociales explica la baja propensión de las mujeres a elegir profesiones técnicas. Los estereotipos y roles sociales influyen en la demarcación de prototipos profesionales masculinos y femeninos que afectan tanto a personas como a instituciones. Los agentes sociales se encargan de transmitir y reforzar dichos roles estereotípicos. Este es uno de los orígenes que da lugar a un proceso de autopercepción negativa por parte de algunas chicas hacia la tecnología, que se traduce en su falta de interés por lo tecnológico y en desechar las carreras científico-técnicas, frente a otras opciones de estudio. Todo ello tiene una serie de implicaciones negativas para el avance de las mujeres en el ámbito de la tecnología desde las primeras etapas educativas. Además, sugiere la necesidad de desarrollar más programas dirigidos a fomentar el interés de las chicas por la tecnología, así como evaluar su impacto sobre la posterior carrera profesional.

Como hemos podido comprobar, la brecha de género no se reduce únicamente al acceso a los estudios técnicos, sino también a la promoción de las mujeres dentro de las profesiones científico-técnicas. Un ejemplo de ello es la disminución del número de mujeres en los niveles de mayor formación universitaria en estos ámbitos, incluso a pesar de su buen rendimiento académico. Por tanto, el aumento de la base de la pirámide no es suficiente, aunque sí una condición necesaria, para equilibrar el número de hombres y mujeres en los puestos de mayor relevancia dentro de las carreras tecnológicas. La escasez de mujeres en puestos de responsabilidad se traduce en una menor presencia de mujeres en comités científicos, redes académicas y profesionales, así como en órganos de decisión. Esto dificulta la aparición de modelos positivos para otras mujeres, así como la adopción de la perspectiva de género en la toma de decisiones.

Asumir el reto de incorporar a las mujeres en ocupaciones de ciencia y tecnología permite añadir diversidad a los planteamientos tradicionales y favorece la excelencia a través de la búsqueda de talento. Este hecho va incluso más allá de la pretensión de fomentar la igualdad de oportunidades, redunda en el beneficio de las instituciones y en el enriquecimiento mutuo de las mujeres y de la tecnología. En este sentido, el punto de vista de la mujer supone un valor añadido al contenido, diseño y desarrollo de herramientas tecnológicas.

La importancia concedida por las investigaciones empíricas a que las mujeres alcancen una mayor participación en los estudios y profesiones técnicas no debe entenderse como un simple interés de aumentar la cantidad de mujeres en este ámbito. No es el número de mujeres lo que importa, sino el hecho de que todas las mujeres que se sientan inclinadas a seguir trayectorias técnicas puedan hacerlo sin ningún tipo de obstáculo real ni percibido. La eliminación de barreras sociales y creencias erróneas en torno a la tecnología y las mujeres, junto a la aplicación de medidas de promoción del talento sin criterios sexistas contribuye, sin lugar a dudas, a la consecución de una mayor igualdad de oportunidades.

Bibliografía

Addis, E., «Gender in the publication process: evidence, explanations, and excellence», en European Commission, Directorate General for Research, *Gender and excellence in the making,* Luxemburgo, Office for Official Publications of the European Communities, 2004.

Ayalon, H., «Women and men go to university: mathematical background and gender differences in choice of field in higher education», *Sex Roles,* 48 (5-6), 2003, págs. 277-290.

Bandura, A., *Self-efficacy in changing societies,* Londres, Cambrigde University Press, 1999.

Becker, G. S., *Human capital: a theoretical and empirical analysis, with special reference to education,* Chicago, University of Chicago Press, 1964.

Bordons, M. y Mauleón, E., «Women's research careers and scientific productivity in public research», en *International Workshop on Women in scientific careers: unleashing the potential,* 16 de noviembre de 2005, París, OCDE Publishing, 2006, http://www.oecd.org/dataoecd/47/24/35776015.pdf [fecha de consulta: mayo de 2008].

Brynin, M., «Gender, technology and jobs», *The British Journal of Sociology,* 57 (3), 2006, págs. 437-453.

CASTAÑO, C., *Las mujeres y las tecnologías de la información: Internet y la trama de nuestra vida,* Madrid, Alianza, 2005.
CASTAÑO, C. *et al., Observatorio e-igualdad. Informe final,* 2007, disponible en http://www.e-igualdad.net [fecha de consulta: mayo de 2008].
CINAMON, R. G. y RICH, Y., «Gender differences in the importance of work and family roles: implications for work-family conflict», *Sex Roles,* 47 (11-12), 2002, págs. 531-541.
CONEFREY, T., «Laboratory talk and women's retention rates in science», *Journal of Women and Minorities in Science and Engineering,* 6 (3), 2000, págs. 251-264.
DEAUX, K. y MAJOR, B., «Putting gender into context: an interactive model of gender related behavior», *Psychological Review,* 94, 1987, págs. 369-389.
DICKHÄUSER, O. y STIENSMEIER-PELSTER, J., «Erlernte Hilflosigkeit am Computer? Geschlechtsunterschiede in computerspezifischen Attributionen», *Psychologie in Erziehung und Unterricht,* 49, 2002, págs. 44-55.
— «Gender differences in the choice of computer courses: applying an expectancy-value model», *Social Psychology of Education,* 6, 2003, págs. 173-189.
EAGLY, A. H., *Sex differences in social behavior: a social-role interpretation,* Hillsdale (NJ), Lawrence Erlbaum Associates, 1987.
EAGLY, A. H. y KARAU, S. J., «Role congruity theory of prejudice toward female leaders», *Psychological Review,* 109 (3), 2002, págs. 573-598.
EAGLY, A. H. y STEFFEN, V., «Gender stereotypes stem from the distribution of women and men into social roles», *American Psychological Association,* 46 (4), 1984, págs. 735-754.
ECCLES, J. S., «Expectancies, values and academic behaviors», en J. T. Spence, *Achievement and achievement motives: psychological and sociological approaches,* San Francisco, Freeman, 1983, págs. 75-146.
ECCLES, J. S., BARBER, B. y JOZEFOWICZ, D., «Linking gender to educational, occupational and recreational choices: applying the Eccles *et al.* model of achievement-related choices», en W. B. Swann, J. H. Langlois y L. A. Gilbert (eds.) *Sexism and stereotypes in modern society,* Washington, American Psychological Association, 1999, págs. 153-191.

ECCLES, J. S. *et al.,* «Gender-role socialization in the family: a longitudinal approach», en T. Eckes y H. M. Trautner, *The developmental social psychology of gender,* Hillsdale (NJ), Lawrence Erlbaum Associates, 2000, págs. 333-360.

ELEJIABEITA, C. y LÓPEZ-SÁEZ, M., *Trayectorias personales y profesionales de mujeres con estudios tradicionalmente masculinos,* Estudio II: *Universidad,* Madrid, CIDE / Instituto de la Mujer, 2003.

EUROPEAN COMMISSION, DIRECTORATE GENERAL FOR RESEARCH, *Gender and excellence in the making,* Luxemburgo, Office for Official Publications of the European Communities, 2004.

FASSINGER, R. E., «Women in non-traditional occupational fields», en E. Worell (ed.), *Encyclopedia of women and gender: sex similarities and differences and the impact of society on gender,* California, Academic Press, 2001, págs. 1169-1180.

FOX, M. F., «Organizational environments and doctoral degrees awarded to women in science and engineering departments», *Women Studies Quarterly,* 28, 2000, págs. 47-61.

FOX, M. F. y STEPHAN, P. E., «Careers of young scientists: preferences, prospects and realities by gender and field», *Social Studies of Science,* 31 (1), 2001, págs. 109-122.

FUENTE, A. de la y ROCHA, J. M., «Capital humano y crecimiento: un panorama de la evidencia empírica y algunos resultados para la OCDE», *Moneda y Crédito,* 203, 1996, págs. 43-84.

GARCÍA DE CORTÁZAR, M. L. *et al., Mujeres y hombres en la ciencia española: una investigación empírica,* Madrid, Ministerio de Trabajo y Asuntos Sociales, 2006.

GONZÁLEZ, A. M., *Modos de Producción Científica: Culturas y Metodologías de Investigación en la Universidad de Cádiz,* Cádiz, Universidad, 2007.

GONZÁLEZ, A. M. *et al., Contribución al conocimiento y la ciencia del personal investigador en formación,* 2007, http://www.centrorecursos.com/mec/ayudas/repositorio/20061129150110Informe_ProyectoBecarios_EA%202006-0099.pdf [fecha de consulta: mayo de 2008].

GÖTZFRIED, A., «Women, science and technology: measuring recent progress towards gender equality», *Eurostat. Statistics in Focus: Science and Technology,* 6, 2004.

GREUSING, I., «Der Techno-Club an der TU Berlin», en C. Gransee (ed.), *Hochschulinnovation: Gender Initiativen in der Technik,* Hamburgo, LIT, 2006.

GRIMMER, B. y RÖHL, T., «Female students at universities in Baden-Württemberg, Rhône-Alpes and Catalonia: a secondary analysis of gender, interest in science and research, and the intention to do a doctorate», *Papers: Revista de Sociología,* 76, 2005, págs. 199-215.

GUIMOND, S. y ROUSSEL, L., «Bragging about one's school grades: gender stereotyping and students' perception of their abilities in science, mathematics, and language», *Social Psychology of Education,* 4, 2001, págs. 275-293.

GUPTA, N., «Indian women in doctoral education in science and engineering: a study of informal milieu at the reputed Indian Institutes of Technology», *Science, Technology & Human Values,* 32 (5), 2007, págs. 507-533.

HACKETT, G., «Self-efficacy in career choice and development», en A. Bandura, *Self-efficacy in changing societies,* Londres, Cambridge University Press, 1999, págs. 232-258.

HANNOVER, B. y KESSELS, U., «Self-to-prototype matching as a strategy for making academic choices: why high school students do not like math and science», *Learning and Instruction,* 14, 2004, págs. 51-67.

HARGITAI, E. y SHAFER, S., «Differences in actual and perceived online skills: the role of gender», *Social Science Quarterly,* 87 (2), 2006, págs. 432-448.

HYDE, J. S., FENNEMA, E. y LAMON, S., «Gender differences in mathematics performance: a meta-analysis», *Psychological Bulletin,* 107, 1990, págs. 139-155.

KRUEGER, A. B. y LINDAHL, M., «Education for growth: why and for whom?», *Journal of Economic Literature,* 39 (4), 2001, págs. 1101-1136.

LEAPER, C. y FRIEDMAN, C. K., «The socialization of gender», en J. E. Grussec y P. D. Hastings (eds.), *Handbook of socialization: theory and research,* Nueva York, Guilford Press, 2007, págs. 561-587.

LÓPEZ-SÁEZ, M., *La elección de una carrera típicamente femenina o masculina desde una perspectiva psicosocial: la influencia del género,* Madrid, Ministerio de Educación y Ciencia, 1995.

López-Sáez, M., Lisbona, A. y Sainz, M., «Mujeres ingenieras: percepciones sobre su vida profesional», *Revista de Psicología General y Aplicada,* 5 (2), 2004, págs. 161-180.

Mählck, P., «Mapping gender differences in scientific careers in social and bibliometric space», *Science, Technology & Human Values,* 26 (2), 2001, págs. 167-190.

Margolis, J. y Fisher, A., *Unlocking the clubhouse: women in computing,* Cambridge (Mass.), The MIT Press, 2002.

Martin, C. L., «A developmental perspective on gender effects and gender concepts», en W. B. Swann, J. H. Langlois y L. A. Gilbert (eds.), *Sexism and stereotypes in modern society,* Washington, American Psychological Association, 1999, páginas 45-73.

Martínez, C. *et al., Llibre blanc de les dones a Catalunya en el món de la ciència i la tecnologia,* Barcelona, Institut Català de la Dona, 2003.

Merit, T., «Doctorate holders: the beginning of their career», *Eurostat. Statistics in Focus: Science and technology,* 131, 2007.

— «Women employed in science and technology», *Eurostat. Statistics in Focus: Science and technology,* 10, 2008.

Merton, R. K., «The Matthew effect in science: the reward and communication systems of science are considered», *Science,* 159 (3810), 1968, págs. 56-63.

Ministerio de Educación y Ciencia, *Los bachilleratos: curso 2003-2004,* datos obtenidos a partir de la enseñanza en España en los niveles no universitarios, 2005a, http://www.mec.es/mecd/estadisticas/educativas/cee/2006/D4-Bachillerato.pdf [fecha de consulta: mayo de 2008].

— *Datos y cifras del sistema universitario: curso 2005-2006,* Madrid, Secretaría General Técnica, Subdirección General de Información y Publicaciones, 2005b, http://www.mec.es/files/datos0506.pdf [fecha de consulta: mayo de 2008].

— *Datos y cifras: curso escolar 2007-2008,* 2008, http://www.mec.es/mecd/estadisticas/educativas/dcce/DATOS_Y_CIFRAS_WEB.pdf [fecha de consulta: mayo de 2008].

Nelson, R. y Phelps, E., «Investment in humans, technological diffusion and economic growth», *American Economic Review: Papers and Proceedings,* 61, 1966, págs. 69-75.

OCDE, *International Workshop on Women in scientific careers: unleashing the potential,* 16 de noviembre de 2005, París, OCDE Publishing, 2006, http://www.oecd.org/dataoecd/47/24/35776015.pdf [fecha de consulta: mayo de 2008].
— *Education at a glance: OECD indicators 2006,* París, OECD, 2007.
OSCA, A. y LOPEZ-SÁEZ, M., «Desarrollo de carrera y género: factores que influyen en las diferencias entre hombres y mujeres», *Psicología del Trabajo y de las Organizaciones,* 10, 1996, págs. 73-85.
PALOMBA, R., «Does gender matter in scientific leadership?», en European Commission, Directorate General for Research, *Gender and excellence in the making,* Luxemburgo, Office for Official Publications of the European Communities, 2004.
ROSSER, S. V. y ZIESENISS, M., «Career issues and laboratory climates: different challenges and opportunities for women engineers and scientists (survey of fiscal year 1997 power awardees)», *Journal of Women and Minorities in Science and Engineering,* 6 (2), 2000, págs. 1-20.
ROSSITER, M. W., «The Matthew Matilda effect in science», *Social Studies of Science,* 23 (2), 1993, págs. 253-341.
RUIZ-BEN, E., «Attitudes towards computing among secondary students in Spain: gender based differences», en U. Pasero y A. Gottburgsen, *Wie natürlich ist Geschlecht? Gender und die Konstruktion von Natur und Technik,* Wiesbaden, Westdeutscher Verlag, 2002, págs. 256-259.
SAINZ, M., *Aspectos psicosociales de las diferencias de género en actitudes hacia las nuevas tecnologías en adolescentes,* Madrid, Instituto de la Juventud (INJUVE), en prensa.
SAINZ, M., LÓPEZ-SÁEZ, M. y LISBONA, A., «Expectativas de rol profesional de mujeres estudiantes de carreras típicamente femeninas o masculinas», *Acción Psicológica,* 3 (2), 2004, págs. 111-123.
SANZ, V., «Mujeres e ingeniería informática: el caso de la Facultad de Informática de la UPM», *Arbor,* en prensa.
SHASHAANI, L., «Gender-differences in computer experience and its influence on computer attitudes», *Journal of Educational Computing Research,* 11, 1994, págs. 347-367.

STEELE, C. M., «A threat in the air: how stereotypes shape intellectual identity and performance», *American Psychologist,* 52, 1997, págs. 613-629.

UPDEGRAFF, K. A., MCHALE, S. M. y CROUTER, A. C., «Gender roles in marriage: what do they mean for girls' and boys' school achievement?», *Journal of Youth and Adolescence,* 25, 1996, págs. 73-88.

WARD, L. M. y CARUTHERS, A., «Media influences», en E. Worell (ed.), *Encyclopedia of women and gender: sex similarities and differences and the impact of society on gender,* California, Academic Press, 2001, págs. 1169-1180.

WELLER, J., *La problemática inserción laboral de los y las jóvenes,* Santiago de Chile, CEPAL, 2003.

WENNERÄS, Ch. y WOLD, A., «Nepotism and sexism in peer-review», *Nature,* 387 (6631), 1997, págs. 341-343.

WIGFIELD, A. y ECCLES, J. S., «Expectancy-value theory of achievement motivation», *Contemporary Educational Psychology,* 25, 2000, págs. 68-81.

ZARRETT, N. R. y MALANCHUK, O., «Who's computing? Gender and race differences in young adults' decisions to pursue an information technology career», *New Directions for Child and Adolescent Development,* 110, 2005, págs. 65-84.

ZARRETT, N. R. *et al.,* «Examining the gender gap in IT by race: young adults' decisions to pursue an IT career», en B. Aspray y J. MacGrath Cohooon (eds.), *Women and information technology: research on the reasons for under-representation,* Cambridge (Mass.), The MIT Press, 2006, págs. 55-88.

CAPÍTULO 7

Claves no sexistas para el desarrollo de *software*

M.ª ANGUSTIAS BERTOMEU

1. INTRODUCCIÓN

El impacto que la rápida difusión de las nuevas tecnologías de la información y de la comunicación está teniendo sobre la economía, la cultura y la propia sociedad transforma los modos y prácticas de la ciudadanía, las empresas y las administraciones y está permitiendo la prestación de una serie de servicios digitales sobre las redes de comunicación electrónicas que cambian los hábitos lúdicos. Los modelos de negocio de las empresas especializadas han encontrado en Internet un lugar privilegiado de difusión.

Las administraciones públicas se encuentran ante el reto y la exigencia de configurar Internet como un espacio de libertad y seguridad, mediante el desarrollo de medidas que hagan compatibles el derecho a la libertad de expresión con la defensa de los intereses de los más débiles y con el respeto a los derechos civiles.

Las empresas del sector TIC enfocan el problema desde el punto de vista del mercado, pero comparten la responsabilidad sobre el tipo de modelos y patrones de comportamiento que se ofrecen a la juventud y a la infancia. Actualmente, la mayoría de los juegos basan sus guiones en actuaciones violentas y en el uso de la fuerza sobre *el enemigo* o los grupos más débiles.

La responsabilidad social corporativa de las empresas debe orientar el desarrollo de estos perfiles hacia un modelo de juegos y contenidos que respete los derechos.

El ocio debe basarse en situaciones de entretenimiento y diversión, y es discutible que deban incluir en su diseño condiciones didácticas, pues este requisito podría ceñirse a las aplicaciones educativas o pensadas para los primeros tramos de edad, en los que las capacidades básicas se aprenden jugando. Pero también en estos desarrollos de *software* se presentan situaciones sexistas o de discriminación hacia las niñas, que suelen ocupar perfiles secundarios, pasivos y representar roles tradicionales femeninos, que, por otro lado, ya no responden al papel actual de las mujeres y las niñas.

Este capítulo resume la parte del proyecto *E-igualdad, construyendo la sociedad de la información para y con las mujeres* dedicada a ofrecer claves no sexistas para el desarrollo del *software,* que analiza el fenómeno de los videojuegos y ofrece información, documentación y recursos gráficos a los agentes promotores. El trabajo se centra en el análisis de juegos en Internet, la mayoría de las veces de acceso fácil y gratuito, aunque los modelos, las propuestas gráficas y los métodos de juego son comunes para los juegos en red y los soportes de venta en comercios. El análisis gira en torno a la violencia física y simbólica ejercida sobre niñas y mujeres en los videojuegos, siempre relegadas a papeles secundarios, decorativos o de meros objetos sexuales para satisfacer al protagonista. Cuando aparecen como figuras protagonistas suelen asumir modelos belicistas, masculinizados o de sugerentes guerreras llenas de erotismo, como se aprecia a lo largo del informe.

Los videojuegos se benefician de la implantación de las TIC en los hogares, centros educativos y recreativos, salones de juego, etc. Esta presencia accesible a la infancia y a los jóvenes tiene ventajas, como el disfrute de las posibilidades gráficas y estéticas del ocio digital, el desarrollo de habilidades cognitivas y la rapidez de reflejos. Tiene también inconvenientes, que dependen del uso que se haga de ellos. Pueden favorecer el aislamiento, las conductas agresivas o la imitación de modelos negativos; pueden favorecer que se les dedique excesivo tiempo o la adicción a determinados tipos de juego; por último, como veremos, los contenidos de algunos productos son preocupantes.

Las tecnologías son fuente de conocimiento y riqueza que ofrecen grandes oportunidades y recursos para toda la población, pero es importante estar alerta sobre las diferencias de acceso, combatir las brechas digitales entre países, niveles de riqueza y también la brecha de género. Esta brecha se suma, como ocurre con todas las desigualdades que afectan a las mujeres, a la del país en el que nacen y a la de su renta *per capita*.

Las consecuencias de los videojuegos en la infancia y la juventud no están contrastadas, pues no se puede establecer claramente una relación directa con la mejora de habilidades, ya que los aprendizajes positivos no son resultado exclusivo de los videojuegos, sino que también se adquieren con otras actividades lúdicas, educativas y sociales. Tampoco se les puede relacionar directamente con las consecuencias más negativas, pues no está demostrada la transferencia de las conductas agresivas e individualistas desde los juegos a la vida personal.

Es innegable, sin embargo, que el carácter de los modelos para la juventud y la infancia es una de las variables que más influye en su formación. La repercusión de los personajes de los juegos, presentados como héroes violentos y mujeres dependientes o víctimas, es enorme; sus actuaciones y valores tienen una importante aceptación por parte de estos grupos de población.

La investigación educativa y social ha despertado la alarma sobre los videojuegos, el tipo de modelos éticos que transmiten y cómo puede afectar a la infancia y a la juventud.

A los chicos, porque el patrón es siempre violento y cruel; a las chicas, porque aparecen como objetos o víctimas, y, en ambos casos, porque llevan a asumir modelos de comportamiento que reproducen patrones ajenos, la mayoría de las veces militaristas, en situaciones extremas, contra todo código ético de respeto, con todo tipo de armamento y recursos bélicos. El resultado es siempre la muerte gratuita como consecuencia de una violencia extrema ejercida por los personajes que aparecen en el juego. Estas situaciones se pueden encontrar fácilmente en Internet dentro de espacios de descarga gratuita y en muchas de las páginas web de juegos gratuitos dirigidas a adolescentes.

2. Razones del crecimiento de los videojuegos

La creciente demanda de videojuegos está alimentada por su presencia en distintas plataformas y soportes: los videojuegos comerciales, los juegos de libre descarga desde páginas de Internet, las campañas publicitarias que refuerzan la venta de su producto con juegos *on line,* y también por las revistas especializadas en videojuegos o para jóvenes, que en la actualidad están presentes en todos los quioscos de prensa.

Al principio, los videojuegos eran un producto restringido a espacios comerciales reducidos, con poca tirada de edición, de difícil localización, y que normalmente se adquirían en tiendas especializadas y con precios altos. Esto los reducía a un público adulto y menos numeroso. Pero desde hace unos años, el desarrollo de la informática y el consiguiente abaratamiento de los equipos han supuesto la generalización de los ordenadores personales en los hogares, con lo que se ha dado un salto importante en el número de personas usuarias potenciales.

El incremento del número de hogares conectados a Internet ha supuesto otro salto cualitativo en la extensión de los videojuegos, que ha dado paso al aumento de los juegos *on line*. Las conexiones de banda ancha (ADSL, cable óptico, satélite o sistema eléctrico) han facilitado la descarga de copias de los juegos a través de páginas web que los ofrecen como reclamo publicitario.

Estas circunstancias han cambiado por completo el mercado, y han afectado al sistema de producción y a la filosofía misma del producto. Por una parte, las grandes empresas cinematográficas, conscientes del negocio que generan los juegos, los han incluido entre sus productos, y es ya habitual que antes del estreno de una película destinada al público infantil y juvenil, se venda el videojuego con los personajes y la historia de la película. En 1994 tuvo lugar el primer gran éxito de un videojuego ligado al estreno de una película infantil: el juego de *El rey león* dio más beneficios a la productora que los ingresos de taquilla de la película.

El éxito de esta iniciativa abrió un mercado nuevo para los videojuegos porque la industria del cine abre otro frente dirigido a la infancia, un público de cuatro a diez años, que, gracias a la insistencia de la publicidad, se convierte en consumidor de primer nivel. Así, de los juegos infantiles se pasa a los de adulto con facilidad, los cuales exigen poseer destrezas suficientes para saber manejar las pantallas y las dificultades de un videojuego más sofisticado.

El mercado oficial se ajusta a una clasificación de los juegos, según la peligrosidad de los contenidos, que hace constar en el etiquetado del juego. Los puntos de venta están obligados a advertirlo y a colocarlos en determinados lugares según su clasificación.

Pero cuando alguien se conecta a Internet y entra con toda facilidad a través de un buscador en una página de juegos, se puede descargar todo lo que encuentre sin superar un filtro de edad, ni registro de usuario, ni cifrado de contenidos. Es decir, se diluyen todos los mecanismos de clasificación por edades o contenidos y se tiene vía libre para participar en juegos *on line* o para la descarga en el ordenador del juego completo. Hasta hace un año, la presencia de enlaces directos a pornografía era constante en las páginas web infantiles y juveniles de ocio o de apuntes escolares, pero la presión social en contra de esta situación los ha desplazado. Ahora se han recolocado en las páginas clasificadas para «adultos», pero sigue siendo muy fácil porque basta con entrar en un buscador, pedir juegos para adultos, juegos eróticos o porno, y rápidamente nos aparecen múltiples pantallas de acceso.

La dinámica de renovación constante de los contenidos de Internet y la estructura en red de las páginas nos sitúa ante miles de posibilidades reales de navegar por la red entre juegos gratis de todo tipo. El equipo que ha realizado nuestro estudio de campo ha constatado que en todas estas páginas se trata a las mujeres de forma sistemática desde dos puntos de vista: bien como objetos al servicio del jugador (como mercancía de placer y en entornos de violencia extrema) bien con perfiles supuestamente «femeninos» de belleza, tramas amorosas, chicas *fashion* o en situaciones de juego relativas al cuidado (enfermeras, mamás, cocineras, etc.), que reproducen los arquetipos sociales más conservadores presentados en entornos gráficos de colores pastel.

El panorama se completa con la implantación de las consolas en el mercado español, que a pesar de haber bajado su precio siguen siendo muy caras, pero también constituyen el objeto más deseado y demandado en las campañas de Navidad, comuniones, premios de fin de curso, etc. A esta gran oferta comercial hay que añadir el uso extendido entre los jóvenes y adolescentes de los teléfonos móviles multimedia, que han supuesto un desarrollo importantísimo de *software* específico para este utensilio, que empezó siendo de comunicación y se está convirtiendo en un recurso de ocio electrónico. La red está llena de páginas de las que descargarse juegos, fotos, sintonías o emoticones y en la mayoría de ellas también se ofrecen juegos porno.

En la actualidad, la mayoría de los niños, niñas y jóvenes tienen habilidades informáticas y manuales muy desarrolladas, conocen los diferentes soportes y cómo manejarlos sin manifestar desconocimiento, rechazo o miedo a usar las máquinas. Muy al contrario, son usuarios óptimos de ocio electrónico.

3. La violencia extrema en los videojuegos

La tecnología tiene una valoración social positiva y todos los nuevos desarrollos tecnológicos ocupan los escaparates y espacios publicitarios de mayor prestigio. Bajo este paraguas se cobija todo tipo de productos dirigidos a potenciar el consumo de tecnología lúdica entre los niños y jóvenes, que son el público diana y los mejores consumidores.

Los contenidos de los videojuegos son, por tanto, de una importancia extrema, máxime cuando ya es evidente la dificultad de imponer controles o filtros de acceso. Lamentablemente, la extensión del producto no va unida a la calidad en los contenidos. Mientras que hay un desarrollo espectacular de las interfaces gráficas, que recrean escenarios en 3D de gran realismo, en los contenidos se ha producido una generalización de actitudes violentas, racistas, xenófobas y sexistas, con bandas callejeras que escenifican todos los rituales violentos de una guerrilla urbana. Se puede afirmar que la inclusión de todos los elementos de xenofobia y sexismo tiene el único objetivo de enlazar un pobre argumento lineal de buenos y malos, sin matices, sin legalidad, sin justicia. Los personajes imponen su ley por la fuerza.

El análisis de los contenidos de los videojuegos se ha elaborado a partir de los grandes ejes que definen sus parámetros. Se han estudiado las situaciones que se presentan ante el usuario/a del juego, los objetivos, las estrategias que debe adoptar el jugador/a, los recursos que deben conocer para superar las dificultades y, por último, los perfiles masculinos y femeninos más usuales en estos productos.

3.1. *Las situaciones de juego planteadas*

Junto a los contenidos, es necesario analizar la metodología, la estrategia y los recursos de los juegos, que suelen marcar una pauta de agresividad absoluta. En el estudio presentado por los profesores E. Díez Gutiérrez, E. Terrón Bañuelos y J. Rojo Fernández (2001)[1], se explica cómo los juegos analizados en su estudio

> [...] exhiben altos niveles de dureza, de exaltación del vencedor, de menosprecio del derrotado, a través de ellos se aprende a entender que la forma más adecuada, si no la única, de resolver los conflictos es a través de la violencia. Podemos engañar, mentir; podemos asesinar a otros seres humanos y se nos dan premios por ello (más vidas, más energía, más tiempo, etc.); y cuantos más asesinemos más se nos condecorará [...] (Díez, Terrón y Rojo, 2001, 2).

En todo caso, la violencia en sí misma es el objetivo del juego; ejercerla tiene premio, ganar. No ser violento o muy violento es una mala posición de juego, conduce a perder la partida. La gratificación por ser lo más destructivo posible es la victoria. Con pantallas sencillas o muy sofisticadas el mecanismo del juego casi siempre es el mismo, ser el más rápido matando.

> [...] Nunca tiene consecuencias para quien juega, no hay normas para frenar la agresión. Suelen presentar una

---

[1] *Violencia y videojuegos,* trabajo presentado en el I Congreso Internacional sobre Ética en los Contenidos de los Medios de Comunicación e Internet, Granada, 15, 16 y 17 de octubre de 2001, http://www.unesco-andalucia.org.

> justicia paralela a la legalmente establecida, que como van aprendiendo y asumiendo progresivamente es la que realmente es «eficaz», puesto que la legal siempre fracasa y «no sirve de nada» [...] (Díez, Terrón y Rojo, 2001, 4).

Es habitual partir de la deslegitimación de la ley y, para ello, sirve como ejemplo la carátula del juego *The Punisher*. El eslogan advierte de que la ley no funciona, por lo que hay que crear una propia. Así, invita al jugador a convertirse en el castigador, para destruir al enemigo sin ninguna traba legal o moral. Los modelos masculinos siempre repiten el prototipo del guerrero adaptado a distintos escenarios y situaciones, pero con el mismo esquema violento y androcéntrico.

3.2. *Los objetivos de los juegos*

La mayoría de los productos carecen de argumento y no desarrollan ninguna historia. Los personajes tienen perfiles lineales, con objetivos sencillos y de acciones básicas. Están obligados a resolver situaciones elementales de agresión-respuesta, que se repiten bajo una supuesta amenaza, ante la que hay que actuar rápidamente sin tiempo para valorar otras opciones.

El protagonista, es decir, el jugador o jugadora, debe responder a la agresión sin preguntarse los motivos que lo mueven, pues no hay tiempo para pensar. El ataque o la defensa se convierten en la única opción de juego en sustitución de un espacio para la reflexión y el criterio personal.

3.3. *Las estrategias de los videojuegos*

En casi todos los productos se juega con la muerte y la agresión a otras personas, unida a la velocidad y al uso de trampas que quien juega debe evitar, para hacer caer en ellas al *enemigo*. Se trata, en general, de demostrar quién es más rápido pegando, quién mata a quién, y al final del juego nada importa, pues al pulsar *Iniciar juego,* vuelve a presentarse la pantalla con los mismos personajes preparados para el nuevo combate.

La relación establecida con la violencia y la muerte es ficticia pero directa. Todas las personas jugadoras saben que es un juego sin consecuencias, pero va habituando a quien juega a desenvolverse en situaciones muy agresivas y sangrientas, de las que además es protagonista, pues este tipo de juegos exige la identificación con el personaje y actuar a través de él. Estas conductas reiteradas van formando parte del entorno del ocio personal y es cada vez más difícil separar el juego de la realidad.

La violencia entre la juventud se ha convertido en un problema emergente en nuestra sociedad. Es un fenómeno complejo, producido por causas múltiples de raíz cultural y social. Se manifiesta en espacios deportivos, lúdicos, domésticos y educativos. La violencia escolar está creciendo en las aulas, afecta a toda la comunidad educativa, al alumnado, al profesorado, a padres y madres. La comunidad escolar soporta el fenómeno, pero la escuela es un reflejo de la sociedad, y a ella llegan todos los actores con su propio bagaje de valores y actitudes.

La aparición progresiva de casos graves de violencia escolar en los medios de comunicación ha aumentado la preocupación por este problema y el interés por la búsqueda de fórmulas de encuentro entre los agentes sociales y los escolares que contribuyan a rebajar los brotes violentos y estudien sus causas para poder abordarlos desde la perspectiva de la prevención. En esta línea, podemos consultar el informe presentado por el Defensor del Pueblo (2000-2006)[2] que se refiere a la violencia entre el alumnado y con el profesorado.

---

[2] Defensor del Pueblo, *Violencia escolar: el maltrato entre iguales en la Educación Secundaria Obligatoria 1999-2006,* 2007, http://www.defensordelpueblo.es/documentacion/informesmonograficos/ViolenciaEscolar2006.pdf.

La situación creada en las aulas hay que analizarla desde múltiples perspectivas y no sólo desde la óptica escolar. Como se pone de manifiesto en el estudio consultado, hay que analizar las claves sociales en las que viven cotidianamente los adolescentes y los niños:

> [...] son receptores y consumidores de una violencia presente en la actualidad a través de los medios de comunicación, el deporte, el ocio, y algunos productos culturales especialmente el cine y la televisión como una constante apología de la violencia. Estas muestras de violencia se convierten en modelos y valores para algunos sectores de la juventud que puede reproducir en sus comportamientos y pautas de relación [...] (Defensor del Pueblo, 2000-2006, 2).

En este contexto social hay que situar la trascendencia de los videojuegos, sus contenidos y la influencia que pueden tener sobre los jugadores y jugadoras. En los videojuegos estudiados están claramente delimitados los valores y códigos de conducta, tal como explicaba el estudio citado más arriba sobre la violencia en los videojuegos (Díez, Terrón y Rojo, 2001). El código ético se reduce a que el éxito es matar para ganar, y el fracaso es morir o perder; el bien o los buenos somos nosotros y el mal o los malos son ellos, los diferentes a nosotros; lo justo es la venganza, que yo mate, para que yo gane; lo injusto es que yo pierda.

> [...] No hay «grises», ni matices, ni argumentos, ni circunstancias, ni explicaciones. Esto supone una visión maniquea de la realidad. Un universo en donde la única alternativa es matar o ser matado, comer o ser comido, ganar o perder. En esta visión paranoide de la realidad, el otro diferente a mí es siempre un enemigo que debe ser eliminado [...] (Díez, Terrón y Rojo, 2001, 8).

3.4. *Los recursos que se ofrecen al jugador para mejorar su nivel*

Los estudios realizados muestran que en los juegos analizados se suprime prácticamente el lenguaje oral, o se reduce a la emisión de órdenes o claves técnicas, y es sustituido por las imágenes de relatos planos, que implican una respuesta mecánica. No hay pensamiento ni tiempo para la reflexión ni análisis de las situaciones o toma de decisiones razonada. La acción es el valor esencial del juego.

Cuando el entorno de ocio se mueve en estos parámetros de conseguir el éxito sin esfuerzo y sin normas, con una gratificación inmediata, empiezan los problemas. Es difícil aceptar que en la vida real las cosas no funcionan así, que es necesario mantener el trabajo y el esfuerzo constante para conseguir los objetivos; que hay metas a largo plazo sin gratificaciones inmediatas. Si algo no se consigue inmediatamente «es un aburrimiento». Las metas a largo plazo dejan de tener sentido en un contexto donde todo sucede fugazmente y sin apenas esfuerzo.

3.5. *Análisis de los perfiles masculinos*

En este tipo de videojuegos se ofrece una idea distorsionada de los modelos masculinos. Bajo una aparente diversidad de personajes, siempre se representa un arquetipo común que homogeneiza los personajes y los eleva a categoría universal. Una generalización en la que los valores que les dan vida son el honor, el valor, el poder, la venganza, la fuerza, el orgullo y el desprecio por lo ajeno. Un luchador invencible dedicado a mostrar su fuerza convertida en el valor absoluto.

Un soldado indestructible de un ejército universal autorizado a realizar todas las acciones que considere necesarias para imponer *su ley, su paz*. Las consecuencias de sus acciones sobre *los otros* no tienen un valor negativo, sus ataques están justificados por el tamaño de la amenaza.

Un guerrero poderoso avalado por el peso de la historia y una cosmogonía basada en la guerra, las batallas y la dominación bélica de unos pueblos sobre otros. Presentan un desprecio absoluto del enemigo y de su mundo, que justifica su destrucción.

3.6. *Análisis de los perfiles femeninos*

Los perfiles femeninos se pueden estudiar desde distintos puntos de vista: por el tipo de contenidos que plantean, por el papel que las mujeres tienen asignado en los juegos o por el tipo de juego que analicemos. Pero siempre tienen en común un perfil de figuras secundarias, como adorno del paisaje, complemento del protagonista masculino o víctimas de la violencia. La red está llena de productos de pornografía basados en el uso del cuerpo de las mujeres como mero objeto. El soporte videojuego es sólo un recurso técnico más para «jugar» con el cuerpo femenino como un objeto al servicio del placer del jugador. Aunque a estos videojuegos se les denomina «juegos» y se les encuentra en los localizadores de Internet clasificados como tales, en realidad no lo son, pues no tienen estructura ni objetivos de juego, sino que suelen ser simples animaciones de pornografía. Los incluimos en este estudio porque están presentes en todas las páginas de juegos gratuitos a las que se accede fácilmente en Internet.

Las mujeres que se presentan en los juegos están «cosificadas», se las sitúa en el mismo plano que los objetos de poder masculinos, como coches, motos, etc. En la mayor parte de los videojuegos, lo femenino es asimilado a debilidad, a cobardía, conformismo y sumisión. Se lo sitúa en entornos de lujo o posiciones de sometimiento y dominación masculina. O en posturas de carga erótica evidente, que dejan ver cuál es su papel en la representación del juego.

En otros juegos dirigidos directamente a los adultos, pero de acceso libre a jóvenes y niños, la representación de las mujeres deja fuera las sutilezas y el cuerpo femenino se ofrece abiertamente como objeto sexual para todo tipo de fantasías sexuales relacionadas con la dominación. Este tipo de juegos está al alcance de cualquiera, pues aunque advierten de la dureza de su contenido o marcan requisitos de edad mínima para su utilización, esto es sólo un aviso informativo, porque en realidad carecen de código de entrada o filtro de seguridad.

Otra forma de representar a las mujeres en los juegos es como parte del paisaje, semidesnudas y en actitudes agresivas, meros objetos, un elemento decorativo más del entorno. Pueden ser parte del decorado en el que los protagonistas masculinos desarrollan la acción. Es habitual que no tengan los rasgos de la cara trabajados, sino sólo los elementos básicos, ni suelen mirar directamente al jugador, pues son parte de la escenografía, y sólo actúan de acompañantes.

La distorsión del cuerpo femenino también se ve reforzada en el mundo de los videojuegos con el éxito del estilo *Manga* y *Hentai,* dibujos asiáticos que actualmente están muy de moda. Como afirma el estudio de Amnistía Internacional (2004):

> [...] La imagen de la mujer que aquí aparece es la de una eterna adolescente —nunca envejecen—, con ojos enormes que ocupan casi toda su cara[3] y otros rasgos distintivos de este mundo: «es ya característica habitual que las chicas protagonistas luzcan estupendas delanteras, ropa ceñida, faldas cortas y que adopten posturas y vivan situaciones bastante eróticas». La representación de la imagen femenina tiene un alto contenido sexual, pero

---

[3] Cosa curiosa en una civilización —la japonesa, en donde tienen su origen— en la que predominan los semblantes con ojos oblicuos.

> éste nunca suele hacerse explícito. Esto no ocurre en las producciones occidentales, que suelen ocupar las portadas con imágenes próximas a la pornografía [...] (Amnistía Internacional, 2004, 25).

Estos cambios ocultan poderosas razones comerciales. Los editores pretenden convertir a las niñas y a las jóvenes en jugadoras habituales, conseguir que se vean reflejadas en los personajes femeninos con situaciones más estimulantes de juego sobre las que poder hacer la transferencia de roles o identificarse con el personaje.

Como advierte el informe de Amnistía Internacional (2004), este nuevo tipo de personaje, de rasgos andróginos y comportamiento agresivo, no aporta, salvo por su propia presencia, nada nuevo. Reproducen los esquemas de comportamiento de los héroes masculinos adornados por la dureza, el afán de venganza, el desprecio, el orgullo, etc. La violencia y la fuerza como argumento pero, eso sí, vestidas de mujer, o más bien, semidesnudas, con trajes escasísimos de tela. Los hombres en situaciones similares siempre van completamente vestidos, con corazas o trajes especiales demostrativos de fuerza, con su jerarquía reforzada por el armamento situado en primer plano. Una imagen seductora, que puede parecer inocente, pero que el jugador sabe que esconde una mujer muy peligrosa, termina reproduciendo todos los tópicos misóginos sobre las mujeres.

La presión de las asociaciones de mujeres y los organismos de igualdad en la denuncia del tratamiento discriminatorio de los videojuegos para con las mujeres ha alertado a algunos editores sobre la necesidad de incluir a las mujeres en los juegos con otro papel más positivo y con perfiles más activos. La presión social sobre la problemática de la igualdad entre hombres y mujeres, unida a la necesidad comercial de captar a las niñas como jugadoras, ha originado un nuevo estilo de juegos dirigido a las niñas que reproduce los tópicos sobre «lo femenino». Surgen los *juegos rosas*.

> «La industria de videojuegos continúa defraudando a las mujeres al no producir contenido adecuado para ellas.» Es la opinión de David Gardner, jefe de operaciones de los estudios mundiales de Electronic Arts (EA), una de las principales empresas productoras de juegos de vídeo. Si se corrige esta tendencia, dice el ejecutivo, «la industria podría agregar a sus bolsillos miles de millones de dólares en ventas» *(BBC Mundo,* 23 de agosto de 2006)[4].

El principal problema al que se enfrenta la industria, según los expertos, es que el contenido que produce para las mujeres no es atractivo en sí mismo. Los gigantes como Sony han producido consolas dirigidas a ellas, pero hasta ahora ese tipo de videojuegos no ha logrado tener éxito. En la actualidad sólo cuatro de los once estudios que desarrollan videojuegos en el mundo están dirigidos por mujeres. La inversión en nuevo talento creativo femenino es vital, como afirma Pep Sánchez, director de la revista española de videojuegos *MeriStation* en la misma entrevista de *BBC Mundo.*

4. Lara Croft, el nuevo modelo

El prototipo del nuevo personaje femenino protagonista de los guiones de videojuegos es Lara Croft. Por primera vez aparecía una mujer representando el personaje central del juego en *Tomb Raider* (1996). En palabras de Hugh Falk, que realizó una reseña de este juego en la página web especializada en juegos GameCenter.com, de CNET: «caminas como una mujer pero disparas como un hombre»[5].

---

[4] «¿Y los videojuegos para mujeres?», *BBC Mundo,* 23 de agosto de 2006, http://news.bbc.co.uk/hi/spanish/business/newsid_5274000/5274248.stm.

[5] Hugh Falk, citado en Sarah Ellis, «Semi-Automatic Chick», *The Declaration Online,* 27 de enero de 2000, http://www.the-declaration.com/2000/01_27/features/croft.shtml.

La imagen de Lara Croft representa un sexismo más sofisticado, ya que el uso constante de la violencia refleja los usos simbólicos y los arquetipos masculinos. Si unimos en una misma escena estos dos componentes visuales que interaccionan (cuerpo femenino dominador, pero que puede ser sometido), tenemos como resultado una fantasía masculina tradicional.

El tratamiento de los modelos femeninos en los videojuegos tiene un gran impacto entre las niñas y jóvenes, que ven en estos personajes una forma de competir en igualdad con los chicos, al compartir los recursos de fuerza, de violencia y los códigos de comportamiento. Es decir, para triunfar hay que asumir los valores (negativos) tradicionales masculinos, sin dejar hueco para pensarse a sí mismas como iguales en derechos, pero diferentes en respuestas y valores, lo cual implica a los chicos y chicas en un binomio injusto y obligado de sometimiento y dominación.

David Gardner, el dirigente de la compañía líder Electronics Arts (EA), comentaba en el 4.º Festival Anual de Entretenimiento Interactivo (Edimburgo, 2006) la lamentable situación del mundo del videojuego para las mujeres. Según investigaciones de EA, los juegos son usados por más de un 90 por 100 de los hombres, frente a un 40 por 100 de las mujeres. Se argumenta esta diferencia sobre la base de que no existen juegos apetecibles para el sexo femenino. Según este directivo, «las niñas no quieren "consolas rosas" ni juegos en los que Paris Hilton o Britney Spears van de compras y se maquillan». Uno de los juegos más populares entre las mujeres es *The Sims,* producido por EA, un juego basado en las emociones donde los porcentajes cambian radicalmente: lo juega un 70 por 100 de las mujeres frente a un 25 por 100 de hombres.

En uno de los discursos principales, Gardner se refirió a la necesidad de reclutar más mujeres en el negocio para conectarse mejor con las niñas: «Es un segmento del mercado que ha sido masivamente descuidado y pasado por alto», y dijo que urgiría a otros ejecutivos a contratar más mujeres.

«No queremos ser en exclusividad el estereotipo de adolescente hombre» dijo, y agregó que la filosofía de la empresa es «no hacer productos para niñas, sino hacer productos que sean más integradores socialmente».

Las empresas son cada vez más conscientes de que las jugadoras tienden a rechazar los juegos de destrucción indiscriminada y prefieren juegos de «simulación» que les permiten crear sus propios mundos, y donde el juego en sí mismo es más importante que ganar o contar cadáveres.

Pero no cabe duda de que a las mujeres también les gustan los videojuegos, y se demuestra con la existencia de eventos como la *Women's Game Conference*[6] y los clanes de chicas en las competiciones internacionales como la *Electronic Sports World Cup*[7] *(ESWC)* o la asociación *Women in Games*[8] que trabaja para promover la inclusión de la mujer en la industria del videojuego y organizaron el congreso *La mujer en los juegos 2006,* celebrado en el Reino Unido en julio de 2006.

5. La violencia contra las mujeres en los videojuegos

A lo largo de este capítulo observamos que la violencia contra las mujeres siempre está presente en el mundo de los videojuegos. En unos casos está relacionada con su participación secundaria y pasiva o como mero objeto de propiedad del protagonista, pues la desvalorización del personaje por el hecho en sí mismo de ser mujer ya implica ejercer un tipo de violencia. En otros casos, son víctimas colaterales de batallas, guerras, peleas callejeras, etc. Hay juegos como *Drive by2* en los que puntúa menos matar a una anciana en

[6] Véase http://www.womeningames.com.
[7] Véase http://www.eswc.com.
[8] Véase http://www.womeningamesinternational.org.

un tiroteo en la calle que acertarle a un gato, pues la anciana se desplaza más lentamente que el gato.

Otras veces, la asimilación del modelo masculino genera *guerreras implacables,* llenas de armamento, pero casi desnudas, donde tan importante es mostrar sus cuerpos idealizados, llenos de connotaciones eróticas más o menos evidentes, como una mezcla de dulzura y fiereza que regala sus sonrisas a través de las armas, otro de los tópicos que se vierten sobre las mujeres según el imaginario de los guionistas y dibujantes. Esta visión manipulada de las mujeres también es violencia.

Existe, todavía, otro tipo de espacios de descarga gratuita de Internet en los que la violencia sobre las mujeres es el objetivo directo del producto, sin otro tipo de elementos de juego ni componentes que distraigan al jugador. La pantalla suele mostrar un primer plano de una mujer en foto o dibujo a la que se le pueden aplicar todo tipo de agresiones. La gratificación del juego está en medir, respecto a otro jugador o en diferentes partidas, la rapidez o la fuerza de la agresión, en muchos casos hasta conseguir la muerte de la mujer. Estos juegos incluyen contadores de tiempo o de fuerza para medir la habilidad/brutalidad del jugador. Para completar la sensación de realidad, las agresiones se ven reforzadas por un audio con los gemidos o gritos de la mujer agredida.

El mercado de los videojuegos comerciales es una industria tan importante que está provocando la renovación del parque informático de los hogares, debido a que sus requisitos técnicos de altas prestaciones exigen tarjetas gráficas, reproductores de audio y capacidades de memoria cada vez mayores.

La edición de nuevos títulos es constante y las *demos* de promoción se pueden consultar en la red con facilidad. Podemos asegurar que la mayoría de los productos reproducen los tópicos y arquetipos que se denuncian en nuestro trabajo y en los citados *Con la violencia hacia las mujeres no se jue-*

ga, de Amnistía Internacional, el elaborado por la Asociación Aragonesa de Jugadores de Azar en Rehabilitación (AZAJER), *Salud mental y emocional de los jóvenes,* el artículo *Violencia y videojuegos,* o el estudio elaborado por el Instituto Nacional de la Juventud (INJUVE) *Jóvenes y videojuegos*.

Cada uno de estos informes hace un análisis exhaustivo de los videojuegos y su uso por tiempos, franjas de edad y sexo. También se han analizado por tipos de juegos y soportes comerciales o de divulgación, y sus repercusiones en la infancia y en la juventud en cuanto a la asimilación de modelos, aislamiento social, y ofrecen datos valiosísimos de la magnitud del fenómeno que supone la implantación en los hogares y en los hábitos lúdicos del nuevo ocio electrónico.

En Estados Unidos también se han realizado estudios sobre la violencia en los videojuegos y sus repercusiones en la juventud. Citamos el estudio publicado en el *Journal of the American Medical Association,* realizado por investigadores de la Facultad de Salud Pública de la Universidad de Harvard. En dicho estudio, tras analizar ochenta y un videojuegos aptos para niños de trece o más años escogidos aleatoriamente, se observó que en el 98 por 100 de los casos aparecían contenidos violentos, sangre en el 42 por 100, temas sexuales en el 27 por 100, palabrotas en el 27 por 100, bromas insultantes en el 7 por 100 y drogas en el 15 por 100. También se observó que en el 90 por 100 de estas historias el jugador necesitaba herir para continuar el juego, y en el 69 por 100 de las ocasiones el objetivo era matar. En un 48 por 100 de los juegos no aparecía ningún tipo de icono o etiqueta sobre su contenido.

6. Marco normativo

Es necesario llamar la atención sobre las obligaciones que el Estado español tiene contraídas como parte de los tratados internacionales firmados en el seno de Naciones Unidas. En concreto, hay dos tratados ratificados por España que son especialmente significativos para la protección de los derechos humanos en el mercado de videojuegos: la Convención sobre los Derechos del Niño y la Convención sobre la Eliminación de todas las Formas de Discriminación contra la Mujer.

El principal avance es el nuevo código de autorregulación de la industria europea del videojuego, el Código PEGI (Pan-European Game Information). El sistema PEGI fue iniciado en 2001 y gestionado por la Federación Europea de Software Interactivo (ISFE). El Instituto Holandés de Clasificación de Medios Audiovisuales (NICAM) es el administrador de la ISFE, así como el responsable de la implementación práctica del sistema PEGI y el Consejo de Estándares de Vídeo (VSC) es el agente del NICAM en el Reino Unido. Con motivo de la presidencia española de la Unión Europea en el primer semestre de 2002 se produjo un importante impulso en el desarrollo del código PEGI, y se creó un grupo de trabajo europeo compuesto por representantes de la industria, gubernamentales y de directivas de clasificación. Fue presentado en España por la Asociación Española de Distribuidores y Editores de Software de Entretenimiento (ADESE) y por el Ministerio de Sanidad y Consumo. Es válido hoy en dieciséis países: los quince comunitarios con anterioridad a la ampliación a veinticinco (menos Alemania), más Noruega y Suiza. En Estados Unidos, un sistema muy parecido a éste lleva en funcionamiento desde 1994.

Las normas que contiene el Código PEGI establecen una clasificación por edades para videojuegos y la obligación de incluir iconos descriptivos de su contenido para que los consumidores, padres y educadores conozcan qué se esconde detrás de cada videojuego. Se aplican al etiquetado de productos de *software* interactivo (videojuegos, juegos de ordenador, artículos de educación, referencia en CD-ROM, independientemente de su formato o método de distribución), así como a la publicidad y promoción de los mismos por cualquier medio. Pero los códigos de autorregulación no son de obligado cumplimiento y no parecen suficientes para confiar en el control de estos productos, pues el mercado se rige por criterios comerciales. Por ello, las instituciones y los gobiernos deben hacer un esfuerzo en su legislación y un seguimiento de la aplicación de las leyes para velar por el respeto a los derechos de la ciudadanía.

7. Conclusiones

El patrón androcéntrico sustenta una ideología belicista y de dominación sobre el más débil y, especialmente, de discriminación sobre las mujeres. La socialización de todos los agentes implicados en la cadena de los videojuegos (productores, guionistas, desarrolladores, publicistas) dentro de estos parámetros culturales contribuye a que se conciban unos productos fieles a su imaginario masculino, que responden a lo que desde la representación social serían los deseos, las fantasías y las aficiones de los varones.

El análisis realizado en este capítulo muestra la utilización simplista de modelos masculinos y femeninos estereotipados. El resultado es un producto pensado para el mercado masculino, que reproduce abiertamente los mensajes y las imágenes misóginas y machistas de ideología explícitamente sexista. Se da uniformidad a los comportamientos masculinos, y se atrapa en este modelo a los chicos que juegan y se deja fuera a las chicas que desean jugar pero no pueden sentirse cómodas ni representadas en estos esquemas de juego.

El paradigma del éxito es lo masculino, pero los chicos están sometidos a seguir un modelo simplista de valores y comportamientos. No pueden expresar sentimientos, sensibilidad. Ser duros es un valor, deben ser dominadores, y todo es legítimo para obtener la victoria.

Las chicas están en el lado de la sumisión, de lo secundario, de lo decorativo, como mercancía sexual. Para ser protagonistas deben adaptarse a los criterios de competitividad y asumir los valores de los hombres, los modelos masculinizados del éxito. Se niega la posibilidad de que haya otro esquema en el que establecer las relaciones en el juego, ni con los demás. No existe un modelo que traslade valores, actitudes o comportamientos de las mujeres.

La mayoría de los videojuegos analizados están impregnados de estereotipos machistas. Se ofrece una visión lineal, marcada por el sexismo, el racismo y la importancia exagerada de la moda, donde la agresividad es el sistema óptimo de alcanzar las metas. Los valores y la estructura mental que impregnan muchos de los videojuegos analizados incitan al sexismo y a la violencia.

Es evidente la necesidad de desarrollar un *software* inclusivo para niñas, que, al mismo tiempo, ofrezca modelos positivos a los niños, para que chicos y chicas compartan juegos y valores.

La ausencia de modelos no sexistas en las aulas de informática y en los materiales didácticos de tecnología, junto al *software* comercial y didáctico instalado en las aulas, son algunos de los factores que explican el distanciamiento de las niñas y jóvenes. Si añadimos el freno que supone para las niñas y mujeres el acceso simbólico a los espacios informáticos, nos encontramos con el caldo de cultivo de la tecnofobia, o el menor interés por los ámbitos tecnológicos.

Es necesario ofrecer al alumnado de todas las etapas educativas espacios de acceso que no estén marcados por el dominio invasivo de los alumnos varones, con *software* que se aproxime a sus necesidades y formas de hacer reales. Con modelos de comportamiento abiertos, que desarrollen acciones que permitan pensar, argumentar y resolver situaciones razonando las respuestas. Con perfiles y personajes no violentos. Proporcionando espacios web, aplicaciones o juegos basados en el respeto de las normas de convivencia, de los derechos humanos y que favorezcan el aprendizaje de modelos éticos y valores de igualdad.

Los productos digitales educativos siguen en general los patrones tradicionales de reparto de roles masculinos y femeninos, como todavía sucede con muchos libros de texto escolares. Los contenidos se deben diseñar de forma que no se orienten sólo a las mujeres, sino a uno y otro sexo. Que eviten transmitir mensajes o imágenes exclusivamente femeninas y muestren, por el contrario, a hombres que se corresponsabilizan y asumen el reparto de tareas.

Para desarrollar un *software* inclusivo, no discriminatorio, sugerimos:

— Elaborar materiales y aplicaciones de *software* diseñados desde la perspectiva de género, y evitar los estereotipos sexistas y violentos, con un lenguaje facilitador y no excluyente, para alcanzar las capacidades necesarias para utilizar las TIC con aprendizajes contextualizados y que potencien sus habilidades.
— Hacer visibles modelos positivos de mujeres en el sector TIC como investigadoras, profesoras, directivas o diseñadoras de contenidos, para contrarrestar los estereotipos masculinos preexistentes.
— Diseñar materiales ajustados a los distintos niveles de conocimiento, segmentados por objetivos para alcanzar los aprendizajes primarios, avanzados, o de diseño. Es decir, propuestas didácticas destinadas a favorecer que el alumnado, niños y niñas, chicos y chicas, alcance el grado de fluidez tecnológica.
— Incorporar al diseño curricular de las carreras y estudios tecnológicos materias sobre la función social de la tecnología, la equidad social y de género, y facilitar el cambio cultural, en las universidades, centros de estudio e investigación y laboratorios de I + D relacionados con las TIC.
— Ampliar el ámbito de referencia de los estudios de informática y nuevas tecnologías y relacionarlo con la solución de problemas sociales y no sólo tecnológicos.

— Fomentar la presencia de mujeres en los espacios de diseño, producción y toma de decisiones de las empresas que desarrollan *software* de ocio y educativo.
— Diseñar sistemas amigables de relación con las TIC *(hardware, software,* periféricos, contenidos e idioma) que faciliten la utilización de los contenidos y sean adaptables a las necesidades particulares y el nivel cultural de cada persona o colectivo.

En resumen, enriquecer la cultura y los valores imperantes en los contenidos. Se trata de ir más allá de lo que los hombres identifican de forma exclusiva con lo femenino (cuidados a otros, belleza, cocina, moda, revistas del corazón) y desarrollar valores de ética democrática, igualdad, cooperación y corresponsabilidad entre uno y otro sexo.

Bibliografía

Amnistía Internacional, Sección española, *Con la violencia hacia las mujeres no se juega: videojuegos, discriminación y violencia hacia las mujeres,* 2004, http://www.es.amnesty.org/uploads/tx_useraitypdb/videojuegos_2004.pdf [fecha de consulta: mayo de 2008].

Asociación Aragonesa de Jugadores de Azar en Rehabilitación AZAJER), *Salud mental y emocional de los jóvenes: juegos peligrosos,* 2002, http://www.azajer.com/az_raw_20071112165148953025_descarga1.bin [fecha de consulta: mayo de 2008].

Bertomeu Martínez, A., *La violencia en las TIC,* Sevilla, Instituto Andaluz de la Mujer, Observatorio Andaluz de la Publicidad no sexista, 2004, http://www.iam-publicidad.org/articulo_18112004.asp [fecha de consulta: mayo de 2008].

Comisión Europea, *PEGI online: Pan European Game Information,* 2007, http://www.pegionline.eu/es/ [fecha de consulta: mayo de 2008].

«Declaración de Granada sobre la educación en medios de comunicación e Internet como instrumento para el desarrollo de una cultura de paz», en J. A. Ortega Carrillo (coord.), *Educando en la sociedad digital: ética mediática y cultura de paz,* Granada, Grupo Editorial Universitario, 2002.

Defensor del Menor, «Videojuegos, menores y responsabilidad de los padres», en *Videojuegos: guía para padres,* 2006, http://www.portaldelmenor.es/data/libros/guia.pdf [fecha de consulta: mayo de 2008].

Defensor del Pueblo, *Violencia escolar: el maltrato entre iguales en la Educación Secundaria Obligatoria 1999-2006,* 2007, http://www.defensordelpueblo.es/documentacion/informesmonograficos/ViolenciaEscolar2006.pdf [fecha de consulta: mayo de 2008].

Díez Gutiérrez, E. J., Terrón Bañuelos, E. y Rojo Fernández, J., «Videojuegos: cuando la violencia vende», *Cuadernos de pedagogía,* 305, septiembre de 2001, págs. 79-83, http://videojuegosycultura.files.wordpress.com/2008/01/videojuegos-cuando-la-violencia-vende.pdf [fecha de consulta: mayo de 2008].

Díez Gutiérrez, E. J. *et al., La diferencia sexual en el análisis de los videojuegos,* Madrid, Centro de Investigación y Documentación Educativa (CIDE) / Instituto de la Mujer, 2004, http://www.mtas.es/mujer/publicaciones/docs/libro-videojuegos.pdf [fecha de consulta: mayo de 2008].

Elizondo Iriarte, I., *Querida Lara Croft,* 2002, http://www.e-leusis.net/noticiahistorico.asp?id_noticia=3661 [fecha de consulta: mayo de 2008].

Esnaola Horacek, G. A., «Aprender a leer el mundo del siglo xxi a través de los videojuegos», *Etic@net,* 1, 2003, págs. 1-10.

Huerta Rojas, F., «La violencia virtual: una experiencia de los jóvenes en las videosalas», *Estudios Sociales,* XIII (26), julio-diciembre de 2005, págs. 172-206.

Levis, D., «Videojuegos y alfabetización digital», *Aula de Innovación Educativa,* 147, diciembre de 2005, págs. 48-50.

Miguel Pascual, R. de, «Cuestiones en torno al poderoso efecto de los videojuegos violentos: del neoconductismo a la cognición social», *Icono 14: Revista de Comunicación y Nuevas Tecnologías,* 7, junio de 2006, http://www.icono14.net/revis-

ta/num7/articulos/roberto miguel.pdf [fecha de consulta: mayo de 2008].
RODRÍGUEZ, E. (coord.), Jóvenes y videojuegos: espacio, significación y conflictos, Madrid, Instituto de la Juventud (INJUVE) y Fundación de Ayuda contra la Drogadicción (FAD), 2001, http://www.injuve.mtas.es/injuve/contenidos.item.action?id=1355306986 [fecha de consulta: mayo de 2008].
UNITED STATES CONGRESS, HOUSE COMMITTEE ON ENERGY AND COMMERCE, «Violent and explicit video games: informing parents and protecting children», en *Hearings: 109th Congress, Serial number 105,* junio de 2006, http://frwebgate.access.gpo.gov/cgi-bin/getdoc.cgi?dbname=109_house_hearings&docid=f:29893.wais [fecha de consulta: mayo de 2008].
VACA VACA, P. y ROMERO SERRANO, D., «Construcción de significados frente a los contenidos violentos de los videojuegos en niños de 11 a 14 años», *Acta Colombiana de Psicología,* 10 (1), 2007, págs. 35-48.
VIDEOJOCS A L'AULA F9 (Grupo de trabajo «Aprovechamiento Didáctico de los Juegos de ordenador en la Escuela Primaria y en Eso», asesorado por Begoña Gros Salvat), *Análisis de Videojuegos,* 2004, http://www.xtec.es/~abernat/castellano/propuest.htm [fecha de consulta: mayo de 2008].
«¿Y los videojuegos para mujeres?», *BBC Mundo,* 23 de agosto de 2006, http://news.bbc.co.uk/hi/spanish/business/newsid_5274000/5274248.stm [fecha de consulta: mayo de 2008].

Capítulo 8

Las políticas de sociedad de la información en igualdad y para la igualdad[1]

M.ª Ángeles Sallé

1. Introducción

Los países avanzados están entrando en un nuevo paradigma productivo que es la sociedad de la información. Si en la sociedad industrial la riqueza la generaban las «materias primas», hoy el bien más preciado es el capital intelectual.

Las Tecnologías de la Información y las Telecomunicaciones (TIC) desempeñan un papel clave en la sociedad de la información, pues son el instrumento que ha hecho posible la evolución hacia ella.

La sociedad de la información ha derivado en profundas transformaciones en todos los ámbitos: en la esfera produc-

[1] Este capítulo constituye una síntesis del estudio realizado en el marco del Proyecto e-igualdad, cofinanciado por el Ministerio de Industria, Turismo y Comercio dentro del Plan Avanza.

tiva, en las relaciones comerciales, en el entorno laboral, en la formación y el aprendizaje, en el ocio y la cultura, en los usos y costumbres sociales, etc. Transformaciones que pueden traducirse en grandes oportunidades, pero también existe el riesgo de una fractura social entre las personas que manejan y gestionan esa información, y aquellas que no la poseen o no pueden acceder a ella.

En este nuevo contexto, puede afirmarse que el impulso de la sociedad de la información ha venido también de la mano de los gobiernos y las políticas, pues un mayor o menor avance en este sentido es lo que marca un menor o mayor desarrollo y posicionamiento competitivo de los países y regiones.

Desde hace décadas, por tanto, por el ámbito internacional, europeo, estatal, regional y local, se debaten y se diseñan estrategias encaminadas a fomentar e impulsar la sociedad de la información entre todos los sectores: entre la ciudadanía, las empresas y las administraciones públicas.

Fruto de estas estrategias es el cada vez mayor número de ciudadanos y ciudadanas que han incorporado el uso de las TIC en sus quehaceres diarios. Las estadísticas en todos los países no paran de arrojar datos en los que los niveles de penetración de las TIC van en aumento, de manera exponencial en los más desarrollados.

No obstante, este acceso y uso de las TIC no es generalizado entre el conjunto de la ciudadanía. Determinados colectivos (mayores, personas con niveles educativos inferiores, residentes en entornos rurales, etc.) corren el peligro de quedarse al margen de los avances y oportunidades que ofrece la sociedad de la información. Y, con carácter general, las mujeres en el conjunto de estos colectivos.

Para evitar esta fractura social, desde los organismos internacionales, supranacionales y estatales se vienen promoviendo estrategias de e-inclusión, políticas encaminadas a asegurar el acceso a las TIC de todos los colectivos sociales y a reducir la denominada «brecha digital»; y, dentro de ella, la reducción de la «brecha de género» —dado que las mujeres constituyen más del 50 por 100 de la población— se ha convertido en una de las líneas adoptadas en materia de e-inclusión.

Así, en la Unión Europea, España y sus regiones, la preocupación por incorporar y fomentar el uso de las TIC entre las mujeres es progresivamente más recurrente.

Pero ¿cómo se está traduciendo desde el punto de vista político y estratégico esta preocupación?, ¿qué medidas concretas se están impulsando al respecto?

2. El contexto europeo: género y sociedad de la información en la UE

2.1. *Los orígenes de la Estrategia de Lisboa y la Iniciativa e-Europe*

Uno de los objetivos de la Unión Europea, desde hace más de una década, es que las empresas, las administraciones públicas y la ciudadanía europea desempeñen un papel destacado en el desarrollo de la sociedad de la información y participen activamente en ella.

La centralidad que el impulso de la sociedad de la información toma en la agenda europea ha quedado reflejada en la denominada «Estrategia de Lisboa», que parte de la cumbre celebrada en marzo de 2000, donde los jefes de gobierno de la UE acordaron un nuevo objetivo estratégico para la Unión Europea: convertirla en la economía más competitiva del mundo antes de 2010.

Un año antes, en 1999, la Comisión Europea ya había puesto en marcha la iniciativa «e-Europe: una sociedad de la información para todos» y creado el Grupo de Alto Nivel sobre el Empleo y la Dimensión Social en la Sociedad de la Información (ESDIS).

En el seno de este grupo el Consejo lanza la resolución «sobre el empleo y la dimensión social de la sociedad de la información», en la que se recoge, explícitamente, que los Estados miembros habrán de promover la aplicación de un enfoque de igualdad entre hombres y mujeres en la utilización de los medios de la sociedad de la información en las escuelas y en todos los niveles de la enseñanza y la formación.

Pero, como se decía, la centralidad que adquiere la sociedad de la información como núcleo de la política económica y de empleo comunitaria se produce con motivo de la Cumbre de Lisboa del año 2000. Ese mismo año se celebran otros Consejos Europeos (Niza, Santa María de Feria).

En ellos se subraya la importancia de impulsar la sociedad de la información como medio para aumentar la competitividad económica y la cohesión social, y se vincula, en esa dimensión social, las TIC con la educación y la formación permanente, junto con la flexibilidad laboral y las nuevas formas de organización del trabajo. En paralelo, dichos Consejos acogieron favorablemente el fortalecimiento, la coordinación y el seguimiento de la igualdad entre mujeres y hombres y la integración de este objetivo en la Unión Europea. Sin embargo, ambos objetivos, sociedad de la información e igualdad, no acabaron de imbricarse en términos de estrategia política.

Es en el Consejo de Feria donde se lanza la estrategia «e-Europe 2002», que recoge las conclusiones y los acuerdos adoptados en la Cumbre de Lisboa. Las acciones se agruparon en torno a tres objetivos: una Internet más rápida, barata y segura; invertir en las personas y en la formación; y estimular el uso de Internet. Esta nueva iniciativa considera, por primera vez, la lucha contra la «exclusión digital», pero se centra en las personas con discapacidad.

En el marco de «e-Europe 2002», el Consejo publica la resolución relativa a la integración social mediante las tecnologías electrónicas, en la que se insta a los Estados miembros a aprovechar el potencial de la sociedad de la información a favor de las personas desfavorecidas, a suprimir los obstáculos para su utilización y a fomentar las asociaciones de todas las partes interesadas, y pone énfasis en las dimensiones regional y local. En este último punto habla de incorporar un planteamiento de igualdad de sexos en las políticas de integración tecnológica, y presta particular atención en que aumente el número de mujeres que aprovechan las posibilidades de empleo y formación en la sociedad de la información.

Así, sociedad de la información y género aparecen vinculadas a través de medidas para el fomento y la mejora del empleo de las mujeres.

Dos años después, en el Consejo Europeo de Sevilla, se acuerda un nuevo plan de acción, «e-Europe 2005», estructurado en cinco líneas de acción. La inclusión digital representa uno de los temas horizontales comunes, pero se traduce, una vez más, en términos de accesibilidad web para personas con discapacidad.

En las diversas comunicaciones que se publican entonces en torno a las líneas de acción *(e-government; e-learning; e-health;* etc.), se expresa la necesidad de garantizar el acceso de todos a la sociedad de la información —principalmente mediante la capacitación en el uso de TIC— pero no se visibilizan, en ningún caso, las situaciones particulares de los diversos colectivos de mujeres.

En paralelo a estas líneas y documentos estratégicos, el Grupo de Alto Nivel ESDIS continúa su labor con la elaboración de informes y propuestas. Uno de los documentos de trabajo que elabora es «Construyendo la sociedad del conocimiento: interacciones entre capital social y humano». Su tercer apartado, «Capital social y humano como conductor del empleo y la cohesión social», reserva un espacio específico a la «dimensión de género», en el que reconoce las brechas existentes en materia de uso de ordenadores e Internet, entre el alumnado de estudios relacionados con las TIC, en las condiciones de trabajo en este sector (poco atractivas para las mujeres) y en los factores culturales que median en la utilización de herramientas tecnológicas.

De este documento de trabajo derivan otros que van a tratar en profundidad las cuestiones de género en el ámbito de la sociedad de la información:

— La resolución del Consejo sobre el capital social y humano. Formación del capital social y humano en la sociedad del conocimiento: aprendizaje, trabajo, cohesión social e igualdad entre hombres y mujeres.
— El informe del Parlamento Europeo sobre las mujeres en la nueva sociedad de la información.
— La resolución del Consejo sobre acceso y participación igualitarios de hombres y mujeres en la sociedad del conocimiento para el crecimiento y la innovación.

Por primera vez, estos documentos abordan, de manera global, la situación de las mujeres frente a la sociedad de la información, el modo en que se ha incorporado la perspectiva de género en las políticas europeas y las medidas que habrían de ser impulsadas.

En relación con la situación de hombres y mujeres se señala el menor acceso de las mujeres a Internet y las diferencias en el uso que unos y otras hacen de ella. También se pone en evidencia el desequilibrio en la participación de hombres y mujeres en la educación y sectores relacionados con las TIC. En términos de políticas, se manifiesta que existe una tendencia a considerar neutras, desde el punto de vista del género, las estrategias de sociedad de la información, y que las mujeres apenas participan en la planificación y toma de decisiones.

Para paliar esta situación, los tres documentos instan a la Comisión, a los Estados miembros y los interlocutores sociales a que desarrollen medidas encaminadas a:

— Incluir a las mujeres en todos los sectores TIC.
— Fomentar la participación de las chicas en la educación superior en ámbitos tecnológicos y técnicos.
— Aumentar la participación y la presencia de las mujeres en todos los niveles educativos en este ámbito.

— Impulsar la formación en TIC, principalmente entre las mujeres con mayor riesgo de exclusión digital (mayores, desempleadas, migrantes, minorías étnicas, con discapacidad, etc.).
— Aprovechar el potencial que ofrecen las TIC para la creación de nuevas oportunidades de empleo, especialmente a través del teletrabajo y de programas de educación y formación a distancia.
— Promover el uso de las TIC como instrumento eficaz en la distribución de la información y en la protección y el apoyo contra la violencia de género.
— Sensibilizar e informar a fin de ofrecer a las mujeres y al entorno imágenes de mujeres que ejercen actividades no tradicionales, en particular, actividades relacionadas con las TIC.
— Integrar la perspectiva de género en el conjunto de las políticas mediante la recolección de datos sistemáticos sobre las diferencias estructurales en el sector de las TIC (desglosados por sexo), la consideración de la necesidad de realizar evaluaciones de impacto de género y el intento de aumentar la participación de las mujeres en los procesos de planificación y toma de decisiones.

Asimismo, durante los días 5 y 6 de mayo de ese año 2003, tiene lugar la Conferencia Europea sobre «Género y sociedad de la información» en Atenas.

Pese a las numerosas propuestas emanadas de todos estos documentos, pocas llegan a trascender a las políticas y líneas estratégicas comunitarias.

2.2. *La revisión de la Estrategia de Lisboa*

Con la revisión de la Estrategia de Lisboa en 2005, la Comisión publica la comunicación «Retos para la sociedad de la información europea con posterioridad a 2005», en la que se afirma que «la UE no está aprovechando todas las posibilidades ofrecidas por las TIC en el contexto de la consecución de los objetivos de Lisboa».

Era necesario afrontar nuevos retos, entre los que ocupa un lugar destacado la e-inclusión, enfocada a asegurar a todas las personas el mismo acceso a las TIC y la misma disponibilidad a un precio asequible.

La e-inclusión se define con un doble sentido: por una parte, se trata de garantizar la igualdad de acceso y participación de todos en la sociedad de la información; y, por otra, tiene por objeto la aplicación de sistemas con el fin de permitir a las personas con minusvalías y a los ancianos desempeñar un papel pleno en la sociedad y aumentar su autonomía. Las situaciones específicas de las mujeres en la sociedad de la información no se mencionan expresamente entre los nuevos retos.

Frente a ello, es una vez más el Grupo de Alto Nivel ESDIS, a través de la publicación del documento «e-Inclusion revisited: the local dimension of the information society», el que hace un análisis de género de la situación, y reconoce que la brecha de género en el uso de Internet en el ámbito comunitario había disminuido, pero que era necesario prestar atención a determinados colectivos de mujeres, como las de edad avanzada, las jubiladas o las mujeres que viven en áreas rurales.

2.3. *La estrategia «i2010: la sociedad de la información y los medios de comunicación al servicio del crecimiento y el empleo»*

La revisión de la Estrategia de Lisboa da lugar a «i2010: la sociedad de la información y los medios de comunicación al servicio del crecimiento y el empleo».

Con i2010 la Comisión aborda de manera integrada la sociedad de la información y las políticas audiovisuales en la UE. Su propósito es coordinar la acción de los Estados miembros para facilitar la convergencia digital y afrontar los desafíos vinculados a la sociedad de la información. En esta estrategia, la Comisión propone tres prioridades políticas:

- Objetivo 1: un espacio único europeo de la información que ofrezca comunicaciones de banda ancha asequibles y seguras, contenidos ricos y diversificados y servicios digitales.
- Objetivo 2: rendimiento de carácter mundial en la investigación y la innovación en el ámbito de las TIC, para acercar a Europa a sus principales competidores.
- Objetivo 3: una sociedad de la información que sea incluyente, ofrezca servicios públicos de gran calidad y promueva la calidad de vida.

Para este último objetivo, de carácter social, la iniciativa i2010 prevé el desarrollo de las siguientes actividades:

- Publicar unas orientaciones políticas sobre accesibilidad y cobertura de la banda ancha (e-accesibilidad).
- Adoptar un plan de acción sobre administración electrónica y orientaciones estratégicas sobre los servicios públicos basados en las TIC. El plan de acción sobre administración electrónica recoge, entre sus cinco prioridades, la lucha contra la brecha digital, de manera que toda la población, incluidas las capas sociales desfavorecidas, disfruten de la administración electrónica.
- Establecer tres «iniciativas insignia» sobre el tema de las TIC y la calidad de vida: las necesidades de una sociedad que envejece, el transporte seguro y limpio, y la diversidad cultural.
- Proponer una iniciativa europea sobre inclusión digital.

En relación con esta última línea, el 11 de junio de 2006 tiene lugar la Conferencia Ministerial en Riga «TIC para una sociedad inclusiva». La Declaración de Riga establece para 2010 una serie de objetivos en relación con el uso y la disponibilidad de Internet, la alfabetización digital y la accesibilidad de las TIC. En concreto, y en relación con el uso de Internet, se marca como objetivo para el año 2010 reducir a la mitad la distancia en este uso entre la población media de la UE y las mujeres.

A raíz de esta Conferencia, el 29 de noviembre de 2007 se presenta la iniciativa sobre e-inclusión, en la que se reconoce que, pese a las valiosas aportaciones, el avance sigue siendo muy limitado en materia de e-inclusión y es posible que no lleguen a cumplirse la mayoría de los objetivos de Riga. Para salvar estas limitaciones, la iniciativa sobre e-inclusión propone:

a) Una campaña de inclusión digital, titulada «Inclusión digital, únete a ella», cuya misión será aumentar durante el año 2008 el nivel de concienciación y los esfuerzos de coordinación, y que concluirá con la celebración de una Conferencia Ministerial para mostrar los avances realizados y reforzar los compromisos.
b) Un marco estratégico de acción que permita aplicar la Declaración Ministerial de Riga por medio de:
   1. la lucha contra las desigualdades existentes en materia de banda ancha, accesibilidad y competencia para crear así las condiciones necesarias para que todo el mundo pueda participar en la sociedad de la información;
   2. el impulso de la participación efectiva de los grupos en riesgo de exclusión y la mejora de su calidad de vida;
   3. la integración de las distintas medidas de inclusión digital para maximizar su impacto y la duración de éste.

Aunque la iniciativa reconoce explícitamente que peligra la consecución de objetivos en materia de «brecha digital de género» para 2010, en el desarrollo de sus líneas de actuación de cara a los próximos años no se hace una alusión concreta a cómo superar este hecho.

Seguidamente, los días 2 y 3 de diciembre, se celebra un debate ministerial sobre políticas de e-inclusión en Lisboa, en el que se vuelve a insistir en las dificultades y retos de este objetivo y se proponen medidas en línea con la iniciativa de e-inclusión. Entre las conclusiones del debate no se mencionan específicamente los temas de género.

Al mismo tiempo, y como estipula la iniciativa i2010, se van publicando informes anuales sobre ella, y se celebran diversas reuniones del Grupo de Alto Nivel i2010 (un total de cinco hasta finales de 2007). El último informe, *i2010: informe anual sobre la sociedad de la información 2007,* considera que se está avanzando en la integración de las TIC dentro de las políticas de los Estados miembros. En materia de inclusión, el informe recoge las actuaciones que la Comisión deberá poner en marcha durante 2007 y 2008, pero en ellas tampoco se hace alusión a medidas específicas en relación con la igualdad.

2.4. *La hoja de ruta para la igualdad 2006-2010*

Por su parte, en lo referente a las políticas de igualdad de género en el ámbito comunitario, el documento que marca las intervenciones es el «Plan de trabajo para la igualdad de oportunidades entre las mujeres y los hombres 2006-2010», elaborado por la Comisión, que establece seis áreas de actuación de la UE a favor de la igualdad de género, a saber:

— Área 1: conseguir la misma independencia económica para las mujeres y los hombres.
— Área 2: conciliar la actividad laboral con la vida privada y familiar.

— Área 3: promover la representación paritaria de las mujeres y los hombres en la toma de decisiones.
— Área 4: erradicar la violencia de género y la trata de seres humanos.
— Área 5: eliminar los estereotipos sexistas de la sociedad.
— Área 6: promover la igualdad de género fuera de la UE.

El área 3 considera el objetivo de aumentar la presencia de las mujeres en la ciencia y la tecnología y recoge, entre otras medidas, la de controlar y fomentar la inclusión de la perspectiva de género en la política europea de investigación:

— en el Séptimo Programa Marco;
— en el programa «Educación y formación 2010», mediante el fomento del acceso de las mujeres a carreras científicas y técnicas con arreglo al objetivo europeo de restablecer el equilibrio de géneros en este campo, y la elaboración de una guía europea de mejores prácticas en cuestiones de género relacionadas con las TIC,
— y en la aplicación del futuro programa «Ciudadanos con Europa», para incluir la igualdad de género en el campo de la ciudadanía activa como uno de los temas prioritarios, mediante la movilización de las redes existentes.

Las alusiones que recoge este Plan de trabajo están más enfocadas, en todo caso, a mejorar la posición de las mujeres en el campo de la ciencia y la investigación, y, en menor grado, en el de las TIC y la sociedad de la información.

3. Las políticas de sociedad de la información y género en España

3.1. *Los antecedentes: INFO XXI y España.es*

En España, varias han sido las estrategias puestas en marcha por los distintos gobiernos para impulsar la sociedad de la información, siguiendo las líneas y propuestas dictadas por la Unión Europea.

Una de la más recientes llevó el nombre de *Programa INFO XXI: la sociedad de la información para todos.* Fue presentada en 2001 pero, un año después, se reconoció que no se había conseguido el éxito esperado, al haber invertido menos del 50 por 100 del presupuesto anual.

Para dotar de un cambio de rumbo a las estrategias de sociedad de la información se convocó una comisión de expertos, presidida por Juan Soto Serrano («Comisión Soto»), que, en abril de 2003, presentó sus conclusiones.

A partir de ellas, del análisis estratégico de la situación y de la experiencia acumulada en anteriores programas, el gobierno elaboró «España.es: programa de actuaciones para el desarrollo de la sociedad de la información en España».

Este Programa se centró en un doble frente simultáneo: por un lado, favorecer la demanda de conexión de la población a las nuevas tecnologías y, por otro, mejorar la oferta de infraestructuras, contenidos y servicios que incentivaran dicha conexión. Para abordar estos dos objetivos el Programa se estructuró en seis áreas de actuación:

- Actuaciones de carácter transversal: administración.es, educación.es, pymes.es.
- Actuaciones de carácter horizontal: navega.es, contenidos.es, comunicación.es.

Asimismo, en el año 2000 se creó «Red.es», una empresa pública cuyos objetivos fueron, y continúan siendo, los de mantener y gestionar el sistema de «dominio.es», analizar la sociedad de la información a través de un Observatorio, ofrecer asesoría a la Administración y apoyar en la ejecución de los programas y proyectos al Estado.

En la evolución de estos planes no se visibilizó la situación de las mujeres ni se previeron actuaciones concretas en el ámbito de la igualdad.

3.2. *La nueva estrategia: Plan Avanza*

En 2004 se pone en marcha el Plan Ingenio 2010, un compromiso que pretende involucrar al Estado, las empresas, las universidades y otros organismos públicos de investigación en un esfuerzo decidido por alcanzar el nivel que corresponde a España por su peso económico y político en Europa.

El Plan Ingenio 2010 forma parte de la estrategia de I + D + I (Eje 4) del Programa Nacional de Reformas de España y se asienta en tres programas:

- Programa Cénit (Consorcios Estratégicos Nacionales de Investigación Técnica).
- Programa Consolider, cuya finalidad es conseguir la excelencia investigadora mediante el aumento de la cooperación entre investigadores y la formación de grandes grupos de investigación.
- Plan Avanza, dirigido al desarrollo de la sociedad de la información en España.

Como complemento a los primeros resultados obtenidos con el Plan Ingenio 2010, en diciembre de 2006 se aprueba la Estrategia Nacional de Ciencia y Tecnología (ENCYT), en la que se establecen los objetivos, indicadores y líneas generales de actuación en materia I + D + I. La ENCYT, junto con el Plan Ingenio 2010, han sentado las bases para la elaboración del VI Plan Nacional de Investigación Científica, Desarrollo e Innovación Tecnología 2008-2011 (I + D + I).

Este Plan es el mecanismo para establecer los objetivos y prioridades de la política de investigación e innovación a medio plazo, así como para diseñar los instrumentos que garanticen su consecución. Dentro de él, el Plan Avanza se ubica como una de las acciones estratégicas para alcanzar la convergencia con la UE en materia de sociedad de la información.

Así, el «Plan Avanza: plan 2006-2010 para el desarrollo de la sociedad de la información y de convergencia con Europa y entre Comunidades Autónomas y Ciudades Autónomas», se estructura en cinco áreas de actuación:

— Ciudadanía Digital, dirigida a hacer partícipe a la ciudadanía de las ventajas de utilizar Internet y las TIC. Las medidas previstas se enfocan a garantizar la inclusión de toda la población, al facilitar el acceso y difundir servicios de utilidad de las nuevas tecnologías para mejorar la calidad de vida, la información y la participación del ciudadano en su comunidad.
— Economía Digital, que incide en las medidas para impulsar el desarrollo del sector TIC y en la adopción de las tecnologías por parte de las pymes.
— Educación Digital, para incorporar las TIC en el proceso educativo y de formación en general mediante la integración de todos los agentes que en él participan.
— Servicios Públicos Digitales, con medidas que permitan mejorar los servicios prestados por las Administraciones Públicas, para aumentar la calidad de vida de la ciudadanía y la eficiencia de las empresas.
— Contexto Digital, para garantizar una infraestructura de banda ancha segura, la identidad digital y la dis-

ponibilidad de una oferta de contenidos adecuados en red, como catalizadores imprescindibles para el desarrollo de la sociedad de la información.

En la línea de «Ciudadanía Digital», por primera vez un plan estratégico de sociedad de la información en España tiene en cuenta la incorporación de las mujeres:

> *De forma particular, en los instrumentos concretos de ejecución de las medidas se introducirán previsiones dirigidas a la incorporación de las mujeres a la Sociedad de la Información y a evitar la discriminación por razón de sexo, y un seguimiento de los indicadores de ejecución para, en su caso, adoptar medidas tendentes a disminuir la brecha digital de la mujer* (Resumen ejecutivo Plan Avanza: objetivos y medidas por áreas de actuación).

Este compromiso se ha traducido en un doble objetivo:

— Garantizar la igualdad de género en la sociedad de la información.
— Utilizar las TIC como herramienta para fomentar la igualdad de género en la sociedad.

El instrumento fundamental que se ha puesto al servicio de estos objetivos son las distintas órdenes de bases y convocatorias anuales de ayudas que se han ido lanzando en el área de «Ciudadanía Digital».

Entre estas convocatorias se encuentra una concreta de género («Proyectos y acciones sobre igualdad de género en la sociedad de la información») que, desde el año 2006, está financiando proyectos a entidades públicas locales y a entidades privadas sin ánimo de lucro referidos a:

— Programas de difusión para extender el uso de Internet y las nuevas tecnologías.

— Formación y sensibilización sobre el uso eficiente de las TIC.
— Creación de redes sociales y empresariales, que permitan compartir experiencias.
— Estudios y diagnósticos sobre igualdad de género en relación con las TIC.
— Dotación de equipamiento informático.

Así, entre 2006 y 2007 se han puesto en marcha cincuenta y siete proyectos, y se han movilizado un total de 12 millones de euros. Se trata de proyectos de distinta naturaleza que abordan actuaciones como: estudios y análisis sobre la brecha digital de género; celebración de congresos y seminarios sobre esta temática; incorporación de TIC entre las asociaciones de mujeres; apoyo y servicios para redes de mujeres emprendedoras, empresarias y directivas; incorporación de las mujeres del medio rural a la sociedad de la información; actuaciones en el ámbito de la violencia de género, etc.

Transversalmente, el resto de las convocatorias del Plan Avanza han ido incorporando progresivamente el principio de igualdad de género en forma de criterio de valoración para la selección de los proyectos.

En el año 2006 fueron un total de tres convocatorias (dinamización, inclusión de las personas con discapacidad y personas mayores, y FORINTEL) las que establecieron algún criterio de igualdad en la selección de los proyectos. En 2007 también se incluyeron criterios de igualdad en la valoración de proyectos dentro de las convocatorias de formación general en telecomunicaciones y tecnologías; creación, desarrollo y potenciación de centros de referencia, y contenidos digitales.

Para el año 2008, según se recoge en las bases reguladoras de las distintas convocatorias, la integración de medidas específicas que fomenten la igualdad de género vuelve a ser tenida en cuenta como criterio de selección de los proyectos dentro de las convocatorias de «Ciudadanía Digital» y «Contenidos».

En el caso del resto de convocatorias del Plan Avanza —y de todas aquellas que emanen de este Ministerio—, el «Plan integrado de ayudas del Ministerio de Industria, Turismo y Comercio para el año 2008», en su artículo 3, prevé la integración progresiva de este aspecto en cumplimiento de lo establecido en la Ley para la Igualdad Efectiva de Mujeres y Hombres, al incluir como criterio de valoración la integración de medidas específicas que fomenten la igualdad de género.

3.3. *El Plan y la Ley de Igualdad*

Sinérgicamente, en las políticas de igualdad impulsadas por el gobierno también se encuentran referencias encaminadas a generar una sociedad de la información más inclusiva desde el punto de vista del género.

El «Plan estratégico de igualdad de oportunidades (2008-2011)» recoge, dentro de sus principios rectores, el de la innovación científica y tecnológica. A partir de ahí, aparecen alusiones concretas a las tecnologías y a la sociedad de la información, entre ellas, a la incorporación del principio de igualdad dentro del Plan Avanza:

- — Poner en marcha un plan de acción para la igualdad de oportunidades entre mujeres y hombres en la SI, en el marco del Plan Avanza.
- — Ofrecer programas de formación en habilidades TIC, orientados a los intereses personales y profesionales de los distintos colectivos de mujeres.
- — Integrar la visión de las mujeres en los procesos de diseño, producción y gestión de ámbitos científicos.
- — Potenciar la presencia de las mujeres en Internet, mediante la promoción de portales, páginas y contenidos que recojan sus intereses y necesidades y atiendan a su diversidad.

— Incrementar la participación de mujeres en los estudios y carreras científicas y tecnológicas, tanto de nivel medio como universitario, como estudiantes y como profesoras e investigadoras en todos los niveles de responsabilidad.

Asimismo, en el ámbito de la igualdad y la sociedad de la información, un paso decisivo en este terreno lo ha marcado la Ley Orgánica para la Igualdad Efectiva de Mujeres y Hombres, ya que considera la incorporación de pautas favorecedoras de la igualdad en una amplia variedad de políticas, entre ellas, las de sociedad de la información.

Dentro del «Título II: Políticas públicas para la igualdad», el artículo 28 de la citada ley está dedicado íntegramente a la sociedad de la información:

1. *Todos los programas públicos de desarrollo de la Sociedad de la Información incorporarán la efectiva consideración del principio de igualdad de oportunidades entre mujeres y hombres en su diseño y ejecución.*
2. *El Gobierno promoverá la plena incorporación de las mujeres en la Sociedad de la Información mediante el desarrollo de programas específicos, en especial, en materia de acceso y formación en tecnologías de la información y de las comunicaciones, contemplando las de colectivos de riesgo de exclusión y del ámbito rural.*
3. *El Gobierno promoverá los contenidos creados por mujeres en el ámbito de la Sociedad de la Información.*
4. *En los proyectos del ámbito de las tecnologías de la información y la comunicación sufragados total o parcialmente con dinero público, se garantizará que su lenguaje y contenidos sean no sexistas.*

Por su parte, el artículo 30, dedicado al desarrollo rural, incluye que los poderes públicos fomentarán la igualdad de oportunidades en el acceso a las TIC mediante el uso de políticas y actividades dirigidas a la mujer rural, y la aplicación de soluciones alternativas tecnológicas allá donde la extensión de estas tecnologías no sea posible.

En las disposiciones adicionales, por último, se prevé que la Ley de Presupuestos Generales del Estado para 2007 constituya un fondo especial en materia de sociedad de la información e igualdad, dotado de tres millones de euros anuales para los ejercicios 2007, 2008 y 2009. Es con cargo a este fondo donde se enmarca la convocatoria del Plan Avanza de concesión de ayudas para la realización de actuaciones que impulsen la igualdad de género en la sociedad de la información.

En el plano estratégico y normativo de la igualdad en el ámbito estatal parece existir, por tanto, una plena consideración de las cuestiones relativas a la sociedad de la información.

4. El contexto autonómico: igualdad y sociedad de la información en las Comunidades Autónomas

4.1. *La incorporación de la igualdad en los planes estratégicos de sociedad de la información en el ámbito regional*

Los gobiernos autonómicos están impulsando firmemente el desarrollo de la sociedad de la información en sus regiones, con un papel activo en el diseño y puesta en marcha de planes estratégicos, acciones y medidas encaminadas a este objetivo.

Hoy todas las Comunidades Autónomas poseen su propio plan estratégico en materia de sociedad de la información. Complementariamente, en muchas de ellas se cuenta también con entidades públicas y privadas —la mayoría, fundaciones— creadas específicamente para el fomento del uso de las TIC en los territorios y con observatorios de sociedad de la información.

TABLA 1
Planes estratégicos, entidades impulsoras y observatorios de SI en las Comunidades Autónomas

Comunidad Autónoma	Planes estratégicos	Entidades de impulso	Observatorios SI
Andalucía	Plan Andalucía Sociedad de la Información (2007-2010)	Consejería de Innovación, Ciencia y Empresa	
Aragón	Plan director para el desarrollo de la sociedad de la información en la Comunidad Autónoma de Aragón (2004-2007)	Departamento de Ciencia, Tecnología y Universidad	Observatorio Aragonés de la Sociedad de la Información
Asturias	e-Asturias 2007	Fundación CTIC-Centro Tecnológico de la Información y la Comunicación	Observatorio de la Sociedad de la Información del Principado de Asturias
Baleares	Plan director sectorial de telecomunicaciones	Fundación IBIT-Fundación de las Islas Baleares para la Innovación Tecnológica	Observatorio Balear de Sociedad de la Información (OBSI)
Canarias	Plan para el desarrollo de la sociedad de la información en Canarias (PDSIC) (2000-2006)	Instituto Tecnológico de Canarias (ITC)	Observatorio Canario de las Telecomunicaciones y la Sociedad de la Información
Cantabria	Plan estratégico para la sociedad de la información de Cantabria (2002-2006)	EMCANTA	Observatorio de la Sociedad de la Información de Cantabria (OSCI)
Castilla-La Mancha	Plan estratégico de telecomunicaciones y sociedad de la información (2006-2010)	Fundación Ínsula Barataria	

Comunidad Autónoma	Planes estratégicos	Entidades de impulso	Observatorios SI
Castilla y León	Estrategia regional para la sociedad digital del conocimiento (2007-2013)	Consejería de Fomento	Observatorio de Sociedad de la Información en Castilla y León (ORSI)
Cataluña	Plan director de infraestructuras de telecomunicaciones (PDTI) (2005-2008). Plan director de servicios y contenidos (PDSIC) (2005-2008)	Fundación i2Cat	Observatorio de la Sociedad de la Información (OBSI)
Comunidad Valenciana	Estrategia para consolidar las telecomunicaciones avanzadas y la sociedad tecnológica y del conocimiento en la Comunidad Valenciana (AVANTIC) (2004-2010)	Fundación OVSI-Oficina Valenciana para la Sociedad de la Información	Centro de Investigación CEVALSI
Extremadura	Plan director estratégico para el desarrollo de la sociedad de la información en Extremadura	FUNDECYT-Fundación para el Desarrollo de la Ciencia y la Tecnología en Extremadura	Observatorio Extremeño de Sociedad de la Información
Galicia	Plan estratégico gallego de sociedad de la información (PEGSI) (2007-2010)	Consejería de Innovación e Industria-Dirección General de Promoción Industrial y Sociedad de la Información	Observatorio Gallego de Sociedad de la Información
La Rioja	larioja.es	FUNDARCO-Agencia del Conocimiento y la Tecnología del Gobierno de La Rioja	Observatorio Riojano para la Sociedad de la Información (ORSI)

Comunidad Autónoma	Planes estratégicos	Entidades de impulso	Observatorios SI
Comunidad de Madrid	Madrid Comunidad Digital: I Plan para el desarrollo de la sociedad digital y del conocimiento de la Comunidad de Madrid	Dirección General de Innovación Tecnológica	
Región de Murcia	Región de Murcia SI: III Plan para el desarrollo de la sociedad de la información en la Región de Murcia (2008-2010)	Fundación Integra: Integración de recursos y nuevas tecnologías para la modernización de la Región de Murcia	Observatorio de Sociedad de la Información en la Región de Murcia
Navarra	II Plan de actuación para la promoción de la sociedad de la información y las telecomunicaciones de la Comunidad Foral de Navarra (2005-2007)	Dirección General para la Sociedad de la Información	Observatorio de la Sociedad de la Información en Navarra
País Vasco	Euskadi en la sociedad de la información	Departamento de Industria, Turismo y Comercio	

Tras realizar un análisis de los planes mencionados cabe indicar que, en términos generales, el tipo de actuaciones que se consideran en casi todos ellos se dirigen a:

— Dotar de infraestructuras y medios tecnológicos a los territorios, principalmente a aquellas zonas con mayores dificultades de acceso (entornos rurales).
— Fomentar la e-Administración o Administración Digital, es decir, potenciar las TIC para acercar la Administración Pública a la ciudadanía y a las empresas, mediante la facilitación de la realización de trámites

administrativos y la introducción de las TIC en campos como la salud, la educación, el sistema judicial, el empleo, la cultura, etc.

— Acercar las tecnologías a las empresas y fortalecer el sector TIC. Estas acciones están orientadas al tejido empresarial en sus distintos niveles para fomentar su integración como parte esencial de la sociedad del conocimiento (adaptación tecnológica de las pymes, mejora de la competitividad en el sector TIC, etc.).

— Facilitar el acceso y la utilización de las TIC a la ciudadanía, mediante la puesta en marcha de diversas iniciativas: alfabetización o inclusión digital (acciones para acercar de manera personalizada la cultura de la sociedad de la información a todos los colectivos de la ciudadanía, con especial atención a aquellos con dificultades de acceso a las TIC: mayores, personas con discapacidad, amas de casa, personas residentes en ámbitos rurales, etc.); líneas de subvención para la adquisición de equipos informáticos y conexiones a Internet, cuyo público destinatario son las familias y los hogares; apertura de centros de acceso público a Internet (telecentros, cibertecas, etc.); o actuaciones para propiciar la «participación digital», mediante el fomento de la creación de nuevos espacios de participación ciudadana a través de canales *on line* o la introducción de las TIC en las asociaciones y entidades sin ánimo de lucro (ayudas para la creación de sus páginas web, sistemas de comunicación *on line,* etc.).

— Generar contenidos digitales de carácter regional sobre la cultura, la lengua, el turismo o el patrimonio cultural y natural de los distintos territorios.

Dentro de dichos planes la consideración de la perspectiva de género es aún débil. Casi ninguno de ellos recoge entre sus objetivos estratégicos o generales el principio de igualdad de oportunidades entre mujeres y hombres, a excepción de los planes de la Comunidad Valenciana, Galicia y Castilla y León, en los que esta cuestión se aborda como un reto para el desarrollo de la sociedad de la información en estas regiones.

En otros planes regionales, si bien la igualdad de género no se refleja explícitamente entre los objetivos y ejes estratégicos, sí se tiene en cuenta en la descripción de las actuaciones contenidas en ellos desde una perspectiva global, como puede ser el ejemplo de la línea de actuación «Mujer, piensa en TI...C» del Plan e-Asturias 2007.

Sin embargo, la forma más recurrente de hacer alusión a las mujeres en el contexto de la sociedad de la información es a través de su ubicación entre los colectivos en riesgo de exclusión digital (mayores, personas con discapacidad, inmigrantes, etc.) y mediante la puesta en marcha de actuaciones de alfabetización digital: la gran mayoría de los planes establecen cursos de formación para la utilización de las herramientas TIC dirigidos a mujeres. Estos cursos suelen poseer una duración de entre diez y veinte horas, normalmente son impartidos en los telecentros o cibertecas, y sus contenidos están enfocados a la formación inicial en el uso de programas ofimáticos (Word, Excel, Power Point, etc.) o la navegación por Internet. Este es el caso de planes como el de Andalucía, Aragón, Cataluña, Navarra o País Vasco.

Otro tipo de cursos de formación que se introducen en los planes, dirigidos a mujeres, se destinan a mejorar su posición en el empleo, al intentar adaptar sus competencias a los cambios requeridos por los nuevos entornos económicos y sociales. Un ejemplo se encuentra en la Comunidad de Madrid, donde se desarrollan cursos de formación en TIC en el ámbito de la Formación Ocupacional.

Otras iniciativas, pero más escasas, se dirigen a la búsqueda de fórmulas alternativas de organización del trabajo mediante el uso las TIC (teletrabajo) o la puesta en marcha de sistemas de alerta de malos tratos a mujeres (brazaletes electrónicos).

La incorporación de la igualdad en los planes y estrategias autonómicas, en definitiva, cuando se da, está vinculada, una vez más, a la inclusión digital —o el «acceso de la sociedad de la información para todos»—, y su tratamiento desaparece completamente en los ejes que tienen que ver con las infraestructuras, la e-administración, las empresas y pymes, etc. Si bien éstos son ámbitos cuyas actuaciones benefician tanto a hombres como mujeres, también se hace necesario procurar y vigilar que esos beneficios sean disfrutados de igual manera por unos y por otras. Cuestión que en los planes no se establece ni se considera, al menos de forma explícita y por ahora.

Por otra parte, también cabe mencionar que muchas de las Comunidades Autónomas poseen observatorios destinados a medir los avances en materia de sociedad de la información en las regiones. Cuando estos observatorios no existen, suelen ser los propios Institutos de Estadística los que se encargan de hacer seguimiento de los indicadores.

Lo más común, ya sea en los observatorios o en los Institutos de Estadística, es aplicar los mismos indicadores utilizados por el INE en la *Encuesta sobre el uso de TIC y comercio electrónico en las empresas* y en la *Encuesta sobre equipamiento y uso de tecnologías de información y comunicación en los hogares.* Las técnicas de recogida de datos se aplican siguiendo la metodología INE pero se amplían las muestras en las Comunidades Autónomas correspondientes. El resultado es que en el ámbito autonómico se ofrecen indicadores básicos de uso de las TIC en las empresas y en los hogares, donde el único dato desagregado por sexo suele ser el porcentaje de utilización de ordenadores y de Internet.

No obstante, algunas Comunidades Autónomas destacan por la elaboración de estudios e informes propios en los que se alcanza algún grado más de profundidad: Andalucía elabora anualmente el «Barómetro i@landalus», en Canarias se posee un «Sistema de Indicadores de la Sociedad de la Información (SISIC)», la Comunidad Valenciana publica periódicamente los «Infobarómetros», etc. En otras, esta información se complementa con estudios de seguimiento y evaluación de la ejecución de los planes estratégicos, como es el caso del estudio que realiza Aragón sobre los «Lugares de acceso público a Internet en Aragón» o el que desarrolla La Rioja sobre las cibertecas. La desagregación de los indicadores por sexo, en todo caso, no es demasiado generalizada.

Se puede destacar, en este sentido, el estudio realizado en Castilla y León sobre «La inclusión en la sociedad digital y del conocimiento», el de «Mujeres y nuevas tecnologías en la Comunidad Valenciana» y los «Infobarómetros sociales de género» de esta última Comunidad, como material que aborda, desde una perspectiva de género, la situación de hombres y mujeres en la sociedad de la información. También debe mencionarse el «Plan estratégico de Galicia», que prevé indicadores de seguimiento como el «número de empresas dirigidas por mujeres con portal web corporativo».

4.2. *La sociedad de la información en las políticas de igualdad de las Comunidades Autónomas*

Del mismo modo que ocurre con la sociedad de la información, las políticas de igualdad están presentes en todas las Comunidades Autónomas a través de planes concretos en esta materia. Las instituciones encargadas de su coordinación e impulso suelen ser los Institutos de la Mujer (organismos autónomos dependientes de cada gobierno) y las Consejerías o Direcciones Generales de la Mujer.

TABLA 2
Entidades y planes de igualdad en las Comunidades Autónomas

Comunidad Autónoma	Entidades de igualdad	Planes de igualdad
Andalucía	Consejería para la Igualdad y Bienestar Social-Instituto Andaluz de la Mujer	
Aragón	Instituto Aragonés de la Mujer	III Plan de acción positiva para las mujeres en Aragón (2001-2004)
Asturias	Instituto Asturiano de la Mujer	IV Plan de acción positiva para las mujeres del Principado de Asturias 2001-2005)
Baleares	Institut Balear de la Dona	III Plan de actuación para la igualdad de oportunidades entre hombres y mujeres de las Islas Baleares (2002-2005)
Canarias	Instituto Canario de la Mujer	III Plan canario de igualdad de oportunidades entre mujeres y hombres (2003-2006)
Cantabria	Dirección General de la Mujer del Gobierno de Cantabria	III Plan de igualdad de oportunidades entre mujeres y hombres de Cantabria (2003-2006)
Castilla-La Mancha	Instituto de la Mujer de Castilla-La Mancha	IV Plan de igualdad de oportunidades entre hombres y mujeres de Castilla-La Mancha (2004-2008)
Castilla y León	Dirección General de la Mujer de Castilla y León	IV Plan integral de igualdad de oportunidades entre mujeres y hombres de la Comunidad de Castilla y León (2007-2011)
Cataluña	Institut Catalá de les Dones	V Plan de acción y desarrollo de las políticas de la mujer en Cataluña (2005-2007)

Comunidad Autónoma	Entidades de igualdad	Planes de igualdad
Ceuta	Centro Asesor de la Mujer	I Plan de igualdad de oportunidades de la Ciudad Autónoma de Ceuta (2005-2008)
Comunidad Valenciana	Dirección General de la Mujer de la Generalitat Valenciana	Plan de igualdad de oportunidades entre hombres y mujeres (2006-2009)
Extremadura	Consejería de Igualdad y Empleo-Instituto de la Mujer de Extremadura	III Plan para la igualdad de oportunidades de las mujeres de Extremadura (2006-2009)
Galicia	Servizio Galego de Igualdade	V Plan de igualdad de oportunidades de las mujeres gallegas (2007-2010)
La Rioja	Área de la Mujer del Gobierno de La Rioja	III Plan integral de la mujer (2006-2009)
Comunidad de Madrid	Dirección General de la Mujer de la Comunidad de Madrid	IV Plan de igualdad de oportunidades de mujeres y hombres de la Comunidad de Madrid (2002-2005)
Región de Murcia	Instituto de la Mujer de la Región de Murcia	III Plan de igualdad de oportunidades entre hombres y mujeres (2004-2005)
Melilla	Viceconsejería de la Mujer	I Plan de igualdad de oportunidades entre hombres y mujeres de la Ciudad Autónoma de Melilla (2001-2004)
Navarra	Instituto Navarro para la Igualdad	I Plan de igualdad de oportunidades entre hombres y mujeres de la Comunidad Foral de Navarra (2006-2010)
País Vasco	Emakunde-Instituto Vasco de la Mujer	IV Plan de acción positiva para para las mujeres en la Comunidad Atónoma de Euskadi

Estos planes se estructuran en ejes de intervención que, a grandes rasgos, cubren ámbitos como los siguientes:

— Educación: incorporación de la coeducación en la práctica docente, formación y sensibilización en género al profesorado, elaboración de materiales educativos en igualdad, introducción de la igualdad en el currículum escolar, orientación escolar y universitaria no sexista, acceso de las mujeres a especialidades formativas en las que se encuentran infrarrepresentadas, incorporación de la perspectiva de género en la formación de personas adultas, etc.
— Empleo: realización de estudios sobre la situación en el mercado laboral de hombres y mujeres, mejora de la empleabilidad de las mujeres, fomento del autoempleo, programas de formación permanente, profesional y ocupacional, etc.
— Salud: estudios sobre enfermedades «femeninas», actuaciones de prevención, atención a la salud sexual y reproductiva, sensibilización en género de profesionales sanitarios, investigación de enfermedades que afectan a las mujeres, etc.
— Conciliación: actuaciones para el fomento de la corresponsabilidad, puesta a disposición de servicios de cuidado de personas dependientes, experimentación de nuevas fórmulas de organización del trabajo que faciliten la conciliación, etc.
— Inclusión social: medidas para la inserción social y laboral de colectivos de mujeres en riesgo de exclusión social (inmigrantes, minorías étnicas, mujeres con discapacidad, mujeres que ejercen la prostitución, etc.).
— Medios de comunicación: utilización de una imagen no sexista de las mujeres en los medios de comunicación, lanzamiento de valores de igualdad, utilización de lenguajes inclusivos, campañas y premios de igualdad, etc.

— Violencia de género: sistemas de prevención de malos tratos, formación de agentes públicos, campañas de sensibilización, coordinación de servicios y de la intervención pública en este campo, etc.
— Cultura, ocio y deporte: visibilización del papel de las mujeres en este terreno, fomento de la práctica del deporte entre las mujeres, promoción de las mujeres en la cultura, actividades de ocio y tiempo libre específicas para mujeres, etc.
— Mujeres rurales: análisis de la situación de las mujeres del entorno rural, apoyo a la generación de empresas, acceso a la información, visibilización de su contribución al desarrollo endógeno, participación en los espacios y poderes locales, etc.
— Participación social y toma de decisiones: medidas para la presencia de mujeres en los espacios de toma de decisiones, apoyo al movimiento asociativo, generación de canales para la participación social, etc.
— Medio ambiente, urbanismo y vivienda: participación de las mujeres en la planificación de políticas en estos campos, políticas medioambientales y urbanísticas con perspectiva de género, impulso del papel de las mujeres en el medio ambiente, sistemas de transporte adaptados a sus necesidades, etc.
— Cooperación al desarrollo: colaboración con las ONG's de cooperación al desarrollo, sensibilización para la ayuda a países en vías de desarrollo, convenios de colaboración con otros países para el fomento de la igualdad, etc.
— Políticas de igualdad en la administración: planes para la incorporación del principio de igualdad en las administraciones, coordinación y seguimiento de políticas de igualdad, impulso de la igualdad en terceras entidades (ayuntamientos, asociaciones), etc.

Dentro de estos planes se reservan medidas relacionadas con la sociedad de la información, aunque normalmente no ocupan un lugar central en los ejes u objetivos estratégicos. Hay que mencionar, no obstante, el plan de igualdad de oportunidades de la Comunidad Valenciana o el de Extremadura, donde sí se recoge el acceso de las mujeres a las nuevas tecnologías como parte de los objetivos clave con acciones específicas en este campo.

Cuando las medidas de sociedad de la información no ocupan un eje o un área específica de los planes, suelen vincularse, principalmente, a los ejes dedicados al empleo o a las mujeres del medio rural. La integración de la sociedad de la información se traduce, de este modo, como una herramienta indispensable para la mejora del empleo de las mujeres o del posicionamiento de las que habitan en zonas no urbanas.

En concreto, el acceso y la utilización de las TIC en el plano de la formación y el empleo aparecen en los planes de igualdad de Asturias, Baleares, Canarias, Cantabria, Castilla y León, Ceuta, Comunidad Valenciana, Galicia y La Rioja.

La relación entre mujeres de ámbito rural y las TIC se da, por su parte, en los planes de Aragón, Asturias, Castilla y León, Cataluña, Galicia, La Rioja y Navarra.

La mención de la sociedad de la información y las tecnologías también es frecuente, aunque en menor medida, en las áreas de educación y, dentro de ella, en los objetivos y medidas destinadas a la formación de mujeres adultas. En este terreno, consideran las TIC los planes de Aragón, Asturias, Baleares, Galicia o la Región de Murcia.

Otras áreas en las que aparecen las TIC, pero en mucho menor grado, son la participación sociopolítica (caso de Aragón y Canarias, donde se mencionan para fortalecer el asociacionismo de mujeres) y el desarrollo empresarial (en Aragón y Castilla-La Mancha se recoge el uso de las TIC para impulsar la creación de empresas por parte de mujeres).

La cultura, la calidad de vida, el medio ambiente, los medios de comunicación, etc., son ámbitos en los que se mencionan el uso de las tecnologías de la información, pero en muy pocos casos (Galicia, Castilla-La Mancha).

Al margen de los planes de igualdad, o en el marco de las actuaciones que tienen programadas, las distintas entidades responsables de las políticas de igualdad en el ámbito autonómico están poniendo en marcha una gran cantidad de proyectos que utilizan, como medio y fin, las herramientas tecnológicas de la información y la comunicación.

Las más numerosas son aquellas cuyo objetivo es la alfabetización tecnológica de las mujeres, a través de cursos en programas ofimáticos e Internet, como, por ejemplo, el proyecto «ENREDADAS en la Red» del Principado de Asturias o el programa «Conectad@s» de la Junta de Castilla y León. Otro ejemplo puede encontrarse en los talleres que desarrolla la iniciativa «Espacio propio», de la Dirección General de la Mujer de Cantabria que, entre otras materias formativas, considera el acercamiento de las mujeres a las tecnologías.

En el contexto de los programas de creación de empresas y asesoramiento empresarial también se encuentran portales dedicados a las empresarias, con información de interés sobre los procesos de creación y consolidación empresarial, y con canales de asesoramiento *on line* a través de Internet. Ejemplo de ello son el programa «Soy empresaria», de la Dirección General de la Mujer de Cantabria, o el portal «donesempresaries.cat» del Institut Catalá de les Dones.

Otra muestra de iniciativas se ubica en el ámbito del fomento y el apoyo al asociacionismo de las mujeres, en el que se desarrollan medidas para incorporar las TIC en la actividad habitual de estas asociaciones. Así, por ejemplo, los Institutos de la Mujer de Andalucía y Castilla-La Mancha poseen líneas de subvención específicas para la adquisición de equipamiento informático por parte de las asociaciones de mujeres.

En Castilla y León, Extremadura y la Región de Murcia, las entidades dedicadas a la igualdad participan en la puesta en marcha de portales con servicios de información y asesoramiento en la búsqueda de empleo: «Red Mujer Empleo» de Castilla y León; portal AGILFEM de Extremadura; o la «Red regional de centros de empleo para mujeres y jóvenes» de la Región de Murcia.

El liderazgo y empoderamiento de las mujeres también es otra materia que se está apoyando con el uso de las tecnologías. Así, la Dirección General de la Mujer de la Comunidad de Madrid promueve el programa «Lidera», que lleva asociado un portal en Internet en el que se pueden encontrar recursos para el desarrollo de una carrera, del liderazgo y el crecimiento profesional de las mujeres.

Asimismo, en el plano de la conciliación de la vida personal y profesional también la Dirección General de la Mujer de la Comunidad de Madrid posee otro portal «Empresas y conciliación» que ofrece múltiples recursos: derechos y prestaciones, preguntas más frecuentes, conciliación y negociación colectiva, conciliación y empresa, publicaciones, observatorio, etc.

Deben destacarse otras iniciativas, apoyadas en el uso de las TIC, dirigidas a incorporar el principio de igualdad en la actividad de las administraciones. Es el caso, por ejemplo, de la «Unidad de igualdad de género» en Andalucía que, a través de su página web, ofrece infinidad de recursos a las entidades, públicas y privadas, de Andalucía, para apoyar procesos de transversalidad *(mainstreaming)* de género; o la Ley de Igualdad en las Islas Baleares (Ley 12/2006 de 20 de septiembre para la Mujer) que dedica su capítulo IV a la «Igualdad en la sociedad de la información», en el que establece medidas normativas para fomentar el acceso de las mujeres a las TIC, y campañas de información o participación de las mujeres en los sectores tecnológicos.

Finalmente, respecto a la recogida y análisis de datos sobre la posición de las mujeres en la sociedad de la información, son pocas las entidades responsables de igualdad que los tienen en cuenta. Si bien en casi todas ellas se realizan estudios acerca de la realidad de los hombres y las mujeres en diversos campos, sólo la Dirección de General de la Mujer de Castilla y León —junto con la Dirección General de Estadística de esta Comunidad—, el Instituto de Estadística de Navarra y Emakunde-Instituto Vasco de la Mujer, poseen cifras sobre sociedad de la información y género.

En definitiva, hoy son muchas las iniciativas que desde los organismos de igualdad en el ámbito autonómico se están impulsando para mejorar la posición de las mujeres en la sociedad de la información. Sin embargo, se trata de proyectos y programas que, en pocas ocasiones, responden a una estrategia global de TIC y género, circunstancia que responde a las propias estrategias seguidas en los planes de igualdad en los que la sociedad de la información no se sitúa, con carácter general y por el momento, entre los objetivos y líneas clave.

No obstante, este conjunto de iniciativas, aunque aisladas, pueden suponer un «caldo de cultivo» para el aprendizaje de buenas prácticas que ayuden a construir verdaderos planes estratégicos de sociedad de la información y género.

Mención aparte merecen las iniciativas puestas en marcha en el ámbito local, que serán objeto de posteriores análisis pero que, en todo caso, puede avanzarse que son tan numerosas como diversas y siguen una línea temática bastante similar a lo hasta aquí apuntado.

5. Conclusiones y recomendaciones

A lo largo de este capítulo ha podido apreciarse cómo la incorporación de la igualdad en las políticas de sociedad de la información y de la sociedad de la información en las políticas de igualdad ha ido progresando pero sin terminar de adquirir el carácter estratégico e integral que ambas cuestiones deberían poseer, dada su relevancia para el desarrollo y el enriquecimiento político, económico y social.

En el contexto europeo, como se ha visto, 2003 fue un año prolijo en la elaboración de documentación, propuestas e informes en la materia, pero con una escasa repercusión en el diseño de políticas posteriores: a pesar de que se reconoció la falta de integración de la perspectiva de género en el marco de las políticas comunitarias, la iniciativa i2010 continúa sin dotar de un carácter central a la igualdad de oportunidades entre mujeres y hombres dentro de sus líneas de acción. Se espera, no obstante, que en el seno de la iniciativa de e-Inclusión aprobada en 2007 y dentro del Grupo de Alto Nivel i2010 se continúen los esfuerzos en el lanzamiento de medidas dirigidas a superar la brecha digital de género.

En paralelo, la «hoja de ruta» de la igualdad en el ámbito europeo parece poner más el acento en la investigación y la ciencia que en el ámbito específico de las TIC y la sociedad de la información.

Queda pendiente, no obstante, el análisis y el seguimiento de la intervención de los fondos estructurales (en especial, del Fondo Social Europeo y del FEDER), que en su implantación a lo largo del periodo 2007-2013 incluirá, sin duda, numerosas medidas de apoyo a las políticas públicas que se llevan a cabo en este campo dentro de nuestro país.

Por su parte, en el ámbito estatal, el Plan Avanza y la Ley de Igualdad marcan un antes y un después en la vinculación de las políticas de igualdad y la sociedad de la información. Por primera vez, un plan de sociedad de la información reconoce la incorporación de la perspectiva de género como un reto en un doble sentido: a) garantizar la igualdad de oportunidades en la sociedad de la información; y b) utilizar las TIC como herramienta para fomentar la igualdad. Se considera, por tanto, el género y la sociedad de la información como medio y como fin en sí mismo.

Esta «declaración de intenciones» del gobierno se ve reflejada en la ya comentada convocatoria para la realización de proyectos de impulso del género en la sociedad de la información y en la apertura en ella de contenidos que inciden en temas clave para promover la igualdad (observatorios, servicios digitales avanzados, etc.). En cambio, la «transversalidad» pierde fuerza cuando se analiza el resto de las convocatorias que emanan del Plan Avanza (empresa, administración, etc.), si bien el plan integrado de ayudas dcl Ministerio de Industria, Turismo y Comercio para 2008 ha previsto ya la incorporación progresiva de criterios de igualdad en todas las convocatorias, lo cual constituye una señal muy positiva que apunta en la buena dirección.

La Ley de Igualdad, por su parte, habla de «transversalidad», pero pone el acento en la alfabetización, las TIC como canal de avance de las mujeres del medio rural o el desarrollo de contenidos digitales para la igualdad. La visión, en este sentido, implica un avance sustancial, pero debería ser más abarcadora en el futuro. Hecho sobre el que parece que se ha progresado en el «Plan estratégico de igualdad de oportunidades (2008-2011)», aprobado con posterioridad a la Ley, y que incluye un enfoque algo más integral.

En el ámbito regional se constatan también importantes progresos pero, en líneas generales, sigue faltando todavía el enfoque estratégico. En los planes de sociedad de la información la consideración de objetivos explícitos de igualdad es más la excepción que la norma, aunque empiezan a diseñarse algunos programas en los que se ven indicios de *mainstreaming* de género. En términos prácticos, las medidas para fomentar la igualdad en la sociedad de la información se traducen, cuando lo hacen, básicamente en actuaciones de alfabetización tecnológica. Dentro de los planes de igualdad, tecnologías y mujeres del entorno rural suelen ir de la mano, y empieza a dejarse notar cierto avance en el desarrollo de contenidos dirigidos a otros colectivos (empresarias, emprendedoras) o en la puesta a disposición de nuevos servicios para la igualdad (empleo, conciliación, redes, etc.). Pero lo cierto es que la sociedad de la información tampoco posee un carácter estratégico en los planes de igualdad.

Pese a ello, son muchas las iniciativas que se están poniendo en marcha que, de forma individual, están alcanzando logros para la construcción de una sociedad de la información más igualitaria. Iniciativas que hay que dar a conocer, transferir a otros ámbitos y colocar con fuerza en las agendas institucionales como experiencias probadas que han de mantenerse y proyectar.

Pero, aun así, queda un largo camino por recorrer. No sólo se trata de tener en cuenta «las distintas situaciones y necesidades de hombres y mujeres» en el diseño de cualquier política, sino también de abordar éstas desde enfoques más innovadores e integrales, reconocer a las mujeres como sujetos activos de la sociedad de la información y partir de la base de que los esfuerzos tienen que orientarse sistemáticamente en una doble dirección:

— la igualdad en la sociedad de la información, lo que significa continuar la línea del fomento del acceso y de las capacidades para que las mujeres no se queden fuera de este entorno crucial, y
— una sociedad de la información para la igualdad, que supone, más allá de lo anterior, convertir la red en una palanca de impulso de la participación activa de las mujeres en la vida social, económica, política, científica y cultural y en un recurso estratégico para reducir las desigualdades de género en todos estos campos.

El enfoque de género debería formar parte del diseño, la ejecución y la evaluación de cualquier iniciativa en materia de sociedad de la información, lo que conlleva:

— El desarrollo previo de estudios temáticos que ayuden a profundizar en las causas de la «brecha digital» de género, y que tengan en cuenta a los diversos colectivos de usuarias, pero también a las que acceden en menor medida. Buscar los factores de utilidad y necesidad que pueden encontrar en el uso de las TIC; los medios, canales y espacios más propicios para su acceso; los contenidos y e-servicios que esperan encontrar y a los que más acceden; y los modos de aprendizaje y tipo de usos que hacen de las herramientas tecnológicas, todos ellos son ejemplos de información que habría que conocer para el diseño de iniciativas más adaptadas a las necesidades reales.

— La realización de evaluaciones de pertinencia e impacto en el diseño de cualquier medida o actuación pública, que considere cómo ésta va a afectar a hombres y mujeres y en qué grado contribuye a reducir o a aumentar la brecha digital. Hay que dar un salto en la concepción de las políticas públicas de sociedad de la información y tecnología como «neutras» desde el punto de vista de la igualdad.

— La definición de indicadores de seguimiento y evaluación que den cuenta de la eficacia de las actuaciones desde el punto de vista de la igualdad. Actualmente, son escasísimas las evaluaciones de los planes de sociedad de la información y, cuando existen, no ofrecen información sobre los distintos resultados obtenidos con hombres y mujeres beneficiarios.

— La participación de las mujeres en los espacios de decisión en los que se diseñan y fraguan las políticas e intervenciones públicas. No se pueden hacer «políticas para las mujeres sin las mujeres» y son ellas quienes, necesariamente, han de liderar este proceso y estar presentes en las esferas del «poder», desde donde se impulsa el cambio de valores y perspectivas.

— La comunicación permanente de valores y mensajes de «igualdad» en los espacios de la sociedad de la información. El cambio hacia la igualdad es, en definitiva, cambio cultural y ello requiere incidir plenamente en los esquemas de pensamiento, en los estereotipos y roles sociales que mujeres y hombres tienen asignados, por lo que las estrategias de comunicación (entre los y las decisoras políticas, entre los y las productoras de *software* y contenidos, entre los y las dinamizadoras y entre la ciudadanía en general, incluidas las propias beneficiarias) desempeñan un papel fundamental.
— La creación de redes y comunidades de intercambio de experiencias y buenas prácticas, a fin de retroalimentar las intervenciones puestas en marcha, lo que fomentará su visibilidad y mejorará su calidad y su grado de pertinencia e innovación.

En las políticas de igualdad, donde estos principios ya están integrados, la sociedad de la información habría de adquirir un carácter más transversal en el conjunto de los objetivos y líneas de trabajo. Las TIC pueden servir de herramienta de apoyo a la igualdad y al empleo, a la conciliación, a la salud, al ocio, a la cultura, a la participación, a la lucha contra la violencia de género, etc., y hay que explotar todo su potencial. Y son las políticas de igualdad las que han de servir de catalizador y ejemplo a las políticas de sociedad de la información.

Como se apuntaba, por tanto, se requieren enfoques más estratégicos, innovadores e integrales que consideren, al menos, los siguientes ejes de trabajo:

Ejes de trabajo	Objetivos
Aumentar el acceso	Reducir la brecha digital de género facilitando el acceso a las TIC de las mujeres que se encuentran al margen de la sociedad de la información —o están incorporadas a ella de manera insuficiente—, lo que requiere de intervenciones dirigidas a: • Identificar los intereses y utilidades de las TIC para estas mujeres, mediante la realización de estudios específicos que tengan en cuenta la diversidad de perfiles, expectativas y situaciones de las mujeres potencialmente usuarias o susceptibles de mejorar sus actuales usos (amas de casa, mayores, emprendedoras, empresarias, educadoras, mujeres del medio rural, inmigrantes, etc.). • Lanzar campañas de información/sensibilización dirigidas a los distintos colectivos de mujeres, que tengan en cuenta sus diversos intereses y motivaciones para el uso de las TIC. • Formar en el uso básico de las TIC, con soportes y *software* «antitecnofóbicos» y con el apoyo y acompañamiento de dinamizadores/mediadores adecuados según el perfil de las mujeres (dinamizadores de los telecentros a mujeres rurales; apoyo «intergeneracional» nietos/abuelos, hijos/madres para mayores/amas de casa; consultores para empresarias, etc.). • Poner a disposición espacios de conexión que las mujeres sientan como «propios» (que rompan, por ejemplo, las barreras «simbólicas» de acceso que se dan en muchos cibercentros), así como una red de mediadores y mediadoras de apoyo y equipos para su plena disposición (que eviten el «monopolio» en el uso, por ejemplo, que a veces se da en los hogares por parte de los hijos y las parejas). • Reducir los costes de equipamiento y acceso a Internet, así como el de las actualizaciones de ambos, mediante el establecimiento, por ejemplo, de líneas de ayuda específicas para las mujeres y «asesores/asesoras tecnológicas» en la adquisición de terminales. • Abrir espacios de intercambio entre las mujeres que se inician en el uso de las TIC para compartir experiencias en su proceso de aprendizaje, con foros o cuentas de correo compartidas.
Mejorar y ampliar los contenidos	Diseñar y elaborar nuevos contenidos y servicios digitales dirigidos a: • Mejorar las condiciones de vida de las mujeres, sus déficits de tiempo, la corresponsabilidad y la conciliación, sus canales de información y participación, su educación y empleabilidad, sus empresas y asociaciones, su salud y seguridad, etc. («Internet de proximidad»).

Ejes de trabajo	Objetivos
	• Hacer de la red un espacio para la igualdad, con información, mensajes y herramientas que contribuyan al lanzamiento, la sensibilización y la formación en nuevos valores más igualitarios y al liderazgo y el empoderamiento de las mujeres en todos los ámbitos. Importante es, en este sentido, velar por que en los contenidos de toda la red las mujeres aparezcan como sujetos de los contenidos, y no como meros objetos. • Propiciar la creación de comunidades de mujeres en la red destinadas a proyectar sus intereses y a hacer escuchar su voz en la sociedad, así como promover la constitución de comunidades de hombres y mujeres a favor de la igualdad.
Mejorar y ampliar los usos	Acercar a las mujeres ya iniciadas en las TIC a usos más avanzados, mediante servicios web, asesoramiento y formación/teleformación que supere el uso básico (procesamiento de textos, hojas de cálculo, navegación por Internet) hacia técnicas de programación, producción de contenidos, usos ofimáticos avanzados, búsqueda de información de valor en Internet, gestión de redes económicas y sociales, etc.
Aumentar la presencia en los sectores TIC	Aumentar la presencia de las mujeres en el sector TIC privado, como analistas de sistemas, diseñadoras, productoras, programadoras, etc., mediante la orientación profesional desde la escuela hacia estos sectores, la visibilización de modelos de mujeres de éxito en ellos, la creación de incentivos a empresas del sector para la promoción de mujeres, el desarrollo de planes de carrera para mujeres, etc. Aumentar la presencia de las mujeres en los espacios de poder y toma de decisiones públicas en el ámbito de las TIC y la sociedad de la información, mediante el fomento de la creación de redes de mujeres que ejerzan presión en estos espacios, la promoción de las mujeres en el sector público, la instauración de medidas de acción positiva, etc.
Denunciar el sexismo en el *software* y en la red	Vigilar y denunciar, mediante la creación de figuras específicas, los contenidos sexistas y denigrantes de la condición humana que proliferan en la red y en el sector de los videojuegos, en particular, en aquellos que van dirigidos al público infantil y juvenil.

En definitiva, las políticas públicas son hoy, sin duda, la clave para avanzar hacia una ciudadanía digital que incluya plenamente —como objeto y sujeto— a la mitad de la población del mundo, de Europa y de nuestro país, y deben asumir el reto de lograr que Internet represente una herramienta decisiva para construir un concepto de ciudadanía plenamente inclusivo, que recoja tanto la necesidad humana de interdependencia como la aspiración —igualmente humana— de acrecentar los niveles de libertad y autonomía de quienes continúan siendo ampliamente deficitarias de ambas.

Se debe tender hacia una red que ayude verdaderamente a conciliar todas las dimensiones de la vida mediante la promoción del desarrollo de una potente «Internet de proximidad» comprometida en aportar soluciones en materia de educación, empleo, salud, cuidado de las personas, gestión de los tiempos, derechos, etc. En este ámbito se ha trabajado poco aún y creemos que ello es esencial para integrar en la plena ciudadanía a esa mitad de la población (las mujeres) en la que ha recaído estructuralmente la invisible —pero imperiosa— función del cuidado.

Por otra parte, desde un compromiso con el progreso humano, necesitamos también poner límites claros a la libertad que genera daño social, lo cual requiere un debate mucho más profundo que el que hemos mantenido hasta ahora sobre la legalidad y la ética aplicada al mundo de Internet cuando se trata, como en este caso, de la vulneración de los derechos de las mujeres y de la construcción de un orden simbólico que no favorece precisamente su igualdad y dignidad, todavía más en el horizonte de las nuevas generaciones.

Por último, es esencial profundizar crecientemente en los «cómos»; esto es, en las estrategias que se requieren para dar un nuevo salto en el fomento activo de la ciudadanía digital con las mujeres, a cuyo efecto ha de tenerse en cuenta:

a) de qué conocimiento adicional necesitamos disponer sobre las diferentes demandas y usos que hacen las mujeres de la red, a fin de ir afinando y segmentando las estrategias;

b) cuáles son las medidas más eficaces (capacidades, contenidos, servicios, sistemas de mediación, líneas de comunicación, modelos de liderazgo, etc., incluida la evaluación de las puestas en marcha) para impulsar la plena integración digital de los sectores sociales que no están o que apenas participan de los beneficios de la red (debido a su edad, sexo, origen, nivel cultural, territorio, etc.); y

c) cómo podemos incentivar Internet para promover prácticas y valores de ciudadanía democrática en todos los terrenos de la vida: la escuela, el trabajo, la empresa, la ciudad, la política, la cooperación al desarrollo y el activismo social en cualquiera de sus facetas.

Las políticas públicas muestran ya una cierta acumulación de experiencia que nos permite extraer claves y lecciones sobre todo ello. Y, a partir del esfuerzo realizado, es ahora mucho lo que se puede y queda por hacer.

Bibliografía

Documentos de la Unión Europea (ordenados cronológicamente)

Comunicación, de 8 de diciembre de 1999, relativa a una iniciativa de la Comisión para el Consejo Europeo extraordinario de Lisboa de 23 y 24 de marzo de 2000: «eEurope: una sociedad de la información para todos» [COM (1999) 687].

Resolución del Consejo y de los representantes de los Gobiernos de los Estados Miembros, reunidos en el seno del Consejo e 17 de diciembre de 1999 sobre el empleo y la dimensión social de la sociedad de la información [2000/C 8/01].

Comunicación de la Comisión, de 13 de marzo de 2001: «eEurope 2002: impacto y prioridades», Consejo Europeo de

Estocolmo, 23 y 24 de marzo de 2001 [COM (2001) 140 final].
Resolución del Consejo, de 8 de octubre de 2001, relativa a la integración social mediante las tecnologías electrónicas y al aprovechamiento de las oportunidades de integración social que brinda la sociedad de la información [2001/C 292/C].
Resolución del Consejo, de 15 de julio de 2003, sobre el capital social y humano: «Formación del capital social y humano en la sociedad del conocimiento: aprendizaje, trabajo, cohesión social e igualdad entre mujeres y hombres» [2003/C 175/02].
Resolución del Consejo, de 27 de noviembre de 2003, sobre acceso y participación igualitarios de hombres y mujeres en la sociedad del conocimiento para el crecimiento y la innovación [2003/C 317/03].
Documento de trabajo de la Comisión, de 28 de mayo de 2003: «Building the knowledge society: social and human capital interactions» [SEC (2003)].
Informe, de 15 de julio de 2003, sobre las mujeres en la nueva sociedad de la información [2003/2047 (INI), final A5-0279/2003].
Comunicación de la Comisión, de 19 de noviembre de 2004, al Consejo, al Parlamento Europeo, al Comité Económico y Social Europeo y al Comité de las Regiones: «Retos para la sociedad de la información europea con posterioridad a 2005» [COM (2004) 757].
Documento de trabajo de la Comisión: «eInclusion revisited: the local dimension of the information society» [SEC (2005)].
Comunicación de la Comisión, de 1 de junio de 2005, al Consejo, al Parlamento Europeo, al Comité Económico y Social Europeo y al Comité de las Regiones: «i2010: una sociedad de la información europea para el crecimiento y el empleo» [COM (2005) 229 final].
Comunicación de la Comisión, de 25 de abril de 2006: «Plan de acción sobre administración electrónica i2010: acelerar la administración electrónica en Europa en beneficio de todos» [COM (2006) 173 final].
Comunicación de la Comisión al Consejo, al Parlamento Europeo, al Comité Económico y Social Europeo y al Comité de

las Regiones: «Plan de trabajo para la igualdad entre las mujeres y los hombres, 2006-2010» [COM (2006) 92 final].

Comunicación de la Comisión al Consejo, al Parlamento Europeo, al Comité Económico y Social Europeo y al Comité de las Regiones: «i2010: informe anual sobre la sociedad de la información 2007» [COM(2007) 146 final].

Comunicación de la Comisión al Consejo, al Parlamento Europeo, al Comité Económico y Social Europeo y al Comité de las Regiones: «Iniciativa europea i2010 para la inclusión digital: participar en la sociedad de la información» [COM (2007) 694 final].

Debate ministerial sobre política de e-inclusión, Lisboa, 2-3 de diciembre de 2007.

Documentos de carácter estatal
(ordenados cronológicamente)

Resolución de 2 de marzo de 2006, de la Secretaría de Estado de Telecomunicaciones y para la Sociedad de la Información, por la que se realiza la convocatoria 1/2006 de subvenciones del Programa de Formación en Telecomunicaciones (Programa Forintel) para desarrollar acciones integrales de formación (BOE núm. 55, de 6 de marzo).

Resolución de 19 de julio de 2006, de la Secretaría de Estado de Telecomunicaciones y para la Sociedad de la Información, por la que se efectúa la convocatoria 2006, para concesión de ayudas para la realización de actuaciones dirigidas a la inclusión de las personas con discapacidad y personas mayores en la sociedad de la información en el marco del Plan Avanza (BOE núm. 177, de 26 de julio).

Resolución de 20 de septiembre de 2006, de la Secretaría de Estado de Telecomunicaciones y para la Sociedad de la Información, por la que se efectúa la convocatoria 2006, para concesión de ayudas para la realización de actuaciones de dinamización dirigidas a potenciar la incorporación de ciudadanos y administraciones públicas a la sociedad de la información en el marco del Plan Avanza (BOE núm. 232, de 28 de septiembre).

Ley orgánica 3/2007, de 22 de marzo, para la igualdad efectiva de mujeres y hombres (BOE núm. 71, de 23 de marzo).

Resolución de 30 de marzo de 2007, de la Secretaría de Estado de Telecomunicaciones y para la Sociedad de la Información, por la que se realiza la convocatoria 1/2007, de ayudas para la realización de proyectos y actuaciones de formación en telecomunicaciones y tecnologías de la información en el marco del Plan Avanza (Programa Avanza Formación) y de los programas operativos del Fondo Social Europeo (BOE núm. 81, de 4 de abril).

Resolución de 11 de mayo de 2007, de la Secretaría de Estado de Telecomunicaciones y para la Sociedad de la Información, por la que se efectúa la convocatoria 2007, de concesión de ayudas para la realización de actuaciones sobre contenidos digitales en el marco del Plan Avanza. (BOE núm. 118, de 17 de mayo).

Resolución de 13 de septiembre de 2007, de la Secretaría de Estado de Telecomunicaciones y para la Sociedad de la Información, por la que se efectúa la convocatoria 2007, de concesión de ayudas para la realización de actuaciones sobre centros del conocimiento y contenidos en el marco del Plan Avanza (BOE núm. 226, de 20 de septiembre).

Plan de igualdad de oportunidades entre mujeres y hombres (2008-2011), del Instituto de la Mujer, Ministerio de Trabajo y Asuntos Sociales, diciembre de 2007.

Orden ITC/435/2008, de 19 de febrero, por la que se aprueba el plan anual integrado de ayudas del Ministerio de Industria, Turismo y Comercio para el año 2008 y se establecen las medidas dirigidas a mejorar su tramitación (BOE núm. 46, de 22 de febrero).

Orden ITC/464/2008, de 20 de febrero, por la que se regulan las bases, el régimen de ayudas y gestión de la Acción Estratégica de Telecomunicaciones y Sociedad de la Información dentro del Plan de Investigación Científica, Desarrollo e Innovación Tecnológica, 2008-2011 (BOE núm. 49, de 28 de febrero).

Conclusiones y propuestas

Vivimos en sociedades caracterizadas por la difusión masiva de las tecnologías de la información y la comunicación, en sociedades de la información. El uso de Internet es un factor de empoderamiento *(empowerment)* que confiere poder a las personas, a los grupos, a las empresas y emprendedores, a las organizaciones, porque ofrece una capacidad inmediata de acceder y compartir información, de organizar y movilizar recursos humanos y de otro tipo, de forma mucho más barata y rápida de lo hasta ahora conocido. En este contexto, el acceso y el uso de ordenadores e Internet se convierten en factores estratégicos para el bienestar social y la competitividad.

En nuestras sociedades todavía existen *incluidos* y *excluidos* de la sociedad de la información. La división digital es la brecha que existe entre individuos que sacan provecho de Internet y aquellos otros que están en desventaja relativa respecto a Internet. La división digital parece un problema tecnológico, de difusión de las TIC y de aumento del número de usuarios y puntos de acceso, pero es un problema social. La brecha digital se mezcla con otros factores de exclusión, como la edad, el género, el nivel educativo, la capacidad económica, la disponibilidad de tiempo y todas las líneas de exclusión social que persisten en nuestras prósperas y avanzadas sociedades. El género es uno de los elementos claves de la brecha digital.

La brecha digital es más compleja que el acceso a Internet porque existen varias divisiones digitales. La primera es la del acceso al ordenador y la conexión a Internet en relación con las características sociodemográficas de los individuos (edad, sexo, estudios, etc.). La segunda brecha digital es la que afecta a los usos (tanto a la intensidad como a la variedad de usos), y está, a su vez, determinada por las capacidades y habilidades de los individuos para utilizar ordenadores e Internet.

Para comprender el problema de la división digital es esencial entender que la barrera más difícil de superar no es la del acceso (provisión de infraestructuras, difusión de los artefactos, programas de aprendizaje introductorio), sino la del uso. Más allá de la cantidad (el número de horas de uso del ordenador o Internet), es necesario explorar con detalle la *calidad* del uso. Las diferencias en los usos que hacen unos y otros individuos sin duda están relacionadas con factores como su edad, su nivel educativo o su situación laboral, entre otros. Pero las diferencias de uso se ven reforzadas por el nivel de habilidades informáticas y navegadoras de cada persona.

La problemática de las barreras de acceso a la sociedad de la información y la existencia de brechas digitales de género ocupa un lugar relevante en la literatura académica y en las agendas políticas. Muchas de las cuestiones planteadas están por resolver, tanto desde un punto de vista práctico (los niveles efectivos de brecha digital continúan siendo preocupantes), como teórico (los motivos por los cuales las mujeres se sitúan en posiciones de clara desventaja tecnológica), y requieren de análisis más profundos. Como insiste Nancy Hafkin (2006) cuando cita el «Programa de la Naciones Unidas para el desarrollo económico» (UNDP): «Sin datos, no hay visibilidad;

sin visibilidad, no hay prioridad.» Podemos añadir que, sin datos, no hay credibilidad, y es difícil convencer a los actores políticos, sociales y económicos de la necesidad de trabajar activamente para superar la brecha digital de género. Las mujeres no son un colectivo, son el 50 por 100 de la población y, además, no son todas iguales, sino que ofrecen una enorme riqueza y diversidad de intereses que hace necesario abordar el análisis de la primera y la segunda brecha digital con herramientas cuantitativas y cualitativas.

Respecto al acceso y los usos de Internet, tanto en España como en la Unión Europea o en los restantes países de la OCDE, el número de mujeres usuarias aumenta tanto o más que el de hombres y unos y otros utilizan de forma similar esta herramienta para la comunicación (correo electrónico, *chats,* etc.). Los hombres, sin embargo, se decantan por usos más *tecnológicos* (descargar *software,* música, películas) y las mujeres por otros más *funcionales* (educación, salud, servicios públicos). Sería, sin embargo, un error confundir el aumento del número de usuarias con la desaparición de la brecha digital. Con datos de la Unión Europea de veinticinco Estados miembros hemos comprobado la importancia de las diferencias de género respecto a las *habilidades (digital literacy)* incluso entre las personas más jóvenes (entre dieciséis y veinticuatro años).

En el análisis que hemos realizado para el caso español con datos de la *Encuesta TIC-H* correspondientes al año 2006, se comprueba que el impacto de la difusión de las TIC presenta importantes diferencias entre mujeres y hombres. Esas diferencias se manifiestan en la desigualdad en el acceso, la intensidad de uso y el tipo de utilización de Internet. Diferencias que marcan el perfil de la primera brecha digital de género, aquella que impide que las mujeres se incorporen y participen en la sociedad de la información en igualdad de condiciones y que, por tanto, constituye una barrera para lograr la igualdad de oportunidades. La brecha digital de género es una brecha de formación (alfabetización digital y capacidades) y también de usos, especialmente patente en el caso de los empleados de forma más intensa por los hombres que por las mujeres (como el comercio o la banca electrónicos y otros más vinculados al consumo y al ocio), frente al mayor uso que éstas hacen de servicios relacionados con el bienestar social (como formación, empleo e información sobre temas de salud, educación, servicios sociales, etc.). Estas distintas pautas de uso (conectadas con las diferencias de acceso, formación y habilidades) implican, a su vez, importantes efectos cualitativos, que delimitan la existencia de la mencionada segunda brecha digital de género.

Para obtener un conocimiento lo más preciso posible de la brecha digital de género es necesario contar con indicadores más complejos que los utilizados habitualmente. Desde el Observatorio e-igualdad, hemos propuesto el Sistema de Indicadores de Género y TIC (SIGTIC), que permite apreciar con nitidez que la situación de desventaja de las mujeres respecto de los hombres en el acceso y uso de Internet no sólo es una desventaja cuantitativa, determinada por la proporción de personas que acceden, sino que, sobre todo, se trata de una desventaja *cualitativa* que afecta de manera decisiva a quienes ya están incorporados a las TIC. Ello ha permitido corroborar la magnitud y la profundidad de la segunda brecha digital de género, sustanciada en el diferente grado de e-inclusión, esto es, en el grado de incorporación efectiva a Internet, de mujeres y hombres.

La difusión de las TIC ha permitido que en los últimos años las generaciones de mujeres jóvenes se adentren sin miedo en el mundo de las nuevas tecnologías. Pero hay grupos de mujeres que todavía no poseen las actitudes y aptitudes necesarias para sentirse cómodas en el ciberespacio. El análisis cualitativo a través de grupos de discusión nos ha permitido comprobar que los roles de género tradicionales y las diferencias en las oportunidades, asociadas a factores socio-educativos, laborales o culturales, inhiben y dificultan el uso de las nuevas tecnologías por parte de muchas mujeres, y marca diferencias entre unas y otras. De esta manera, mientras las estudiantes universitarias, las informáticas o las ingenieras perciben que las nuevas tecnologías y las nuevas formas de empleo, como el teletrabajo, facilitan su vida cotidiana y aumentan las oportunidades de participación social, otros colectivos de mujeres se sienten menos implicadas y rechazan las tecnologías por el control que perciben sobre sus vidas y por las exigencias que borran las fronteras entre la profesión y la vida privada, porque intensifican la carga de trabajo y amplían la jornada laboral.

Afortunadamente, en nuestro país contamos con un cierto número de mujeres que han alcanzado puestos de máximo liderazgo y responsabilidad en empresas TIC y, a través de entrevistas en profundidad, hemos analizado sus trayectorias profesionales, marcadas por la pasión en su doble dimensión de vocación y sacrificio. Son mujeres consagradas tanto a su trabajo como a su familia, y no renuncian a ninguna de estas dos facetas. Aunque hacen malabarismos para conciliar su vida profesional con la privada, no siempre encuentran el equilibrio. Es la pasión lo que les permite llegar y mantenerse, aunque con renuncias y dificultades. Sus discursos son positivos y, si bien no niegan que exista cierta desigualdad de género debido a factores personales, familiares y organizativos, les cuesta reconocer la existencia de problemas de discriminación por este motivo. Con frecuencia encuentran actitudes de rechazo debido a los prejuicios y estereotipos de género y reconocen que la cultura organizativa y empresarial, dominada por poderosas redes de poder masculinas, dificulta su desarrollo profesional. Señalan que los nuevos modelos de gestión empresarial flexible no están suficientemente implantados, por lo que se sienten «víctimas» de los horarios y de la cultura del *presentismo*. Sus discursos, experiencias y estrategias revelan que las mujeres todavía se enfrentan a barreras (visibles o invisibles) que frenan su acceso a puestos de liderazgo. Reconocen que sus respectivas empresas son pioneras en materia de conciliación e igualdad de género, aunque saben que todavía queda un largo camino por recorrer.

Contamos con ejemplos excelentes de mujeres líderes, pero no es suficiente, porque necesitamos muchas más. Las barreras de acceso a estos puestos, las condiciones en las que se desarrollan desaniman a muchas candidatas potenciales. Como hemos constatado, la desigualdad de género en los estudios y las carreras profesionales TIC persiste a pesar de que las mujeres han aumentado sus credenciales educativas relacionadas con los estudios técnicos. Además, conforme se asciende en los niveles educativos y profesionales, el peso de las mujeres decrece.

Hemos comprobado que la brecha de género no se limita únicamente al acceso a los estudios técnicos, sino también a la promoción de las mujeres dentro de las profesiones científico-técnicas, a su presencia en los puestos de mayor relevancia en las carreras tecnológicas, en los comités científicos, redes académicas y profesionales, así como en los órganos de decisión. Esto dificulta la emergencia de modelos positivos para otras mujeres, así como la adopción de la perspectiva de género en la orientación de la investigación. Para paliar esta situación, se requiere el diseño de programas de intervención orientados al cambio de actitud por parte de los individuos y al cambio también de las culturas organizativas.

Un conjunto de obstáculos socioculturales y psicosociales explica la baja propensión de las mujeres a elegir profesiones técnicas. Los estereotipos y roles sociales influyen en la demarcación de prototipos profesionales masculinos y femeninos, que afectan tanto a personas como a instituciones. Los agentes sociales se encargan de transmitir y reforzar dichos roles estereotípicos. Esto determina un proceso de autopercepción negativa hacia la tecnología por parte de algunas chicas, que se traduce en su falta de interés por lo tecnológico y en un rechazo de las carreras científico-técnicas, frente a otras opciones de estudio.

Los roles y estereotipos que refuerzan la actitud negativa de las chicas hacia las tecnologías se aprecian de forma evidente en los juegos en Internet, la mayoría de las veces de acceso fácil y gratuito. Sus contenidos constituyen un buen ejemplo de la violencia física y simbólica ejercida sobre las niñas y mujeres, siempre relegadas a papeles secundarios, decorativos o de meros objetos sexuales para satisfacer al protagonista, o que, en otros casos, representan roles tradicionales femeninos que ya no responden al papel de las mujeres y las niñas de hoy.

La investigación educativa y social ha despertado la alarma sobre los videojuegos, el tipo de modelos éticos que transmiten y sus efectos nocivos sobre la infancia y la juventud. En el caso de los chicos, porque el patrón es siempre violento y cruel; en el de las chicas, porque aparecen como objetos o víctimas, y en ambos casos porque asumen modelos de comportamiento que reproducen patrones ajenos a ellas, la mayoría de las veces militaristas, en situaciones extremas, contra todo código ético de respeto, con todo tipo de armamento y recursos bélicos. El resultado es siempre la muerte gratuita como consecuencia de la suma violencia ejercida por los personajes que aparecen en el juego. En el otro extremo del sexismo, se desarrollan juegos para niñas consistentes en ser mamás o estar guapas para los hombres. Las administraciones públicas, y también las empresas, son responsables de que los contenidos de los juegos eviten transmitir mensajes o imágenes masculinas o femeninas que refuercen los peores estereotipos de género.

La sociedad de la información entraña nuevos retos pero también ofrece la oportunidad de contribuir a la igualdad efectiva entre hombres y mujeres. Es cierto que las tecnologías pueden contribuir a mejorar la calidad de vida, pero las TIC no son neutrales respecto al género, por lo que pueden convertirse en un elemento de desigualdad. Es, por tanto, necesario que en el ciberespacio no se reproduzca la tradicional exclusión (política, económica, social y cultural) de las mujeres, al tiempo que se impulsa una sociedad tecnológica en la que las mujeres sean verdaderas protagonistas.

Es esencial que la perspectiva de género esté presente en las políticas de sociedad de la información y, a su vez, que la sociedad de la información lo esté en las políticas de género, todo ello con objeto de que ésta responda a las necesidades y expectativas de las mujeres, y haga que se sientan ciudadanas activas en el ciberespacio y que se constituyan en protagonistas de pleno derecho (inclusión real frente a inclusión formal) de la sociedad de la información y del conocimiento del siglo XXI.

Un recorrido por las políticas europeas, estatales y autonómicas sobre sociedad de la información e igualdad nos muestra, de una parte, la carencia de un marco global de género en la agenda comunitaria, que se acompaña, en cambio, de un importante número de iniciativas financiadas por diferentes instrumentos financieros de la UE. En contraste con lo anterior, en el caso de España se aprecia una firme apuesta de los poderes públicos por situar la igualdad como eje de la agenda digital —incluyendo la integración de este objetivo en la Ley de Igualdad y la apertura de una línea específica dentro del Plan Avanza— pero, a su vez, se constata la dificultad práctica para incorporarla de un modo transversal en el conjunto de intervenciones que impulsan la sociedad de la información. Por último, las Comunidades Autónomas destacan por el desarrollo de acciones cuyo propósito es acercar a las mujeres (sobre todo del ámbito rural) al uso de las TIC, pero la igualdad está escasamente arraigada en sus estrategias generales.

Desde esta emergente, rica y dispersa experiencia hay que construir ahora una visión de conjunto que, por un lado, le otorgue la prioridad estratégica y financiera que este objetivo merece dentro de las políticas públicas; que, por otro, amplíe su horizonte hacia el doble objetivo de combatir la brecha digital de género y de construir una red que contribuya a crear más igualdad, y, por último, que potencie el liderazgo de las mujeres como arquitectas de esta nueva sociedad.

Se hace necesario continuar profundizando, a través de la investigación, tanto en los factores determinantes de la inclusión digital de las mujeres como en los obstáculos que para ella encuentran. El SIGTIC ha confirmado la necesidad de contar con estadísticas que aporten más información del contexto, que permitan no sólo mostrar la desigual situación de mujeres y hombres en la SI, sino también explicar las causas de la persistencia de esa desigualdad y sus repercusiones. La meta, se recordaba más arriba, no es otra que construir una sociedad de la información en igualdad.

La segunda brecha digital, la brecha de los usos y habilidades, pero también de los estudios, la investigación y los empleos TIC, además de reflejar la desigualdad social existente, se constituye en barrera para la plena y efectiva incorporación de las mujeres a la sociedad de la información y pone de manifiesto la necesidad de impulsar mejoras que vayan más allá de ofrecer una mayor disponibilidad de ordenadores y de generar capacidades que permitan aprovechar todas las potencialidades de las TIC e Internet. Implica políticas decididas de inclusión de las mujeres y de la perspectiva de género en los estudios y carreras, en la investigación y los empleos TIC.

Uno de los retos que se han de asumir es el de incorporar a las mujeres a las ocupaciones de ciencia y tecnología, lo que permite añadir diversidad a los planteamientos tradicionales y favorece la excelencia a través de un mejor aprovechamiento del talento. Este hecho, más allá de la pretensión de fomentar la igualdad de oportunidades, redunda en beneficio de las instituciones y del enriquecimiento mutuo de las mujeres y de la tecnología. En este sentido, el punto de vista de la mujer supone un valor añadido al contenido, al diseño y al desarrollo de herramientas tecnológicas.

La importancia que la investigación empírica concede al hecho de que las mujeres alcancen una mayor participación en los estudios y profesiones técnicas no debe entenderse como un simple interés de aumentar la cantidad de mujeres en estos ámbitos. No es el número de mujeres lo que importa, sino el hecho de que todas las mujeres que se sientan inclinadas a seguir trayectorias técnicas puedan hacerlo sin ningún tipo de obstáculo real ni percibido. La eliminación de barreras sociales y de creencias erróneas en torno a la tecnología y las mujeres, junto a la aplicación de medidas de promoción del talento que excluyan los criterios sexistas, contribuirá, sin lugar a dudas, a la consecución de una mayor igualdad de oportunidades.

Para alcanzar estos objetivos se requiere el diseño de programas de intervención orientados a cambiar las actitudes de los individuos y las culturas organizativas. En lo que se refiere a las intervenciones individuales, podría citarse el desarrollo de programas dirigidos a mejorar el concepto que las chicas tienen de sí mismas respecto a las tecnologías y el apoyo de iniciativas orientadas a la incentivación de mujeres en carreras técnicas universitarias. En el ámbito institucional, podemos mencionar la adopción por parte de las organizaciones de una perspectiva de género en los procesos de selección de los candidatos y de promoción profesional, que favorezcan las políticas de conciliación de la vida laboral y privada. Las medidas no se agotan aquí, sino que abarcan otros aspectos y niveles del fenómeno relacionados entre sí, como, por ejemplo, el apoyo de la mentoría, que necesita de la complicidad de las mujeres para liderarlo.

Al mismo tiempo, debe impulsarse un cambio de mentalidad respecto a la cultura empresarial y organizativa, adaptar las nuevas fórmulas a las necesidades de hombres y mujeres. Se plantea, por tanto, la necesidad de promover, por parte del gobierno y de las empresas del sector tecnológico, políticas de conciliación dirigidas a mujeres y hombres. Esto puede hacerse a través de medidas e iniciativas específicas orientadas a racionalizar los horarios y a optar por jornadas que permitan aprovechar mejor el tiempo, al diferenciar el tiempo de trabajo del tiempo de ocio, y a aumentar la satisfacción de las personas al fomentar horarios más adecuados a sus exigencias. Otras medidas orientadas a promover la igualdad entre hombres y mujeres son las encaminadas a fomentar la mentoría entre las mujeres directivas, la creación de redes de apoyo y a hacer visibles historias de éxito que sirvan como modelos para otras mujeres *(role models)*. Las nuevas tecnologías pueden, y deben, desempeñar un papel crucial a la hora de buscar alternativas y así contribuir a promover la presencia paritaria de mujeres en puestos de poder y responsabilidad directiva.

Las administraciones públicas, y también las empresas, han de hacer frente al reto y a la exigencia de configurar Internet como un espacio de libertad y seguridad, mediante el desarrollo de medidas que hagan compatibles el derecho a la libertad de expresión con la defensa de los intereses de los más débiles y con el respeto a los derechos civiles. Los contenidos de los juegos y del *software* educativo deben diseñarse de forma que no se orienten sólo a los hombres o a las mujeres, sino a uno y otro sexo, que eviten transmitir mensajes o imágenes exclusivamente masculinas o femeninas y muestren, por el contrario, a hombres que se corresponsabilizan y asumen el reparto de tareas, junto a mujeres protagonistas de las historias, actuando ambos bajo un código ético de respeto a los valores democráticos. Las empresas del sector TIC se ven a sí mismas desde el punto de vista del mercado y se escudan en que eso es lo que se demanda, pero comparten la responsabilidad sobre el tipo de modelos y patrones de comportamiento que se ofrecen a la juventud y a la infancia.

Internet es tan compleja e infinita como la propia vida que discurre por ella y es imposible encerrar en una frase todo lo que representa. Pero si hubiera que hacerlo, la mejor definición sería que se trata de una herramienta que tiene el mágico poder de exacerbar todo lo bueno y todo lo malo que contiene el mundo: su sabiduría y su solidaridad, su miseria y su crueldad, su luz y su sombra. Por eso, como en las películas de superhéroes (y heroínas...), dependemos de qué manos manejen ese inmenso caudal de información e interconexión humana a fin de situarlo, en mayor o menor medida, como motor de bienestar y progreso social: motor de la igualdad y de los derechos, de la participación ciudadana y de la corresponsabilidad doméstica, del desarrollo local y del enriquecimiento propiciado por la diversidad, de la consolidación de las pequeñas empresas y de la lucha contra la pobreza, de la sostenibilidad ambiental y de la cooperación al desarrollo.

Necesitamos muchas más mujeres al frente de esos procesos, y también contenidos de todo tipo (informativos, formativos, redes, servicios) que sirvan para romper las injustas asimetrías de tiempo y de poder que siguen existiendo entre hombres y mujeres, verdadero epicentro de las desigualdades. Eso es lo que entendemos como una red para la igualdad y, si se suma la potencia de Internet al compromiso de las instituciones, hoy es más posible que nunca alcanzar este reto.

Autores

Sara Añino Villalva es licenciada en Sociología, con DEA en «El género en las ciencias sociales» (Universidad Complutense de Madrid), y formadora en cuestiones relativas a la igualdad de oportunidades. Ha participado en proyectos como en el Observatorio e-igualdad y en el estudio *Las mujeres andaluzas y la sociedad de la información* (Instituto Andaluz de la Mujer, 2003), así como en otros relacionados con las mujeres gitanas. Asimismo, es autora de diversos artículos y materiales didácticos.

M.ª Angustias Bertomeu Martínez es licenciada en Geografía e Historia, directora de la empresa de comunicación digital Artefinal Studio. Fundadora y coordinadora del portal www.e-leusis.net. Ha desarrollado proyectos de formación digital como *Cordobesas enredadas* (Diputación de Córdoba, 2000-2002) y *Ponte el chip* (Instituto Andaluz de la Mujer, 2003-2004). Entre sus publicaciones recientes destacan *Las TIC al servicio de las políticas municipales de igualdad,* Madrid, Fundación Jaime Vera, 2007, y *Sociedad de la información en femenino,* Madrid, Instituto de la Mujer, 2008. Entre las publicaciones multimedia destacan *El voto femenino en España,* Alicante, Caja de

Ahorros del Mediterráneo, 2006; *María Zambrano, la vida en la palabra,* Sevilla, Instituto Andaluz de la Mujer, 2005; *Diario de una ausencia,* Barcelona, Universitat Oberta de Catalunya, 2005, y *Mujeres a ciencia cierta,* Sevilla, Instituto Andaluz de la Mujer, 2004.

Cecilia Castaño Collado es catedrática de Economía Aplicada de la Universidad Complutense, directora del Observatorio e-igualdad y directora del *Programa de Investigación Genere i TIC* en la Universitat Oberta de Catalunya. Investigadora Visitante en el Massachusetts Institute of Technology (1985-1986), en la Universidad de California en Berkeley (1987) y en Harvard University (2007). Entre sus publicaciones recientes destacan *Las mujeres y las tecnologías de la información: Internet y la trama de nuestra vida,* Madrid, Alianza, 2005, y *Andaluzas en la sociedad de la información,* Sevilla, Instituto Andaluz de la Mujer, 2003.

Ana M.ª González Ramos es investigadora posdoctoral del Internet Interdisciplinary Institute (IN3) de la Universitat Oberta de Catalunya. Es licenciada en Sociología por la Universidad de Granada y doctora por la Universidad de Cádiz, en el Departamento de Estadística e Investigación Operativa. Ha sido profesora en las Universidades de Cádiz y La Laguna. Ha dirigido y participado en diversos proyectos nacionales y regionales, fruto de los cuales ha publicado artículos y capítulos de libros dentro de la especialidad de ciencia y tecnología, recursos humanos en el sistema de ciencia y tecnología y la progresión en las carreras investigadoras.

Juan Martín Fernández es profesor ayudante doctor de Economía Aplicada de la Universidad Complutense de Madrid. Miembro de diferentes equipos de investigación del campo de las ciencias sociales, entre ellos el Grupo de Investigación Complutense Empleo, Género y Regímenes de Cohesión Social (EGECO) y el Observatorio e-igualdad. Ha realizado estancias de investigación en las Universidades de Manchester y Toulouse-Le Mirail (en esta última como miembro de *Research and Training Network Women in European Universities,* financiado por el V Programa Marco de la Comisión Europea). Es autor de diversas publicaciones.

Milagros Sainz Ibáñez es doctora en Psicología Social por la Universidad Nacional de Educación a Distancia e investigadora posdoctoral en el *Programa Gènere i TIC* del Internet Interdisciplinary Institute de la Universitat Oberta de Catalunya. Su tesis doctoral, con mención de doctor europeo, ha sido galardonada recientemente con el Primer Premio Injuve de Tesis Doctorales. Es autora de diversas publicaciones (algunas de ellas todavía en prensa), resultado de su tesis doctoral y de su participación en varios proyectos de investigación. Ha realizado diversas estancias en la Technische Universität de Berlín y la Universidad de Stanford de California.

M.ª Ángeles Sallé Alonso es presidenta de Fundación Directa y socia-directora de ENRED Consultores, desde donde promueve y coordina proyectos para que la igualdad se haga posible en ámbitos como el empleo, el desarrollo socioeconómico, la sociedad del conocimiento y los movimientos migratorios. Ha sido responsable del Área de Empleo del Instituto de la Mujer, asesora del gabinete de la ministra de Asuntos Sociales, responsable del lanzamiento y coordinación nacional en España de la Iniciativa Comunitaria NOW y de la Red Europea IRIS, directora del Consorcio de Desarrollo «Salamanca Emprende» y directora de Promoción y Asistencia Técnica de la Fundación para la Formación Continua, entre otros. El capítulo que suscribe esta autora ha sido elaborado en colaboración con el equipo que coordina desde Fundación Directa.

Susana Vázquez Cupeiro es doctora en Sociología (Universidad de Londres) y especialista en estudios de género

(Trinity College, Dublín). Ha colaborado en el proyecto European Research and Training Network «Women in European Universities», financiado por la Comisión Europea (V Programa Marco), y ha desarrollado su investigación en Royal Holloway-Universidad de Londres (Reino Unido) y en la Universidad de Toulouse-Le Mirail (Francia). Ha coordinado el área de I + D + I en el Colegio de Politólogos y Sociólogos de Madrid. Actualmente es colaboradora docente en Saint Louis University (Madrid Campus) y forma parte del equipo de investigación del Observatorio e-igualdad de la Facultad de Ciencias Políticas y Sociología de la Universidad Complutense. Es autora de diversas publicaciones.

Índice

Colección feminismos

Últimos títulos publicados

19. *Los otros importantes,* Whitney Chadwick y Isabelle de Courtivron (eds).
20. *La construcción del sexo (Cuerpo y género desde los griegos hasta Freud),* Thomas Laqueur.
23. *Fundamentos del patriarcado moderno. Jean Jacques Rousseau,* Rosa Cobo.
24. *Psicoanálisis y feminismo. Pensamientos fragmentarios,* Jane Flax.
25. *La ciudad de las pasiones terribles (Narraciones sobre peligro sexual en el Londres victoriano),* Judith R. Walkowitz.
26. *El matrimonio de Raffaele Albanese (Novela antropológica),* Luisa Accati.
27. *Hacia una teoría feminista del Estado,* Catharine A. MacKinnon.
28. *Ciencia,* cyborgs *y mujeres (La reinvención de la naturaleza),* Donna J. Haraway.
30. *La herejía lesbiana (Una perspectiva feminista de la revolución sexual lesbiana),* Sheila Jeffreys.
31. *Maternidad y políticas de género,* Gisela Bock y Pat Thane (eds.).
32. *Ecofeminismos,* Barbara Holland-Cunz.
33. *Las filósofas (Las mujeres protagonistas en la historia del pensamiento),* Giulio de Martino y Marina Bruzzese, (2.ª ed.).
35. *Figuras de la madre,* Silvia Tubert (ed.).
36. *Lo que quiere una mujer. (Historia, política, teoría. Escritos, 1981-1995),* Alessandra Bocchetti (2.ª ed.).
37. *Discurso sobre la felicidad,* Madame du Châtelet (4.ª ed.).
38. *La política de las mujeres,* Amelia Valcárcel (3.ª ed.).
39. *Andamios para una nueva ciudad (Lecturas desde la antropología feminista),* Teresa del Valle.
40. *El pensamiento filosófico de Lou Andreas-Salomé,* Arantzazu González.

41. *Tiempo de feminismo (Sobre feminismo, proyecto ilustrado y postmodernidad),* Celia Amorós (2.ª ed.).
42. *Pasado próximo (Mujeres romanas de Tácita a Sulpicia),* Eva Cantarella.
43. *Figuras del padre,* Silvia Tubert (ed.).
45. *El siglo de las mujeres,* Victoria Camps (4.ª ed.).
46. *Las mujeres y el cine (A ambos lados de la cámara),* E. Ann Kaplan.
47. *Nueva crítica feminista de arte (Estrategias críticas),* Katy Deepwell (ed.).
48. *El malestar en la desigualdad,* María Jesús Izquierdo.
49. *La misoginia en Grecia,* Mercedes Madrid.
52. *La loca del desván (La escritora y la imaginación literaria del siglo XIX),* Sandra M. Gilbert y Susan Gubar.
53. *Trabajo social feminista,* Lena Dominelli y Eileen McLeod.
54. *Mujeres de los márgenes (Tres vidas del siglo XVII),* Natalie Zenon Davis.
55. *Historia de la violación (Siglos XVI-XX),* Georges Vigarello.
56. *La mujer española y otros escritos,* Emilia Pardo Bazán.
57. *Si Aristóteles levantara la cabeza (Quince ensayos sobre las ciencias y las letras),* María Ángeles Durán.
58. *Lo femenino y lo sagrado,* Catherine Clément y Julia Kristeva.
59. *La justicia y la política de la diferencia,* Iris Marion Young.
60. *Género, identidad y lugar (Un estudio de las geografías feministas),* Linda McDowell.
61. *Galería de escritoras isabelinas (La prensa periódica entre 1833 y 1895),* Íñigo Sánchez Llama.
62. *El cuerpo-palabra de las mujeres (Los vínculos ocultos entre el cuerpo y los afectos),* Gabriella Buzzatti y Anna Salvo.
63. *Misoginia y defensa de las mujeres (Antología de textos medievales),* Robert Archer.
64. *En el corazón de la libertad (Feminismo, sexo e igualdad),* Drucilla Cornell.
65. *Vida del espíritu y tiempo de la polis (Hannah Arendt entre filosofía y política),* Simona Forti.
66. *Género, espacio y poder (Para una crítica de las Ciencias Políticas),* Mino Vianello y Elena Caramazza.
67. *Ensayos sobre la igualdad sexual,* John Stuart Mill y Harriet Taylor Mill.
68. *Mecanismos psíquicos del poder (Teorías sobre la sujeción),* Judith Butler.
69. *Cuerpos sexuados, objetos y prehistoria,* María Encarna Sanahuja Yll.

70. *Feminismo y modernidad en Oriente Próximo,* Lila Abu-Lughod (ed.).
71. *Herederas y Heridas (Sobre las élites profesionales femeninas),* María Antonia García de León.
72. *La voz de las invisibles (Las víctimas de un mal amor que mata),* Esperanza Bosch y Victoria A. Ferrer.
73. *Mujer, modernismo y vanguardia en España (1898-1931),* Susan Kirkpatrick.
74. *Democracia feminista,* Alicia Miyares.
75. *Mi vida hasta ahora,* Betty Friedan.
76. *Movimientos de mujeres en América Latina (Estudio teórico comparado),* Maxine Molyneux.
77. *Los dos gobiernos: la familia y la ciudad,* Geneviève Fraisse.
78. *Del sexo al género (Los equívocos de un concepto),* Silvia Tubert (ed.).
79. *¿Tiene sexo la mente? (Las mujeres en los orígenes de la ciencia moderna),* Londa Schiebinger.
80. *Excluidas y marginales (Una aproximación antropológica),* Dolores Juliano (2.ª ed.).
81. *Más allá del hombre económico (Economía y teoría feminista),* Marianne A. Ferber y Julie A. Nelson (eds.)
82. *Ni putas Ni sumisas,* Fadela Amara (3.ª ed.).
83. *Madres que trabajan (Dilemas y estrategias),* Constanza Tobío.
84. *Veinte años de políticas de igualdad,* Judith Astelarra.
85. *El segundo sexo,* Simone de Beauvoir.
86. *Mujer y constitución normativa,* María Luisa Balaguer.
87. *La gran diferencia y sus pequeñas consecuencias... para las luchas de las mujeres,* Celia Amorós (4.ª ed.).
88. *El tecnofeminismo,* Judy Wajcman.
89. *Antropología del género (Culturas, mitos y estereotipos sexuales),* Aurelia Martín Casares (2.ª ed.).
90. *Mujeres, globalización y derechos humanos,* Virginia Maquieira (ed.).
91. *Políticas de igualdad en España y en Europa (Afinando la mirada),* María Bustelo y Emanuela Lombardo (eds.)
92. *Cuando las mujeres hayan desaparecido (La eliminación de las niñas en India y Asia),* Bénédicte Manier.
93. *Mujeres y familia en el Marruecos modernizado,* Elena H. Corrochano.
94. *Descolonizando el feminismo (teorías y prácticas desde los márgenes),* Liliana Suárez Navaz y Rosalva Aída Hernández Castillo (eds.).
95. *La segunda brecha digital,* Cecilia Castaño (dir.).